500 Jahre Flachglas

1487-1987
Von der Waldhütte zum Konzern

500 Jahre Flachglas

1487-1987
Von der Waldhütte zum Konzern

FLACHGLAS AG
Hofmann Verlag Schorndorf

CIP-Kurztitelaufnahme der Deutschen Bibliothek

FLACHGLAS AG ⟨Fürth – Gelsenkirchen⟩:
500 [fünfhundert] Jahre Flachglas: 1487—1987;
von d. Waldhütte zum Konzern
[Hrsg.: Flachglas AG, Fürth – Gelsenkirchen].
Fürth; Gelsenkirchen: Flachglas AG;
Schorndorf: Hofmann, 1987
ISBN 3-7780-1091-3

NE: Hst.

© FLACHGLAS AG, Fürth – Gelsenkirchen, 1987
Herausgeber: FLACHGLAS AG, Fürth – Gelsenkirchen
Verantwortlich: Reinhard Holsten
Wissenschaftliche Beratung:
Gesellschaft für Unternehmensgeschichte e. V., Köln.
Autoren: Adalbert Busl — Die ersten Jahrhunderte
Mark Spoerer — Vom frühen 19. Jahrhundert bis heute
Heinz W. Krewinkel — Architektur und Glas
Redaktion: Heinz W. Krewinkel
Layout: Ursula Focht
Umschlaggestaltung: Bettina Hackert und Jörg Winde
Verlag und Druck: Karl Hofmann Verlag, Schorndorf
Bestellnummer 109 · ISBN-Nummer 3-7780-1091-3

INHALT

Herausgeber und Autoren dieses Buches
danken Josef P. Freudorfer, Sepp Hummel,
Hans-Alex Lausberg, Wolf von Reis und
Max W. Staudinger für ihre wirkungsvolle
Mitarbeit.

Zum Gelingen trugen weiterhin bei:

Beate Brüninghaus, Köln
Annemarie Krauß, Weiden
Claudia von Vopelius, Fürth
Ruth Wentzel, München
Josef Buhmann, St. Ingbert
Raimund Crammer, Maria-Enzersdorf
Kurt Conradi, Wernberg
Dr. Rolf-Jürgen Gleitsmann, Stuttgart
Dr.-Ing. Herbert Goerk, Schwangau
Dr. Walter Griese, Essen
Otto-Theodor Koerner, Baden bei Wien
Karl Kratschmar, Perchtoldsdorf
Günther Krüßmann, Wesel
Martin Nagel, Gladbeck
Siegfried Poblotzki, Pleystein
Leander Rohrer, St. Ingbert
Otto Sailer, Aachen
Renato Santarossa, Köln
Heinz Schimanek, St. Augustin
Dr. Karl August Schleiden, Saarbrücken
Dr. Günther Schmidt, Gelsenkirchen
Hans Spakowski, Gelsenkirchen
Rolf C. Stockmann, Schaafheim
Dr. Christian Thieme, Solingen
Horst Walter, Schorndorf
Dr. Ernst Winter, Weiherhammer
Karl und Edi Wittmann, Grub
Ferdinand Wollersheim, Wernberg
Bayerisches Hauptstaatsarchiv, München
Bayerisches Staatsarchiv, Amberg
Bayerisches Staatsarchiv, Nürnberg
Bundesarchiv, Koblenz
Heimatmuseum, Pleystein
Stadtarchiv, St. Ingbert
Stadtarchiv, Weiden

ZUM GELEIT

VON DER WALDHÜTTE ZUM KONZERN

Dr. rer. pol. h. c.
Walter Trux
Vorsitzender des
Vorstandes der
FLACHGLAS AG

Es begann am 10. März 1487. An diesem Tag verbriefte Pfalzgraf Otto II., aus der pfälzischen Linie der Wittelsbacher (1435—1499) in Neumarkt/Opf. dem Hans Glaser die Erbpacht der Glashütte Frankenreuth bei Waidhaus. Niemand dachte wohl damals daran, daß mit dieser Waldhütte der Grundstein zu einer Firmenentwicklung gelegt wurde, die in diesem Jahr auf eine Tradition von 500 Jahren zurückblicken kann. Aus der Hütte ist über viele Stationen heute der größte Flachglas-Konzern der Bundesrepublik Deutschland entstanden.

Aber blicken wir zunächst zurück in die Zeit, in der die Gründung erfolgte.

1487 war ein Jahr an der Schwelle des Übergangs vom Mittelalter zur beginnenden Neuzeit.

Der Habsburger Maximilian I., den man später den letzten Ritter nennen wird, ist vor einem Jahr zum deutschen König gewählt worden. Die Spanier erobern Malaga von den Arabern. Bartoloměu Diaz erkundet im Auftrag des portugiesischen Königs den Seeweg nach Indien und umsegelt dabei — vom Sturm verschlagen — erstmalig das Kap der guten Hoffnung.

Es dauert nur noch 5 Jahre, bis Kolumbus zu seiner berühmten Reise nach Indien aufbricht und dabei Kuba und Haiti entdeckt. Martin Beheim fertigt in Nürnberg den ersten Erdglobus an — noch ohne Amerika und Australien.

1487 ist Kopernikus 14 Jahre alt, Martin Luther und der Maler Raffael sind Kinder im Alter von 4, Tilman Riemenschneider ein Mann von etwa 27 Jahren. Die Erfindung des Buchdrucks machte das Wissen der Zeit allen zugänglich.

Die Renaissance löst die Gotik ab und führt damit zu den Denkformen und Vorstellungen, die den Weg bis in unsere Zeit bestimmen sollten.

In dieser Epoche beginnt mit Hans Glaser die Tradition unserer Unternehmensgruppe. Wir empfinden diese Tradition von 500 Jahren der Verbundenheit mit dem Werkstoff Glas als einen glücklichen Vorteil.

Das Wissen und Können vieler Generationen hat den Charakter unseres Unternehmens geprägt. Diese Tradition empfinden wir gleichzeitig aber auch als Verpflichtung für die Zukunft.

Glas ist ein sehr alter, universeller Werkstoff. Gerade in unserer Zeit werden immer neue Eigenschaften entdeckt, Verarbeitungsmethoden entwickelt und damit zusätzliche Funktionen und Anwendungsgebiete erschlossen.

Beispiele sind die modernen Funktionsgläser. Sie ermöglichen neue Formen der Architektur und verringern den Energiebedarf. Sie bieten u. a. Schutz vor Lärm, Diebstahl, Hitze und Feuer. Alle modernen Verkehrsmittel auf Straße und Schiene, im Wasser und in der Luft, sind nicht ohne den Werkstoff Glas denkbar. Glas trägt darüber hinaus aber auch zur Energieerzeugung bei, denn mit den Spiegelreflektoren aus unserer Firmengruppe arbeiten die zur Zeit größten Solarkraftwerke der Welt in der kalifornischen Mojawe-Wüste. Das ist vielleicht der Anfang einer neuen, umweltfreundlichen Energiequelle für die Menschheit.

Glas hat also nicht nur Tradition, sondern auch Zukunft. Und hierauf richten wir unsere Pläne und unsere Arbeit aus.

Dieses Buch soll zur kritischen Würdigung der Geschichte unseres Unternehmens und der Flachglasherstellung beitragen. Ein halbes Jahrtausend Glastradition ist für uns Grundlage aber auch Ansporn auf dem Weg in eine neue Zeit.

VORWORT

Professor Dr. Hans Pohl, Inhaber des Lehrstuhls für Verfassungs-, Sozial- und Wirtschaftsgeschichte an der Universität Bonn, ist Vorsitzender der Gesellschaft für *Sozial- und Wirtschaftsgeschichte und Vorsitzender des Wissenschaftlichen Beirates der Kölner Gesellschaft für Unternehmensgeschichte e. V.*

Die FLACHGLAS AG, 1970 entstanden, ist ein junges Unternehmen, das 1987 jedoch bereits auf eine 500jährige Tradition in der Glasherstellung, -veredelung und -verarbeitung zurücksehen kann.

Die Gesamtheit eines Unternehmens ist nicht allein aus seiner aktuellen Rolle zu erfassen, die es am Markt und in der Wirtschaft spielt. Seinen Ruf, das Vertrauen, das Geschäftspartner, Kunden und Mitarbeiter in die wirtschaftliche Situation, die Produkte oder Dienstleistungen setzen, begründet es zu großen Teilen in seiner Tradition.

Wenn ein Unternehmen wie die FLACHGLAS AG die Vergangenheit für die Gegenwart und die Zukunft nutzbar und verfügbar macht, entsteht eine Visitenkarte, die das Prestige des Unternehmens steigert und ihm Respekt vor seiner 500jährigen Tradition sichert. Geschäftspartnern und Mitarbeitern des Unternehmens wird vermittelt, mit einem schon lange existierenden, vertrauenswürdigen Unternehmen zusammenzuarbeiten.

Schließlich ist die Unternehmensgeschichte auch von Nutzen für die Entscheidungsträger eines Unternehmens. Als Informationsquelle für Fragen langfristiger Entwicklungen und Trends, für wiederkehrende Schwierigkeiten, darf sie sicher nicht überschätzt werden. Geschichte wiederholt sich nicht. Doch kann die Unternehmensgeschichte für die unternehmerischen Entscheidungen interessante und nützliche Anregungen bieten.

Traditionsbewußtsein darf aber nicht mit einem glorifizierenden Blick zurück zu den Wurzeln verwechselt werden. Unternehmensgeschichte kann kein historisches Glanzbild einer Wunschvergangenheit liefern. Unternehmensgeschichte muß aufrichtig und unabhängig sein. Nur dann kann sie das Vertrauen in das Unternehmen stärken und den Mitarbeitern das Gefühl der Zugehörigkeit geben.

Leider erscheinen zu Jubiläen immer noch vorwiegend aufwendig erstellte Jubelschriften als Hochglanzbroschüren, die keinerlei Antwort auf die Frage geben, wie sich denn die geschichtliche Entwicklung dieses Unternehmens nun wirklich vollzogen hat.

Der Unternehmenshistoriker darf sich nicht als „Hofberichterstatter" verstehen. Seine Aufgabe ist die Einordnung der individuellen Firmengeschichte in einen größeren Zusammenhang, die Darstellung des spezifischen historischen Beitrages eines Unternehmens zur allgemeinen Geschichte.

Zu der Entscheidung, unter diesen Voraussetzungen Unternehmensgeschichte schreiben zu lassen, gehören Mut und Selbstbewußtsein, denn das Ergebnis solcher Forschungen steht keineswegs von vornherein fest.

Die FLACHGLAS AG hat sich somit ihrer traditionsbewußten britischen Muttergesellschaft Pilkington Brothers plc angeschlossen, die ihre Geschichte von dem englischen Wirtschaftshistoriker Professor T. C. Barker 1960 und 1977 in richtungsweisenden wissenschaftlichen Publikationen aufbereiten ließ.

Als Hochschullehrer und Vorsitzender des Wissenschaftlichen Beirates der Kölner „Gesellschaft für Unternehmensgeschichte" freue ich mich sehr, daß sich die FLACHGLAS AG aus diesem Anlaß für ein nach wissenschaftlichen Kriterien erstelltes Buch entschieden hat.

Hans Pohl

*Erker des Reichstags-
saals im alten Rathaus
von Regensburg.
Butzenscheiben, Blei-
verglasung und Glas-
malerei prägten die
Fenster vom 14. bis
ins 17. Jahrhundert.*

DIE ERSTEN JAHRHUNDERTE

*Eines der mittelalter-
lichen Zeichen für Glas.*

*Das Zeichen der
FLACHGLAS AG
symbolisiert mit
seinen beiden Glastafeln
den Zusammenschluß
von DELOG
und DETAG
zum heutigen Konzern.*

DIE GLASHÜTTE FRANKENREUTH 1487–1863

In seiner Jahrtausende zurückreichenden Geschichte kam Glas stets eine besondere Bedeutung zu. Durch die technologische Entwicklung der Glasherstellungs-, -verarbeitungs- und -veredelungsverfahren in den letzten Jahrhunderten ermöglichten Glasprodukte auf vielen Gebieten neue Techniken und prägten die Architekur von der Butzenscheibe bis zur Glasfassade.

Hohlglas macht das elektrische Licht möglich, Flachglas und daraus entwickelte Spezialgläser vermitteln gute Sicht aus Fahrzeugen und bringen Tageslicht in die Gebäude. Spiegel, einst Luxus, dienen der Raumgestaltung und sogar der Gewinnung von Sonnenenergie.

Aus dieser Bedeutung des Werkstoffes Glas konnte auch eine Unternehmensgeschichte erwachsen, die bis in das Jahr 1487 zurückreicht. In ihr zeichnet sich der lange Weg vom

Glasschmelzofen (Fritteofen) nach Agricola (16. Jh.). Im Hintergrund Wasserrad mit Pocher zum Zerstampfen des Quarzes. Der Schmelzer zerkleinert Frittebrocken.

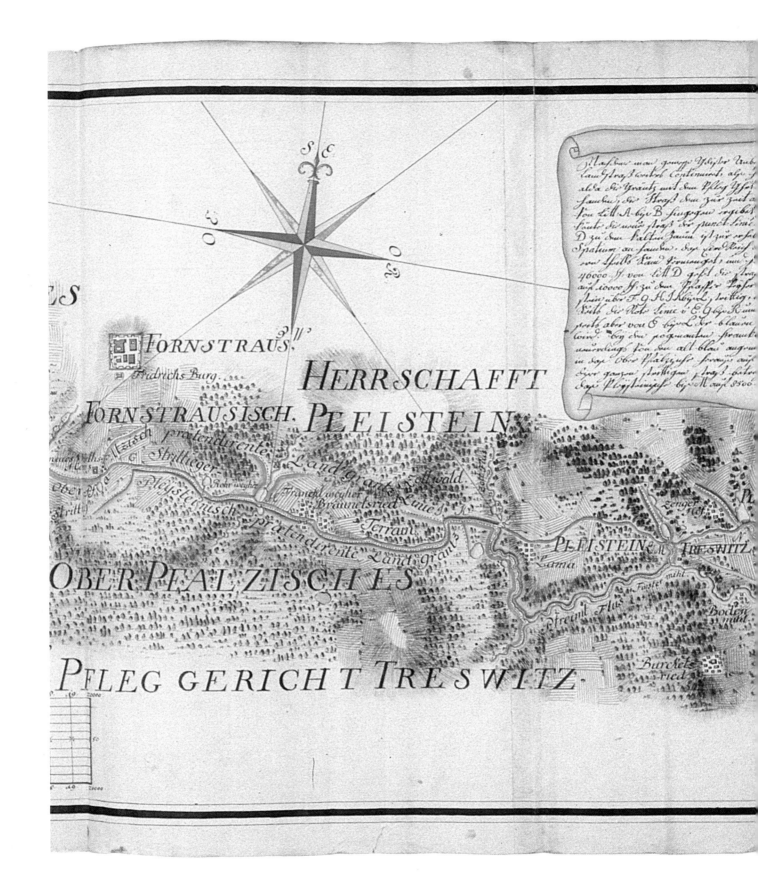

FORNSTRAUS.

Fridrichs Burg.

HERRSCHAFFT

FORNSTRAUSISCH. PLEISTEIN

OBER PEALZISCHES

PFLEG GERICHT TRESWITZ

PLEISTEIN

TRESWITZ

Der Kartenausschnitt der „Mappa Specialis über die Nirnberger Land Strass", 1769, zeigt die Lage von Frankenreuth bei Waidhaus an der Grenze zu Böhmen sowie die Gebiete der oberpfälzischen Pfleggerichte Pleystein und Treswitz.
Quelle: Bayerisches Staatsarchiv Amberg, Plansammlung Nr. 255.

Handwerk des Glasmachens über die Manufakturbetriebe bis zur industriellen Produktions- und Veredelungstechnologie ab.

Der Beginn dieser Geschichte wird urkundlich auf den 10. März 1487 datiert. An diesem Tag beglaubigte Otto II., Pfalzgraf bei Rhein und einer der Landesherrn der Oberpfalz, dem Hans Glaser in einem Erbzinslehenbrief die Erbpacht der Glashütte Frankenreuth bei Waidhaus.

Glas wurde zu dieser Zeit bereits seit rund 150 Jahren im bayerisch-böhmischen Waldgebiet hergestellt. Aus der Gegend um Köln, wo schon die Römer Glas erzeugt hatten, zogen die nachfolgenden deutschen Hütten im Mittelalter über die Mittelgebirge in das wald- und damit holzreiche Gebiet an der Grenze zu Böhmen, das damals wenig besiedelt war. Hier fand sich auch der für die Glasherstellung wichtigste Rohstoff Quarz im Urgestein vor. Aus der Asche der riesigen Bäume wurde das Flußmittel Pottasche gewonnen — 1000 Kubikmeter Fichtenholz ergaben 0,45 Kubikmeter Pottasche.

Quarz wurde zunächst als Findlingsbrocken gesammelt und ab dem 18. Jahrhundert bergmännisch abgebaut. Wasserräder trieben Stampfanlagen an, sogenannte Pocher, die die Quarzbrocken auf Sandkorngröße zerkleinerten.

Wichtige Standortvoraussetzungen für das Glasmachen waren der Wald für das Heizmaterial zur Schmelze und zur Pottaschegewinnung, Quarz als wesentlichster Rohstoff zur Herstellung und Wasserkraft zu seiner Aufbereitung. Dies alles stand im Raum um Frankenreuth, dem Ausgangsort dieser Unternehmensgeschichte, zur Verfügung.

In der Zeit um 1487 trat der Baustil der Gotik in Deutschland in seine Spätphase ein. Es entstanden die Hallenkirchen. In München wurde gerade der „Dom Unserer Lieben Frau", die Frauenkirche, vollendet. Hatte die Gotik in ihren Kirchen und Kathedralen die Wände zwischen den Strebepfeilern durch große Glasflächen aufgelöst, so begannen am Übergang der Gotik zur Renaissance und damit auf dem Weg vom Mittelalter in die Neuzeit unserer Geschichte die weltlichen Bauherren, ob regierende Fürsten, Adel oder das aufstrebende Bürgertum in den Städten, das kirchliche Vorbild großer Verglasungen aufzunehmen. In Prag baute Benedikt Ried auf dem Hradschin den groß verglasten, gotisch eingewölbten Wladislaw-Saal (1490—1502).

Zu dieser Zeit konnten die Glasmacher nur kleinformatige Butzenscheiben (seit etwa 1330), Mondglas oder Flachglas nach dem Walz- und Streckverfahren wie es der Mönch Theophilus Presbyter um ca. 1000 n. Chr. beschrieben hat, herstellen. Diese Scheiben waren recht klein und wenig durchsichtig. Die großen Fensterwände entstanden durch die Verbindung der Glasscheiben durch Bleirutenprofile. Das war der Stand der Glastechnik im Jahre 1487.

Die Urkunde Otto II. ist im Original nicht erhalten, wohl aber in mehreren beglaubigten Abschriften überliefert. Die älteste hier abgedruckte stammt dem Schrifttypus nach aus dem 16. Jahrhundert. Das Original scheint schon bald verlorengegangen zu sein. 1641 bekam die damalige Besitzerfamilie Schedl von der Regierung zu Amberg eine Kopie des Erbbriefs ausgestellt[1]. Weitere Vidimus-Ausfertigungen (amtlich beglaubigte Abschriften) von 1646, 1721 und 1765 konnten lediglich vom Urkundentext, wie er in einem Registraturbuch der kurfürstlichen Regierung zu Amberg stand, angefertigt werden[2].

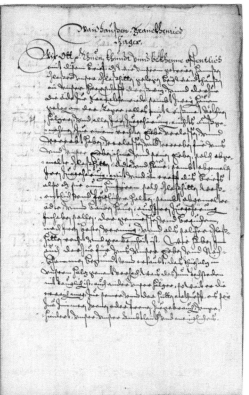

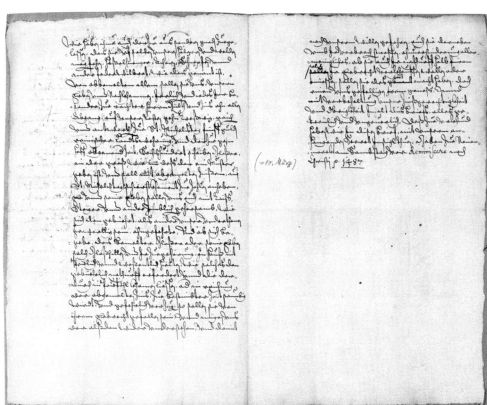

DIE ÄLTESTE URKUNDE

Wir Otto [Pfalzgraf bei Rhein] usw. tun kund und bekennen öffentlich mit diesem Brief, daß wir unserem Getreuen Hans Glaßer unsere Glashütte bei Waidhaus in unserer Herrschaft Treswitz sowie das Ödland bei Frankenreuth mit 2 Steinbrüchen an der Kager, alles mit Wiesen, Äckern, Hölzern und allen ihren Zugehörungen, nichts ausgenommen, nach Erbrecht verliehen und vererbt haben; verleihen und vererben für uns und unsere Erben ihm und seinen Erben die genannte Glashütte, Ödland und Steinbrüche mit ihren Zugehörungen kraft dieses Briefes mit der Bedingung, daß sie fortan diese Glashütte in betriebsfähigem Zustand und baulich unterhalten und dafür sie, Ödland und Steinbrüche einschließlich Zugehörungen innehaben, genießen und gebrauchen sollen nach ihrem besten Vermögen und so, wie es dieser Glashütte Recht und Gewohnheit ist. Wir haben ihm auch dazu für uns, unsere Erben und Nachkommen vergönnt und erlaubt, das dürre Holz in unserem Holz, genannt Vorhach, soweit es zum Pechsieden nicht tauglich ist, sowie unsere anderen Hölzer, soweit er sie erreichen mag, zu seiner und der Hütte Notdurft, es sei zum Zimmern, Schmelzen oder Brennen, zu gebrauchen, ungehindert durch uns, unsere Amtleute oder sonst jemand ... Von all dem Obengenannten sollen sie uns, unseren Erben und Nachkommen jährlich und jedes Jahr besonders zu rechter Herrngült und Zins ohne allen Abgang auf unseren Kasten gegen Treswitz reichen und überantworten am St. Michaelstag fünf Gulden rheinischer Landeswährung und außerdem an die Hofhaltung zur genannten Zeit sechshundert Scheiben Gläser in der Größe, wie das ihm übergebenen Muster; mit den genannten Zinsen soll er am nächstkommenden St. Michaelstag mit dem Zahlen beginnen ... Dessen Urkunde haben wir ihnen diesen Brief mit unserem anhangenden Secret-Insiegel ausgestellt. Gegeben zu Neumarkt am Samstag vor Reminiscere [10. März] nach Christi etc. 1487. (Gesamter Urkundentext s. Anhang).

Die wesentlichen Aussagen dieser Urkunde sind:

— Der Besitz war dreigeteilt: die Glashütte, die Öde (ehemaliger Ort) Frankenreuth und zwei Höfe an der Kager. In den Erbbriefen späterer Jahrhunderte wird diese Aufsplitterung des Besitzes immer beibehalten.

— Die Glashütte bestand 1487 mit Sicherheit schon. Dies besagt der Passus „als solcher Glaßhitten recht vnd gewonheit ist" und vor allen Dingen der Umstand, daß eine Abgrenzung des Hüttenbesitzes nicht vorgenommen wurde, wie er sonst bei Neugründungen üblich ist[3]. Außerdem bekam Glaser keine abgabenfreie Jahre eingeräumt. Bereits zu Michaeli (29. September) waren die ersten Zahlungen fällig.

— Von der Ausstattung her war der Besitz auf zwei Grundlagen aufgebaut, auf die Glashütte und die Landwirtschaft. Für diese Wirtschaftseinheit wird der Begriff „Glashüttengut"[4] gebraucht, das der Hüttenmeister auf der Basis des Erbrechts verliehen bekam. Er war somit in seinen Pflichten und Abgaben den übrigen Untertanen gleichgestellt, abgesehen von seinem Recht des erweiterten Holzbezugs aus den herrschaftlichen Wäldern und vom Jagdrecht auf einige Vogelarten.

Für die im Erbbrief erwähnten Wüstungen Frankenreuth und Kager gibt es nur wenige

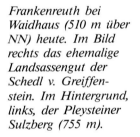

Frankenreuth bei Waidhaus (510 m über NN) heute. Im Bild rechts das ehemalige Landsassengut der Schedl v. Greiffenstein. Im Hintergrund, links, der Pleysteiner Sulzberg (755 m).

Nennungen aus den vorhergehenden Jahrhunderten, z. B. die Herzogsurbare aus der Zeit um 1300, die sich allerdings nur auf Kager beziehen. Ob das darin erwähnte „Vontenrivt" sich auf Frankenreuth bezieht, muß dahingestellt bleiben.

1427 noch waren in Kager mit Hansel Hermann, Lorentz Schuster und Pechner Jorg drei zinspflichtige Untertanen verzeichnet und in Frankenreuth waren Weis Anderl und Ditel Per zur Reichung des Gerichtsgelds veranlagt[5]. Das bedeutet auch, daß beide Orte damals noch bewohnt waren. Ihre Zerstörung erfolgte wahrscheinlich in den Hussitenkriegen oder in den kriegerischen Auseinandersetzungen zwischen der Pfalz und Böhmen, die besonders in der zweiten Hälfte des 15. Jahrhunderts heftig geführt wurden und bis in die ersten Jahrzehnte des 16. Jahrhunderts hinein andauerten. 1487 jedenfalls lag Frankenreuth noch öde.

Das Hüttenmeistergeschlecht der Glaser ist bereits im 15. Jahrhundert auf den Hütten im Bayerischen Wald bekundet[6]: 1438 ein Wolfgang Glaser auf der Hütte am Unteren Kreuzberg, 1484 ein Georg Glaser in Mais und 1488 ein Caspar Glaser in Hirschschlag. Weitere Vertreter dieses Namens finden sich mit Christoph Glaser 1572 in Jarkowitz in Böhmen und mit Hans Glaser 1590 in Warmensteinach im Fichtelgebirge. Hans Glaser betrieb dort am Gleißenfels eine Glashütte

und erhielt ab 1602 das Recht eine Drahtmühle mit Hammerwerk zu bauen[7], stellte also schon frühzeitig eine Verbindung zwischen dem Glas- und dem Eisengewerbe, den beiden großen Gewerbezweigen der Oberpfalz im ausgehenden Mittelalter, her.

Die heute übliche Unterscheidung zwischen „Glaser" und „Glasmacher" gab es früher noch nicht. Ein Glaser konnte sowohl Glas herstellen als auch die Scheiben einsetzen. Neben dem schon erwähnten Hüttenmeister Hans Glaser wird in Waidhaus seit 1498 Stefan Glaser genannt. Er war als Glaser im heutigen Sinn tätig, wie aus der Rechnung des Treswitzer Pflegers Hans Degenreuther von 1521 hervorgeht: „Item II fl X dn (2 Gulden 10 Pfennige) geben Steffan Glaser zu Waidhaws von den Fenstern zu pessern in der vnttern Stuben Im Sloß zu Dreßwitz"[8].

Frankenreuth blieb relativ lange im Besitz der Glaser. Der Hans Glaser von 1487 begegnet uns in zwei Zinsbüchern um 1500 als „Mayster Hanns Gloser"[9] und ist aller Wahrscheinlichkeit nach auch identisch mit dem Meister Hans Glaser von 1521, als zum letzten Mal dieser Name in Zusammenhang mit Frankenreuth genannt wurde[10].

Mit Kunz Hildebrand kam Frankenreuth in neue Hände. 1523 tritt er erstmals als Besitzer der Hütte auf, hatte aber noch weiteren Besitz in Waidhaus. Er ist deshalb im Steuerregister zweimal veranlagt[11]:

„Item 1 fl Cuntz Hilbrant glaser
Item 1 1/2 fl bemelter Cuntz von der glaßhütten".

Hildebrand war schon länger in Waidhaus ansässig und vermutlich als Glasmacher auf der Hütte tätig. 1521 verkaufte er sein Gütl in Waidhaus dem Jorg Fleischmann[12].

Ab demselben Zeitpunkt wird Meister Wolf Glaser in Nabburg genannt. Er führte Ausbesserungsarbeiten im Treswitzer Schloß aus[13]. Sein Nachfolger war ab 1529 Hans Glaser[14]. Die noch vorhandenen Akten lassen zwar keinen zwingenden Schluß zu, aber es scheint doch so zu sein, daß die Familie Glaser nach dem Verkauf der Glashütte Frankenreuth in der Stadt Nabburg ansässig wurde und dort nun das Glaserhandwerk ausübte. Die Nachfahren des Stefan Glaser blie

ben dagegen in Waidhaus. 1528 wurde „Merthen des glassteffles Sun" „mannbar"[15] d. h., er ließ sich als Untertan eintragen. Stefan Glaser hatte also bereits einen Hausnamen bekommen: Glassteffl.

Kunz Hildebrand besaß die Hütte etwa 40 Jahre. 1562 tritt er zum letzten Mal in Erscheinung[16]. Aus seiner Zeit sind uns die Namen zweier Glasmacher überliefert. Am Tag Laurentii 1524 hat sich Hans Bock „vermannt"[17]. Ein Jahr später wurde der Glaser Merthen Wunder bestraft, weil er in eine Rauferei verwickelt war[18].

Von besonderem Interesse ist hier der Name Bock, weil wenigstens seit 1566 mit Georg Bock ein weiteres Mitglied dieser Familie Besitzer von Frankenreuth ist. Die Bock wie die Hildebrand hatten also als Glasmacher schon längere Zeit enge Beziehungen zu Frankenreuth, bevor sie in Besitz dieser Hütte gelangten.

Hohe und breite Dächer auf niedrigen Wänden waren typisch für die alten Waldglashütten. Der Glasofen stand in der Mitte unter dem großen Dach. (Nach einem Kupferstich aus Diderots Encyclopédie, 1773).

BETRIEB DER GLASHÜTTE

Unter Bock erfahren wir erstmals Genaueres über die Belegschaft der Hütte. Für die Steuerveranlagung von 1566 mußte er sein Vermögen und die Lohnverhältnisse seiner Arbeiter offenlegen[19]. Demnach beschäftigte er vier Dienstboten und drei Glasmacher, hatte außerdem noch einen Inmann (Mieter) und mußte als Vormund das Vermögen von Ulrich Pers Erben versteuern.

Bock hat für diese Steuerveranlagung nur seine festen Arbeitskräfte angegeben. Er wäre sonst höher besteuert worden. Inwieweit seine vier Dienstboten und der Inmann[20] neben den landwirtschaftlichen Arbeiten auch noch die für die Glashütte spezifischen Tätigkeiten des Holzhauers, Aschenbrenners, Pottaschensieders, der Pocher und Schürer, des Einbinders und Aufblasers verrichten konnten oder in welchem Ausmaße hierfür Taglöhner oder Saisonarbeitskräfte eingestellt werden mußten, hing von der Auslastung der Hütte ab. Denkbar bleibt, daß Bock als Hüttenmeister die Arbeiten des Hüttenmeisters oder Schmelzers selbst übernommen hat.

Die Steuerveranlagung von 1566 enthält die Löhne der Arbeiter und läßt außerdem Lohnvergleiche mit den Beschäftigten eines Eisenhammers zu. Im Gericht Treswitz gab es damals vier Hämmer (Altentreswitz, Gröbenstädt, Ober- und Unterwaltenried)[21]. Wie mit den Pechsiedereien kam es mit den Hämmern immer wieder zu Auseinandersetzungen wegen des Holzbezugs aus den herrschaftlichen Wäldern.

Ausschleudern einer Mond- oder Kronglasscheibe am Hefteisen. Das rasche Drehen begann vor dem Ofen mit einem Ring von wenigen Zentimetern Durchmesser, der zu einer Scheibe bis zu 125 cm Durchmesser geschleudert wurde. Ein Schild schützte die Hand des Glasarbeiters vor der Hitze.
Darstellung eines Arbeiters aus dem 18. Jahrhundert im Pilkington Glass Museum.

Glashütte Frankenreuth		Blechhammer Oberwaltenrieth	
1. Glasergeselle	30 fl	Schmiedknecht	24 fl
2. Glasergeselle	30 fl	1. Kleinschmied	14 fl
3. Glasergeselle	15 fl	2. Kleinschmied	10 fl
vier Dienstboten (insg.)	14 fl	Kohlenzieher	5 fl
		Müller	12 fl

Zum Vergleich noch ein Blick in die damalige Beamtenschaft: Der Moosbacher Richter Hans Hiller bezog 5 Gulden Sold pro Jahr. Unsere Erkenntnisse über die Produktion der Glashütte Frankenreuth verdanken wir dem zum Teil noch vorhandenen Rechnungswesen[22] der Pfleger von Burgtreswitz. Private Aufzeichnungen der damaligen Glasermeister sind uns dagegen nicht überliefert. Im Erbbrief von 1487 hatten sich die Glaser zur jährlichen Zahlung von fünf Gulden und zur Lieferung von 600 Scheiben, deren Größe nach einem Muster bestimmt war, an den Hof nach Neumarkt verpflichtet. Als Amberg wieder für alle kurpfälzischen Landesteile der Regierungssitz war, kamen die Frankenreuther dieser Verpflichtung nicht mehr nach. Sie lieferten die Gläser nun beim Pfleger in Treswitz ab, der sie jährlich verrechnete und nach Bedarf weiterlieferte. 1529 schickte er z. B. dem Jobst von Tandorf, Pfleger zu Pleystein, 100 Gläser zur Verglasung des dortigen Schlosses. 1524 ließ er alle 600 Scheiben in zwei Fässern verpackt zum „Kißling" bringen, dessen Funktion nicht näher beschrieben ist. In späterer Zeit sind die Kiesling als Glasmachergeschlecht nachgewiesen[23]. Die einzelnen Einkäufe der jeweiligen Pfleger sind hier verkürzt und systematisch wiedergegeben:

1520: 2000 Waltscheiben glaß...gein Amberg geschickt die gleser im Sloß damiz zu pessern — 4 fl
1521: trinckgleser meiner gn. hern Herzog Friderichen gein Ambergk geschickt — 4 fl 20 dn
1524: dem Cunz Glasser zw Waidhaußen vmb 100 venedischer schenen Scheiben — 3 ß dn
dem Maister Kunz Glasser zw Waidhauß geben vmb tausent Waltscheiben, der Groß nach einem Muster — 2 fl 1 ort
fur 5000 scheiben gemainer Groß — 2 fl

Wie aus diesen Quellen zu ersehen ist, wurde in Frankenreuth Fensterglas und Hohlglas hergestellt und neben den genormten Größen auch auf Bestellung gearbeitet. Bemerkenswert erscheint auch die Produktion „venedischer Scheiben". Ob es sich hier um teilentfärbtes Glas mit geringen Farbstichen[24] oder wirklich weißes Glas handelte, muß dahingestellt bleiben. Jedenfalls wurde dieses Glas in Frankenreuth nicht jederzeit hergestellt, sonst hätte die Herrschaft 1529 nicht 150 solcher Scheiben durch den Huemer zu Moosbach von Nürnberg holen lassen, sondern auf die eigene Glashütte zurückgegriffen.

Burgtreswitz, ehemals Sitz des Pfleggerichts Treswitz, zu dessen Herrschaftsbereich die Glashütte in Frankenreuth gehörte. Abbildung aus S. Poblotzki „Chronik des Marktes Moosbach und des ehemaligen Gerichtsbezirks Treswitz".

Glasmacher in einer Hütte des XV. Jahrhunderts. Miniatur aus „Reisen des Sir John Mandeville".

Herstellung von Butzenscheiben: Blasen einer Glaskugel — Befestigen des Hefteisens — Absprengen der Glasmacherpfeife und Aufweiten der Kugel — Schleudern mit dem Hefteisen. Der Wulst am Hefteisen, der Butzen, gab dem Glas seinen Namen. Der Hohlwulst außen herum war typisch für die Butzenscheiben.

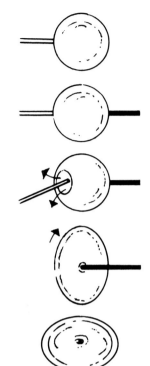

Butzenscheiben mit und ohne Verpackung. Foto aus dem Glasmuseum in Wertheim.

BUTZENGLAS-
HERSTELLUNG

Das Mondglasverfahren kam im 14. Jh. auf. Es verbesserte das Butzenglasverfahren, erforderte aber mehr Arbeitsgänge und handwerkliche Fertigkeit. Das Schleudern der Scheiben bis zu 90—125 cm Durchmesser erforderte viel Geschick. Im Unterschied zu den Butzenscheiben hatte das Mondglas oder Kronglas außen keinen Wulst.
Arbeitsphasen auf Kupferstichen aus Diderots Encyclopédie, 1773.

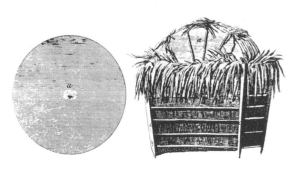

HERSTELLUNG VON MONDGLAS

Glashütte mit holz-
gefeuertem 6-Hafen-
Ofen nach Diderot-
d'Alembert (18. Jahr-
hundert). In der Mitte
weist der Ofen einen

Schürkanal mit tief-
liegender Sohle auf.
Kanäle für die Luft-
zufuhr liegen unter
den Häfen.

Das hier abgebildete
französische Ofen-
system war eines von
mehreren, damals
gebräuchlichen
Systemen (s. „Öfen"
auf Seite 68—69).

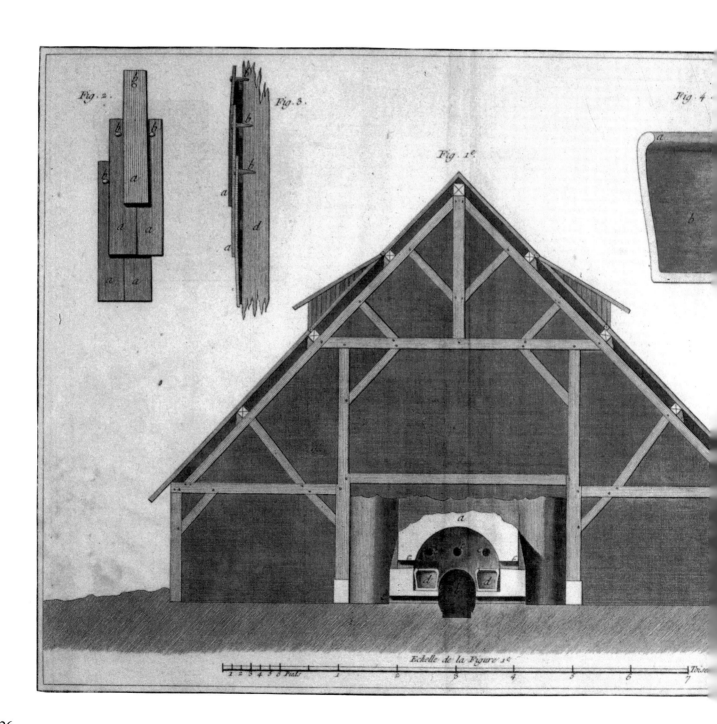

VERLEGUNG DES HÜTTENGEBÄUDES

Über die Bauweise und das Aussehen der Glashütte Frankenreuth geben die noch vorhandenen Archivalien keinen Aufschluß. Zwischen dem Glasermeister und den damaligen Behörden sind keine Auseinandersetzungen wegen der Art der Hüttengebäude bekannt. Deshalb gab es auch keinen amtlichen Schriftverkehr, der uns erhalten wäre. Um uns eine solche Hütte vorstellen zu können, sind wir auf zeitgenössische Darstellungen, Ausgrabungsfunde oder Beschreibungen angewiesen[25].

Ein Bericht aus dem Anfang des 19. Jahrhunderts beschrieb die Glashütten wie folgt: „Gewöhnlich sind die Hütten ... ungeheure Gebäude, welche ... nicht nur die Schmelzöfen, sondern auch alle übrige nöthige Oefen enthalten. ... Ein solches Gebäude erfordert ein ungeheures Dach, dieses aber große Kosten, welche wegen der großen Feuersgefahr oft genug wiederholt angewendet werden müssen ... Da übrigens die immerwährende Hitze keinen Schnee auf den Dächern leidet, so braucht es auch nicht hoch zu seyn, sondern darf flach gehalten werden, so daß höchstens seine Höhe der halben Breite gleich ist. ... In Hütten, wo man runde Schmelzöfen mit einem angehängten kanalförmigen Kühlofen hat, wie solches zur kleinen Glasmacherey gewöhnlich ist, lassen sich die Wände des Hauptgebäudes nicht gut vom Mauerwerk ... anbringen. In diesem Fall ist es am besten, das Hauptgebäude auf mehreren starken hölzernen Säulen ruhen zu lassen, die aber in einiger Entfernung vom Ofen angebracht werden müssen, um dem Feuer nicht zu nahe zu seyn, und auch die Arbeit nicht zu hindern".

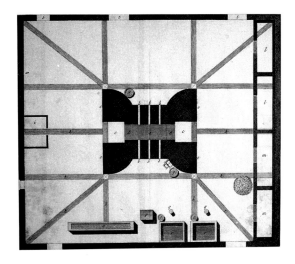

Grundriß des Ofens einer Waldglashütte. Aus der Kupferstichserie „Verrerie en bois" von Banard. Archiv der Firma Nachtmann GmbH, Neustadt-Waldnaab.

27

Der Betrieb einer Glashütte und damit auch ihr Standort war immer vom Vorhandensein mehrerer Rohstoffe abhängig: Wasser, Quarz und vor allen Dingen Holz. Falls in unmittelbarer Nähe der Hütte kein Holz mehr vorhanden war, konnte dies schon eine ernste Standortbenachteiligung bedeuten. Oft wurde daher die alte Hütte aufgegeben und näher an den Wald verlegt. Ein oder zwei Kilometer näher am Wald konnten die Betriebsverhältnisse schon entscheidend verbessern[26]. Eine gleichmäßige und ausgewogene Berücksichtigung aller Betriebsfaktoren, dazu gehörte auch ausreichende Luftzufuhr (günstige Windverhältnisse) für die Öfen, machten die Standortwahl einer Hütte nicht einfach. Der vorher zitierte Bericht resümiert: „... da man außerdem auch auf eine bequeme Zufuhr der Brenn- und anderer Materialien zu sehen hat; da endlich Glashütten nur in holzreichen Gegenden angelegt werden, diese aber meistens in gebürgigen Gegenden sich befinden, so ist man nicht allemal Meister, einer Hütte die vorgeschriebene Lage zu geben"[27]. Während die Forschung bisher immer davon ausgegangen war, daß die Glashütte im Ort Frankenreuth selbst gelegen war, so wird dies durch eine Aussage des Peter Weickert aus dem Jahre 1580 widerlegt: „Zudem Ist vnverborgen, das die Glashüetten zuvor im Dorff Waidhausen gestanden ..."[28]. Diese Aussage wird durch alle frühen Belege für die Glashütte untermauert. Im Erbrechtsbrief von 1487[29] heißt es: „... vnßer Glaßhitten gelegen beÿ Waidthaußen". Die zwei alten Sal-Bücher des Amts Treswitz, das eine von 1498[30] und das andere undatiert aus der Zeit um 1500[31], führten Glaser nie in Frankenreuth auf, sondern immer im Dorf Waidhaus. 1498 steht Glaser als letzter der 14 Zinspflichtigen in Waidhaus:

„Item der Gloser gibt Unhalt seines Erbprieffs Jarlich Michaelis VI^c (Anm. 600) gloßSchewben vnd V guldein". Weiter zinst er von einem Gut zum Koga (Kager) und von einer Wiese in der Öde (Frankenreuth). Frankenreuth scheint auch 1498 als Ortschaft noch nicht bestanden zu haben. Das zweite Salbuch bringt Glaser an 12. Stelle von 18 Waidhausern: „Item V gulden und VI^c gloß-

Schewben gibt Jarlich Mayst' Hanns gloser daselbst Michaelis".
Auch sein Nachfolger Hildebrand wird in der Steuerrechnung 1523/24 inmitten der Waidhauser genannt[32]: „Item 1 fl Cuntz Hilbrant glaser, Item 1 1/2 fl bemelter Cuntz von der glaßhütten".
Auffällig ist, daß Hildebrands übriger Besitz und seine Glashütte getrennt besteuert wurden, vielleicht ein Hinweis darauf, daß zu diesem Zeitpunkt die Hüttengebäude bereits im heutigen Frankenreuth standen, sein Wohnhaus aber noch in Waidhaus. Zu einem nicht genau bekannten Zeitpunkt ist die Hütte „zuverhüetten Feuersschadens ... aus beregtem Dorff gen Frännckhenrieth gebauth worden"[33]. Sie stand nun nahe beim Wohnhaus des Hüttenmeisters in Frankenreuth. Mit Hilfe der Katasteruraufnahme von 1840, auf der die Lage des Wohnhauses genau verzeichnet ist, und einer Beschreibung von 1562[34] läßt sich die Hütte noch genauer lokalisieren. Darin werden drei Weiher genannt. Einer lag unterhalb der Hütte, ein anderer, allerdings nur ein kleiner Weiher, bei der Hütte an der Straße nach Petlarn. Dieser alte Verbindungsweg nach Böhmen verlief von Waidhaus in nordöstlicher Richtung durch Frankenreuth, überquerte bei Reichenau die Grenze und führte weiter durch Petlarn nach Tachau.

An diesem Standort blieb die Hütte maximal 50 Jahre. 1579 begann der damalige Besitzer Peter Weickert mit dem Bau einer neuen Hütte, allerdings nicht mehr an der alten Stelle, „aaldieweil die Alltte Hietten gar zu nahent beim Haus steet". Wenn auch noch angeführt wird, daß er „der geferligkeitt feuers halb die Alten Hütten, die Bey seinem Wonhaus stehett, erligen" läßt, so spielten doch wirtschaftliche Gründe die entscheidende Rolle. Für die alte Hütte hatte Weickert keine Glasmacher mehr gewinnen können. Der Zustand der Glasöfen und des Hüttengebäudes dürften eine große Rolle gespielt haben. Für die neue Hütte hätte er sofort „zehen vor ain Clasmacher bekhommen" können.
Ausschlaggebend für die Verlegung war außerdem die zu große Entfernung vom Wald, so daß „das Holz mit nit geringen Vncosten

darzue zue füeren ist". Weickert errichtete die neue Hütte deshalb im Wald, allerdings noch auf seinem Grund unmittelbar an der Grenze zu Böhmen und gleich neben dem herrschaftlichen Besitz. Dadurch läßt sich der Standort ohne weiteres in der nordöstlichen Ecke des Glashüttengutes Frankenreuth lokalisieren.

Mit diesem neuen Projekt geriet Weickert mit den Waidhausern in Streit. Sie befürchteten, der direkt angrenzende Wald in Böhmen, in dem sie das Recht auf Holzbezug hatten, würde zu sehr in Mitleidenschaft gezogen. Außerdem sahen sie die Möglichkeit, daß an Ort und Stelle neue Häuser für die Glasmacher errichtet würden, diese wiederum sich Vieh hielten und die Waidhauser in ihren Weiderechten beeinträchtigen könnten. Weickert widersprach ihnen im Grundsatz nicht, betonte aber, daß die vorherigen Besitzer der Hütte ihr Holz geholt hätten, woher sie wollten, auch aus dem Böhmischen. Das Ende dieses Streites ist unklar[35]. Da Weickert die alte Hütte stillgelegt hatte und ihm von Amts wegen bei 100 Gulden Strafe die Wiederinbetriebnahme der Hütte aufgetragen worden war, er also in herrschaftlichem Interesse handelte, muß man annehmen, daß Weickert sich hat durchsetzen können.

1596 heißt es — nachdem die Glashütte über 100 Jahre offenbar gut gewirtschaftet hatte: „Franckhenriedt Ist ein öede glaßhütten". Neben der Mühle werden noch fünf Inwohner genannt[36]. Was war in der Zwischenzeit geschehen? Bereits 1581 war Weickert gestorben. Sein Grabstein mit 16 Wappen befand sich in der Waidhauser Kirche. Als sein Nachfolger wird nun mehrmals Ludwig Weickert genannt, entweder sein Sohn oder ein anderer Verwandter. Dieser wird in Musterungslisten und Steuerregistern aber nicht mehr als Glashüttenmeister geführt, sondern nur noch als Inhaber des Guts Frankenreuth.

Man könnte nun annehmen, der Streit mit den Waidhausern sei doch zuungunsten Weickerts ausgegangen. Dagegen spricht aber, daß bereits wenige Jahre später in unmittelbarer Nachbarschaft mit Reichenau ein völlig neues Glashüttengut von der Regierung ausgewiesen und genehmigt wurde. Sein Besitzer Hans Reichenberger hatte 1585 bereits mehrmals

Markt Waidhaus heute.

um die Vermarkung und Verbriefung „der neuen Hütten hinter Waydhausen in der Reichenau" nachgesucht. Die Hütte muß also doch schon einige Zeit vor 1585 bestanden haben. Damit kommen wir zeitlich nahe an den Streit Waidhauser contra Weickert heran, bei dem aber immer nur der Bau einer Hütte kritisiert wurde. Von Reichenberger ist noch nicht die Rede. Andererseits starb Weickert in einer Phase, in der er noch viel Engagement zeigte, wahrscheinlich also ziemlich unerwartet.

Sein Nachfolger Ludwig wird das neue Hüttengebäude nicht einfach abgerissen oder dem Verfall überlassen haben, produzierte aber auch kein Glas mehr. Die Hütte scheint vielmehr einen neuen Besitzer gefunden zu haben, den Reichenauer Hüttenmeister Hans Reichenberger. Neben der schon erwähnten zeitlichen Nähe (1580 Hüttenbau Weickert, 1585 und vorher Anträge Reichenbergers zur Vermarkung des Hüttengutes) gibt es auch eine geographische Nähe. Die Reichenauer Hütte liegt direkt an der Grenze nach Frankenreuth, wie aus dem Abgrenzungsprotokoll von 1587 hervorgeht: „Der erste Stein stehet zur rechten hand hinter der hütten an dem Weeg, der von Waydhaus durch die Gravenau gehet bey einem fichtlein: Von deme dem Plezen nach gen thall gegen der Rähling zwischen einem Viechtlein und Aspen: der ander Stein von demselben uf ein Bächlein bis zu Ende, da daselbe in den Böhmischen granizbach die Rähling fallet . . ."[37].

Die Akten über die Ausweisung des neuen Glashüttenguts Reichenau liegen nur in Kopie und auszugsweise vor, so daß der genaue Vorgang nicht mit Sicherheit nachkonstruiert werden kann. Denkbar bleibt die Übereignung der von Weickert erbauten neuen Glashütte an Reichenberger. Unbeschadet davon blieb aber das Glashüttengut Frankenreuth in seiner Rechtsposition bestehen und bekam im Volksmund die Bezeichnung „Alte Glashütte". Dieser Terminologie schlossen sich auch die örtlichen Beamten und der Pfarrer an, der 1597 seine „Eingepfarrdte von der Alten vnd Neuen Klaßhütten" hinsichtlich ihres Glaubens überprüfen ließ[38].

Für die Regierung in Amberg war Reichenau sicher als Ersatz für Frankenreuth gedacht. Folglich mußte diese neue Hütte mit 600 Glasscheiben ebensoviel zinsen wie Frankenreuth. Außerdem war die Regierung daran interessiert, den Glasverbrauch im Lande nach Möglichkeit durch eine inländische Glashütte zu decken.

Jedenfalls scheinen Reichenbergers Geschäfte so gut gegangen zu sein, daß er sogar zwei Glashütten in Betrieb hatte, obwohl ihm die kurfürstliche Regierung wiederholt den Betrieb einer Hütte untersagt hatte.

Reichenberger starb 1613. Sein Sohn Sebastian Reichenberger führte die Hütte weiter, wurde aber von harten Schicksalsschlägen getroffen. 1618 begann der Dreißigjährige Krieg, zu dessen Hauptschauplätzen auch die Oberpfalz gehörte.

Die Glashütte wurde „nicht allein in Anno 1621 im Kriegswesen allerdings verwüsst vnnd abgeprennt ..., Sonndern also auch der Innhaber Sebastian Reichenberger in Anno 1625 neben noch andern zwelf Persohnen an der schedlichen Seuch der Pest Todts verfahren". Daraufhin verkam die Hütte. 1628 wurde über sie die Gant verhängt, d. h. unter Schuldenverwaltung gestellt. Sie konnte aber erst 1650 einen Käufer finden, dem es aber nicht gelang, die Hütte wieder gangbar zu machen[39]. Reichenau blieb fortan ein größeres landwirtschaftliches Gut ohne Glasproduktion und hatte somit das gleiche Schicksal wie Frankenreuth, dessen Hütte schon Ende des 16. Jahrhunderts stillgelegt worden war.

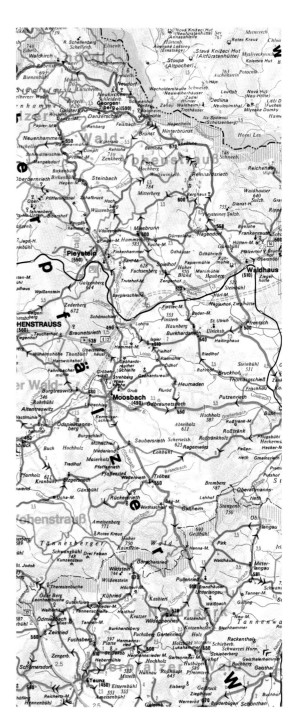

Kartenausschnitt aus der Radtourenkarte Nr. 26. Kartographisches Institut und Verlag Haupka & Co., Bad Soden.

STILLSTAND DER GLASPRODUKTION

Die ersten uns bekannten Besitzer von Frankenreuth führten zu ihrem Namen jeweils ihre Berufsbezeichnung mit, z. B. „Mayster Hanns Gloser" (1500) oder „Georg Pock Hüttenmeister" (1572). Kunz Hildebrand wurde sogar verkürzt „Maister Kunz Glasser"[40] oder „Glaßpawer von Waidhausen"[41] genannt. Dies mag als sicherer Hinweis darauf gelten, daß sie ihren Lebensunterhalt mit der Glaserei bestritten, die Landwirtschaft aber eher nebenher betrieben. Diese Verhältnisse änderten sich mit Peter Weickert, der sich mehr und mehr auf die Landwirtschaft verlegte. Weickerts Herkunft ist unklar. Er scheint aber doch einem Glasmachergeschlecht zu entstammen. 1665 war z. B. ein Peter Weickhert als Glasmacher auf der Altglashütte (Landkreis Tirschenreuth) tätig[42]. Weickert hatte Frankenreuth 1574 von Georg Bock gekauft, überließ ihm aber die Hütte noch einige Zeit zur Nutzung. Er hatte den Bock „nach dem khauff ettliche Zeit in der hütten glasen lassen" und sollte dafür eine Truhe Glasscheiben bekommen. Insgesamt verlief aber die Übergabe der Hütte nicht wie vereinbart. Bock verweigerte Weickert die Übergabe des Hüttenzeugs, bezahlte den Zins für geliehenes Geld nicht und nutzte auf eigene Faust einige Grundstücke landwirtschaftlich weiter. Als der Streit vor dem Pfleger Veit Hans von Brand zu Treswitz entschieden werden sollte, befand sich Bock als Eingesessener in der besseren Position. Der Pfleger zerriß Weickert den Schuldbrief, verlegte Gerichtstage ins Waidhauser Wirtshaus und verursachte Weickert somit hohe Gerichtskosten. Schließlich ließ er ihn aus nichtigen Gründen inhaftieren[43]. Allem Anschein nach wollte man Weickert wieder aus Frankenreuth hinaushaben.

Daß bei derartigen Startschwierigkeiten die Hütte zum Erliegen kam, ist nicht verwunderlich. Zudem wollte Weickert die Hütte nicht selbst betreiben, sondern verpachten. Er berichtet aber, daß er „kein glasmacher hab bekommen mögen, der mein Alltte Hietten hat besteen oder beziehen wöllen".

Einmal bezeichnet sich Weickert als verarmter Adeliger („Ich allß ain Armer vom Adl"). Dies mag gestimmt haben. Er war z. B. nicht in der Lage, den Bockschen Erben die Restschuld von 200 Gulden auszubezahlen[44]. Die Bock's wurden in der Gegend um Waldmünchen ansässig und besaßen 1622 dort die Hütten Herzogau und Heinzlgrün[45].

Als Adeliger versuchte Weickert die Rechte des Glashüttenguts Frankenreuth zu erweitern, die im Vergleich zu anderen Glashütten relativ beschränkt waren. Im alten Erbbrief von 1487 war Frankenreuth nicht wie bei den meisten anderen Glashütten gebräuchlich mit dem Recht ausgestattet worden, eine eigene Brauerei, Mühle oder Schneidsäge zu errichten. Eine Mühle bestand aber zwischenzeitlich schon. Weickert bemühte sich mit Erfolg, die Unkosten, die mit dem Bierverbrauch zusammenhingen, zu verringern. So ließ ihm 1577 Pfalzgraf Ludwig das Ungeld „von dem Getranckh zu seinem Haußgebrauch vnd Notturft vnd nit weiter" nach. Diese Begünstigung war nur auf seine Person beschränkt, sollte also nicht an seine Besitznachfolger übergehen[46]. Nach Peter Weickerts Tod 1581 wechseln die Besitzer des Glashüttengutes relativ schnell (1593: Ludwig Weykord, 1605: Georg Weickhardt). Verschiedene Steuerregister aus ihrer Zeit geben Aufschluß über den Besitzstand des Glashüttengutes Frankenreuth und des benachbarten Reichenau, in dem ja zu dieser Zeit noch Glas hergestellt wurde. Als Beispiel die Steueranlage von 1610[47]:

Frankenreuth		Reichenau	
Das Gut mit Fahrnis/Hausrat	3100 fl	Hans Reichenbergers Witwe	2000 fl
Wolf Peckh, Beständner (= Pächter)		mehrere Grundstücke	736 fl
3 Pferde	60 fl	6 Pferde	150 fl
19 Kühe	133 fl	20 Kühe	140 fl
15 junge Rinder	52 fl	31 junge Rinder	93 fl
10 Schweine	20 fl	20 Schafe	20 fl
8 Ziegen und 2 Böcke	10 fl	24 Schweine	48 fl
50 Eimer Bier	75 fl	5 Bienenstöcke	5 fl
Getreide	130 fl	17 Ziegen	17 fl
	3640 fl	Fahrnis	300 fl
		Scheiben im Ausland (Tachau)	1000 fl
			4719 fl

Diese Gegenüberstellung zeigt recht deutlich, daß das noch junge Glashüttengut Reichenau (seit 1585) begann, Frankenreuth wirtschaftlich zu überflügeln. Auf beiden Seiten werden einige Herberger (Mieter) aufgeführt, über deren Beruf aber nichts Näheres ausgesagt wird. Reichenau war noch ziemlich hoch verschuldet. Interessant sind die Wohnorte der Schuldner: Nürnberg, Kolm und Petlarn. Die Geldgeber scheinen selbst mit der Glaserei verbunden gewesen zu sein. Kolm bei Schönwald in Böhmen war Standort einer Glashütte[48], Nürnberg dagegen wichtigster Umschlagplatz für Glas aus dem Oberpfälzer Wald. Einer seiner Nürnberger Geldgeber war Tebal Ambschler. Glashändler dieses Namens sind 100 Jahre später noch in Nürnberg tätig[49]. Daß Frankenreuth 1610 verpachtet war, lag daran, daß in diesem Jahr das Glashüttengut den Besitzer gewechselt hatte[50]. Hans Friedrich von Kürmreuth, kurfürstlich-bayerischer Pfleger zu Regen, hatte eine Tochter des Peter Weickert geheiratet und auf diesem Weg das Gut erworben, konnte es aber nicht selbst verwalten.

1615 wurde Frankenreuth um eine Einnahmequelle reicher. Landgraf Wilhelm von Leuchtenberg übertrug dem Hans Friedrich von Kürmreuth, nun Pfleger zu Treswitz, den Zehent auf dem Bühl in Eslarn. Der Landgraf tat dies Ursula Weickhardter, der Schwiegermutter von Kürmreuths zuliebe. Sie war eine geborene Sinzenhofer und viele Jahre hindurch Hofmeisterin der Landgräfin Mathilde gewesen[51].

Auf dem Erbwege kam das Gut an Wilhelm Balthasar von Kürmreuth, Herr auf Lixenried und Kürassier unter dem kolbischen Regiment. Wann er erbte ist unbekannt. In der Steuerveranlagung von 1630 wird er zum ersten Mal genannt[52].

Im Dreißigjährigen Krieg kämpften das jungkolbische und das alt-kolbische Regiment unter kurbayerischer Führung auf seiten der katholischen Liga gegen die protestantische Union. Zum Leidwesen Kürmreuths schlug die Union ihr Hauptquartier in Frankenreuth auf. Während des „Böhmischen Krieges", der ersten Phase des Dreißigjährigen Krieges, hatte sich der Befehlshaber der Union, Ernst Graf von Mansfeld, mit dem Rest seiner Truppen nach der Niederlage am Weißen Berg in die Oberpfalz zurückgezogen. Im Juni 1621 verlegte er seine Truppen in das Amt Treswitz und richtete sein Hauptquartier bei Waidhaus ein. Bereits seit Ende 1620 hatte er die Schanze bei Waidhaus erweitern lassen, so daß mit der Zeit ein Lager mit zwei Quadratkilometern Fläche entstanden war. Gegenüber auf der böhmischen Seite um Roßhaupte verschanzte sich der Befehlshaber der Liga, Johann Tserclas von Tilly. Die Anlagen sind auf einer Karte deutlich erkennbar. Zu sehen sind die Redouten, die durch Laufgrä-

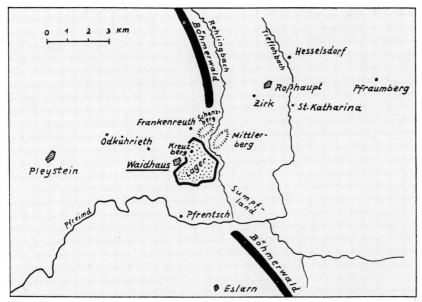

ben miteinander verbunden waren, aber auch die Verhaue, dargestellt durch gefällte Bäume. Mansfelds Befestigungslinien verliefen quer durch Frankenreuth. Im Juni 1621 standen sich insgesamt 41 000 Mann kämpfende Truppen gegenüber, den Troß nicht mitgerechnet, der oftmals die Zahl der Soldaten weit übertraf. Am 14. Juli 1621 begannen die Kämpfe und zogen sich bis zum Abzug des Mansfeldischen Heeres am 21. September 1621 hin. Inzwischen war nämlich Herzog Maximilian von Bayern in die Oberpfalz einmarschiert. Mansfeld hatte die Gefahr erkannt, in Verhandlungen die Übergabe seines Heeres an die Liga vorgetäuscht und sich so Zeit zum Rückzug verschafft[53].

In Frankenreuth führte der Krieg zur Verödung des Anwesens. Es wird berichtet, daß „in diesem Kriegswesen die gebeue, Inleut oder Vnterthanen vertrieben vndt ruinirt, auch Veldt vnd Wießmath mit heuffigen lauffgräben verderbt worden, vndt überflüssig mit Jungen gehültz verwachsen seint"[54].

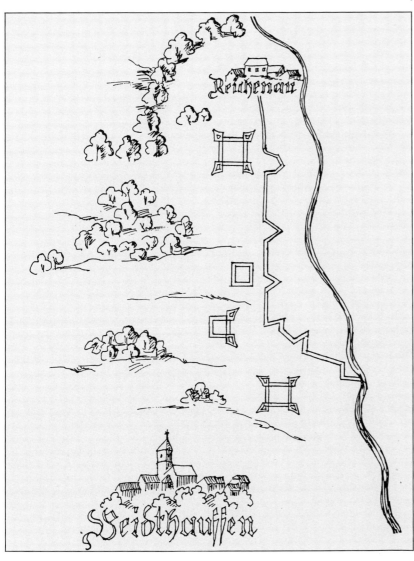

DER AUFSTIEG ZUM LANDSASSENGUT UNTER DEN SCHEDL

Am ersten Tag der Kämpfe zwischen Mansfeld und Tilly bei Waidhaus trat ein Mann in den Vordergrund, der später Besitzer von Frankenreuth wurde: Johann Zacharias Schedl, damals Hauptmann von Tachau. Unter persönlicher Führung Mansfelds hatten die Truppen der Union am 14. Juli den Tieflohbach bei Hesseldorf überschritten, konnten somit Tillys Linien umgehen und der Liga schwere Verluste beifügen. Schedl gelang es aber, „mit 8 Pferdten noch selbige nacht vnd mir gefolgten 1000 Musquetirern den Roßhopff erhalten, damit die ganze Tillysche Armee sich folgen, daselbsten den Paß occupirn vnd deß Manßfelders Armee aufhalten khönnen". Zum Dank wurde Schedl vom Kaiser zum Reichsedelmann erhoben und führte nun das Adelsprädikat „von Greiffenstein"[55].

Wappen der Schedl von Greiffenstein.

In Böhmen betrieb Schedl einen lebhaften Handel mit Immobilien; Kauf und Verkauf folgten rasch aufeinander. Obwohl Schedl für diese nicht immer ganz durchsichtigen Geschäfte die Wirren des Dreißigjährigen Krieges für sich zu nutzen suchte, blieb ihm der Erfolg versagt. Um den Forderungen seiner Gläubiger wenigstens teilweise nachkommen zu können, kam im Jahre 1640 sein Vermögen in Tachau auf die Gant. Der Wert seines Bürgerhauses dort wurde mit 4530 Gulden angegeben. Trotzdem blieben Schadenersatzforderungen des Johann Wilhelm von Haimhausen bestehen. Er prozessierte noch jahrzehntelang nach Schedls Tod gegen dessen Erben. Der Streit endete erst 1683, nachdem Haimhausen auf seine Forderungen verzichtet hatte.

Schedl hatte rechtzeitig erkannt, was in Böhmen auf ihn zukommen würde, und hat sich nach dem Wort des gegnerischen Anwalts „insalutato hospite auß dem Staub gemacht, vnnd nachher Franckenreith ausser des Königreichs Beheimbs begeben"[56].

Am 30. Mai 1639 hatte er schließlich für 3000 Gulden von Wilhelm von Kürmreuth das Glashüttengut Frankenreuth erworben, welches „mit aller hohen vnnd nidern Gerichtsparkhait, großen vnnd kleinen Zehet, hergebrachten Herrnforderung vnnd Andern Pottmeßigkhait den Churfrl. Ambt Treßwitz vnderworffen ist".

Zu diesem Zeitpunkt war Frankenreuth ziemlich heruntergekommen. Seit 30 Jahren wohnte hier kein Besitzer mehr, lediglich ein Verwalter. Das Gut war vom Krieg arg in Mitleidenschaft gezogen, und Schedl mußte „täglich ein Nahmhafftes stueckh geldts vndt off-

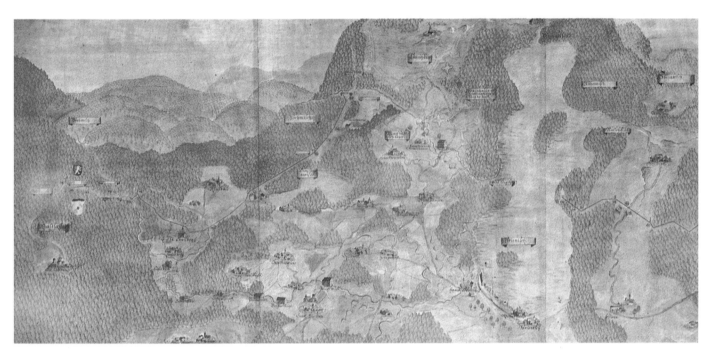

35

nen Beuttl haben", da fast immer Truppen über den Paß bei Waidhaus zogen. Er gab seine Kriegsausgaben mit 2000 Gulden an[57]. Da er wegen seiner Schulden nicht mehr nach Böhmen zurückkehren konnte, versuchte er seine Verhältnisse in der Oberpfalz möglichst günstig zu gestalten. Er ging an den Wiederaufbau Frankenreuths und scheute sich dabei nicht, die Schanze am Grenzübergang einreißen zu lassen, um so günstiger an Steine für seinen Pferdestall zu kommen[58].

Daneben versuchte er auch seine Rechtsposition in Frankenreuth zu verbessern. Dem bayerischen Kurfürsten bot er an, seinen „Pfennig noch weiters in der Oberpfalz anzuwenden". Dafür wollte er mit der Ungelds- und Landsassenfreiheit versehen und in den bayrischen Adelsstand aufgenommen werden.

Dieses Ansehen wurde abschlägig beschieden, weil Frankenreuth, wie aus dem Kaufvertrag von 1639 ersichtlich ist, mit aller Botmäßigkeit dem Amt Treswitz unterworfen war[59]. Bei diesem Bescheid blieb es, obgleich Schedl die rechtliche Situation in einem für ihn günstigeren Licht darzustellen versuchte. Er beschwerte sich, daß sein Glashüttenrecht, die Ungeldbefreiung und andere Gerechtsamkeiten nicht anerkannt würden, weil in den letzten 30 Jahren Frankenreuth mit äußerst nachteiligen Neuerungen versehen worden war. Er berief sich auf Kurfürst Ludwigs Landesordnung, die vorschrieb, „wie sich die Herrn Beambten bey dergleichen casibus vndt Befreuten Güttern, die etwan auß fahrlessigkeit von Ihren Freyheitten vndt medieteten kommen", zu verhalten hätten. Schedls Vorstellungen fanden jedoch kein Gehör. Unter Glashüttenrecht verstand er anscheinend Begünstigungen, wie sie oftmals den Glashütten gewährt wurden, aber nicht im Erbbrief von 1487 enthalten waren. Die von ihm zitierte Ungeldbefreiung, so wurde ihm beschieden, habe nur zu Lebzeiten des Peter Weickert gegolten[60].

Schedl konnte sich also gegen die Obrigkeit nicht durchsetzen. Aus Verbitterung hierüber verweigerte er von Kürmreuth die Zahlung der letzten Rate in Höhe von 400 Gulden. Er begründete dies auch damit, daß der von

Kürmreuth ihm die Edelmannsfreiheit für Frankenreuth versprochen und ihm somit den Kauf dieses Guts erst schmackhaft gemacht hatte. Der Prozeß um diese Restschuld wurde von den Erben weitergeführt. Der Streitwert belief sich 1712 bereits auf knapp 1600 Gulden. Inzwischen war der Fall vor den Kurfürsten gebracht worden, der entscheiden sollte. 1732 war der Streit eingeschlafen, ohne daß eine kurfürstliche Resolution erfolgt wäre[61].

Johann Zacharias Schedl starb 1653. Seine Erben waren ebenfalls bestrebt, Frankenreuth höhere Geltung zu verschaffen, indem sie eine geschickte Heiratspolitik betrieben und später öffentliche Ämter bekleideten.

Bereits Johann Zacharias Schedl von Greiffenstein hatte in zweiter Ehe mit Maria Christa von Schwandorf eine Adelige geheiratet, die ihm durch ihr in die Ehe eingebrachtes Heiratsgut den Erwerb Frankenreuths überhaupt erst ermöglicht hatte. Johann Sebastian, sein Sohn aus erster Ehe, übernahm bereits 1645 das Gut und konnte mit der Mitgift seiner Gattin Anna Barbara von Reidel, deren Vater kaiserlicher Reichshofrat war, die Verbindlichkeiten gegenüber seiner Schwiegermutter begleichen[62].

Ihm folgte 1684 Johann Georg Gottfried Schedl von Greiffenstein, der Helena Margaretha Portner von Theuern ehelichte[63]. Ihr gemeinsamer Sohn Johann Friedrich Ludwig Schedl von Greiffenstein, seit 1715 Besitzer, heiratete mit Maria Katharina Tucher die Tochter eines Gutsbesitzers aus Böhmen[64].

Nachdem deren Sohn Franz Ferdinand Alois 1748 in den Besitz des Guts gekommen war, heiratete er Maria Wilgefortis Onuphria von Hözendorf, die Tochter des Weidener Stadtrichters. Durch eine zweite Ehe mit Barbara von Clausewitz, der Tochter des Waidhauser Richters, Forstmeisters und Mautners, konnte er nach dem Tod seines Schwiegervaters dessen Positionen übernehmen und damit die bestimmende Persönlichkeit in Waidhaus werden. Er brachte es bis zum bayerischen Hofkammerrat. Als er das Glashüttengut Frankenreuth 1795 an seinen Sohn Johann Zacharias übergab, hatte es immerhin einen Wert von 12000 Gulden erreicht[65].

Johann Zacharias erreichte das, was seinem

Gebäude des „Schlosses" in Frankenreuth, die bis heute die alte Gestalt bewahrt haben.

gleichnamigen Ahnherrn 150 Jahre vorher versagt geblieben war: 1796 bekam er die Landsassenfreiheit ad personam erteilt, d. h. sie war auf seine Person beschränkt. Dadurch erlangte er auch die niedere Gerichtsbarkeit über seine Grundholden, d. h. er konnte bei geringfügigen Streitsachen seiner Untertanen Recht sprechen[66]. Später stellte man zwar fest, daß ihm diese Patrimonialgerichtsbarkeit aufgrund einer nichtigen Verleihung zugekommen war, doch wurde ihm diese 1807 dann doch auf Lebenszeit belassen[67].

Obwohl seit bereits 200 Jahren auf dem Glashüttengut Frankenreuth die Glasproduktion eingestellt war, so hatte das Gut doch stets den rechtlichen Charakter einer Glashütte beibehalten. Dies äußerte sich in drei Punkten:

— In den Kauf- und Übergabeverträgen wurde es stets als ödes oder ungangbares Glashüttengut bezeichnet.

— Als Glashüttengut war es vom Handlang, einer sonst fälligen Abgabe bei der Übergabe, befreit.

— Obwohl kein Glas mehr hergestellt wurde, mußte weiterhin der Gegenwert von 600 Scheiben Glas gereicht werden. Dafür waren 1 Gulden 30 Kreuzer veranschlagt worden.

1765 wurde allerdings das im Erbbrief von 1487 garantierte Recht des freien Holzbezugs auf 20 Klafter Brennholz und 3 Schleißföhren reduziert, obwohl die Abgabe von 1 Gulden 30 Kreuzer weiterhin bestehen blieb. Andererseits waren die Schedl der ebenfalls im Erbbrief festgehaltenen Verpflichtung, jederzeit die Glashütte zu betreiben, nicht nachgekommen, obwohl der Kurfürst 1673 „die erpauung solcher Glaßhütten aufgetragen" hatte[69].

1 Die Frauenkirche in München in Hartmann Schedels Weltchronik, 1493, noch ohne „welsche Hauben" auf den Türmen.

2+3 Kölner Dom. Das Verhältnis von Grund- zu Fensterfläche beträgt 6,5 : 10. Die Pfeilerkonstruktion gotischer Kirchen ermöglichte große Glasflächen.

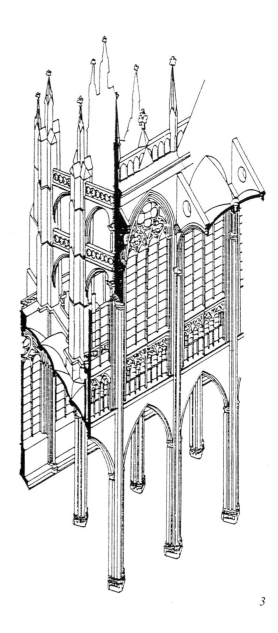

ARCHITEKTUR VON 1487 BIS ZUM KLASSIZISMUS

In der Zeit von 1487 bis zum Beginn des 19. Jahrhunderts, als die Schedlhütte entstand, wandelte sich die Architektur, in der Glas Anwendung fand, von der Spätgotik über die Renaissance und das Barock bis zum strengen Klassizismus.

1487 stand in München die Frauenkirche kurz vor der Vollendung. Fanden sich im Mittelalter vor allem in den Kirchen große Glasfenster, so entstanden in der darauffolgenden Zeit der Renaissance mit den großen Saalbauten in Schlössern und Rathäusern erstmals entspre-

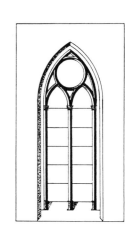

4 Wladislaw-Saal in Prag (Benedikt Ried, 1487—1502) mit 5 m hohen Steinkreuzfenstern. Mit der beginnenden Renaissance wurden auch weltliche Bauten immer großzügiger verglast.

5 Fensternische im Stil der Renaissance in der Burg Trausnitz in Landshut. Die achteckigen Glasscheiben zwischen den Bleiruten wurden aus Mondglas geschnitten.

4

5

chende weltliche Bauten mit großer Verglasung.

Auf dem Hradschin in Prag überspannte Benedikt Ried den Wladislaw-Saal (1493—1502) mit einer Grundfläche von 16 × 62 m und einer Höhe von 13 m, mit einem kunstvollen spätgotischen Kreuzrippengewölbe, während die großen Fenster bereits im Stil der Renaissance geprägt wurden. Verglast sind die 5 m hohen Steinkreuzfenster noch mit bleigefaßten Butzenscheiben.

*6 Altenburg, Stiftsbi-
bliothek.*

*7 Klosterkirche Zwie-
falten. (J. M. Fischer,
1745—65) Das Barock
liebte helle, lichtdurch-
flutete Kirchenräume.*

*8 Spiegelkabinett im
Stadtschloß in Fulda
(um 1730).*

6

7

8

Mit der Gegenreformation entstanden während des Barock Klöster, Stifte und Kirchen
mit hellen, unbemalten Fenstern. Die Schei-
bengrößen wuchsen, während die Vergla-
sungstechnik sich noch weiterhin der Bleirute
und der Windeisen bediente.
In den Schlössern fand Glas eine neue Anwendung im Innenausbau und der Raumgestaltung. Nach dem Vorbild von Versailles entstanden zur Zeit des Rokoko Spiegelkabinette
und Spiegelsäle.
Mit dem Bau von Orangerien für das Über-
wintern exotischer Pflanzen wurde Glas nun
auch zunehmend zur Nutzung von Sonnenenergie herangezogen. Horace-Bénédict de

9

10

Saussure, ein schweizerischer Naturforscher, wies 1744 erstmals den Treibhauseffekt des Glases wissenschaftlich nach.

Wie es uns die Zeugnisse der Malerei vermitteln, dienten Fenster lange Zeit vor allem nur dem Einlaß von Licht. Erst seit dem Klassizismus und dem Zeitalter der Romantik schwärmte man für den Ausblick von innen nach außen, den Blick in die Landschaft. Das wurde zwar durch größere und klar durchsichtige Flachgläser auch immer besser ermöglicht, im wesentlichen entsprach diese Öffnung nach außen aber vor allem einem neuen Lebensgefühl, das sich die Natur erschließen wollte.

DIE SCHEDLHÜTTE

An den Wiederaufbau der Frankenreuther Glashütte dachte allem Anschein nach erst wieder Johann Zacharias Schedl von Greiffenstein. Er heiratete Franziska von Schmaus von der Franzbrunnhütte Böhmen. Die Schmaus waren ein weitverbreitetes Glasmachergeschlecht. Schedl kam durch diese verwandtschaftliche Beziehung leichter an die ansonsten streng gehüteten und oft nur auf dem Erbwege weitergegebenen Glasmachergeheimnisse heran[70].

Johann Zacharias ging sein Vorhaben zielstrebig an und nutzte jeden sich bietenden finanziellen Vorteil. Er konnte durchsetzen, daß er seit 1796 ein Gulden und die 30 Kreuzer anstatt der 600 Gläser nicht mehr abgeben mußte, nur weil er inzwischen als Landsasse galt[71]. Ein Jahr später erlangte er von der Regierung das Zugeständnis, neue Untertanen ansiedeln zu dürfen[72].

Über Zeitpunkt und Dauer des Baus der neuen Hütte gibt es keine genauen Angaben. Dies kann nur aus verschiedenen Indizien ersehen werden[73]. „Auch zu Frankenreith hat sich eine neue Glashütte erhoben", berichtet 1809 Joseph von Destouches und trifft damit ziemlich gut den Zeitpunkt[74]. Noch Ende 1802 in einer Erhebung zur Herstellung einer astronomisch-topographischen Karte Bayerns wurde der Gebäudebestand in Frankenreuth mit einem herrschaftlichen Schloß, fünf Untertanenhäusern, zwei Tagwerkhäusln, einem Hüthäusl und einer Mühle beschrieben[75]. Der Bau der neuen Hütte dürfte aber damals unmittelbar bevorgestanden haben. Ab 1804 finden sich in den Waidhauser Kirchenbüchern[76] Taufen und Eheschließungen von Pottaschensiedern und Glasmachern in Frankenreuth. Unter den ersten Namen (Zenk, Zintl, Wickl, Gleißner, Mötschl, Stich, Tragl, Kohlruß) finden sich zum Teil alte Glasmachergeschlechter wieder. Zum Großteil kamen sie aus den böhmischen Orten Eisendorf, Johannshütte, Goldbach und Paulusbrunn. Der Umstand, daß dieselben Leute 1804 als Pottaschensieder und im folgenden Jahr bereits als Glasmacher bezeichnet werden, läßt mit großer Sicherheit den Schluß zu, daß nach Vorbereitungsarbeiten im Jahre 1804 der Glashüttenbetrieb 1805 aufgenommen werden konnte. Bereits 1806 begann man mit der Produktion von Spiegelgläsern in Frankenreuth[76a].

Das 1842/43 angelegte Kataster beschreibt in der Hausnummer 14 die Hüttengebäude. Dazu gehörten das Wohnhaus mit Fabrikgebäude und Hofraum sowie ein Pocher. Die Flußhütte führte mit 14 1/2 eine eigene Hausnummer. Wie aus dem Katasterblatt zu ersehen ist, war die Hütte ein Gebäude von etwa 35 m Länge und 20 m Breite.

Daneben betrieb Schedl einen zweiten Pocher in Grafenau. Diese Anlage, die bereits 1804 erbaut wurde[77], ist die ursprüngliche gewesen. Sie dürfte auch leistungsfähiger gewesen sein, da am Rehlingbach mehr Wasserkraft zur Verfügung stand. Der Pocher war ein einfacher Mechanismus, der über ein Wasserrad angetrieben wurde und mit einem oder mehreren Stampfern den zur Glasherstellung benötigten Quarz zerkleinerte. Zunächst verwendete Schedl wohl Lesesteine, die auf den Feldern dieser Gegend häufig vorkommen. In einem Bergbauverzeichnis der Jahre 1805/25 findet sich jedenfalls kein Hinweis, daß er Quarz aus Brüchen bezogen hätte[78]. Später griff er auf Steinbrüche zurück, wahrscheinlich schon der Glasqualität wegen. Ab 1851 kaufte er den Quarz von der Stadt Pleystein, den Zentner für rund sechs Kreuzer. Die Pleysteiner hatten damals begonnen, den heute unter Naturschutz stehenden Rosenquarzfelsen abzubauen[79].

Ansicht des Pfahls im böhmisch-bayerischen Grenzgebirge und Profil des Pfahls.

Kreuzbergkirche auf dem 36 m hohen, ca. 150 langen und 100 m breiten Rosenquarz-felsen (ca. 550 000 t Quarzmaterial).

Auf dem Berg lag einst die Burg Pley-stein, deren Überreste beim Bau der ersten Kreuzbergkirche, 1814, abgetragen wurden.

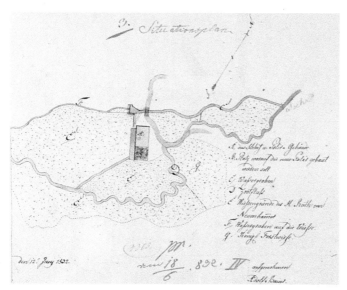

Lageplan des Schleif-
werks Galsterlohe,
12. Juni 1832.

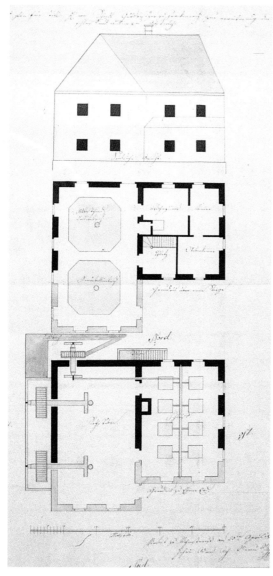

Pläne zur Erweiterung
des Schleifwerks
Galsterlohe. Ansicht
von Süden (oben),
Grundriß des 1. Ober-
geschoß (Mitte) und
Erdgeschoß-Grundriß
(unten). 20. April 1832,
Staatsarchiv Amberg
(Vohenstrauß
Nr. 1348).

Noch 1805 stellte Schedl an die kurfürstliche
Landesdirektion ein Gesuch, in dem er um
die Errichtung einer Schleife bat. Bei seinem
ersten kurzen Betrieb der Hütte habe er die
Erfahrung gemacht, daß sich diese nur mit
einem eigenen Schleifwerk optimal rentiere,
begründete er sein Vorhaben. Den Schleifar-
beitern wollte er einen Teil seines landwirtschaftlich nutzbaren Besitzes zur eigenen Bearbeitung überlassen, da ihm die Landwirtschaft wegen der Glasfabrikation zuviel
wurde[80]. Schedl bekam zwar die Genehmigung dafür erteilt, begann aber den Bau
nicht[81].

Vielleicht hegte er ähnliche Pläne wie sein
Nachbar Thomas Grundler von Oberströbl
und war von dessen Schicksal abgeschreckt
worden. Grundler wollte in unmittelbarer
Nähe zu Schedls hinterem Schleifwerk in der
Grafenau ein Schleifwerk errichten. Obwohl
das Landgericht Treswitz die Bewilligung erteilt hatte, mußte Grundler den Bau wegen
fehlender finanzieller Mittel und vor allem
wegen plötzlich geäußerter rechtlicher Bedenken der Regierung bereits 1806 einstellen.
Schedl war an der Anlage interessiert und
wollte 1816 den Bau mit Grundler fortsetzen,
was aber von der Behörde verhindert wurde.
1818 entschied das Innenministerium endgültig, daß die Ableitung des zum Betrieb notwendigen Wassers aus dem Rehlingbach, der
die Landesgrenze mit Böhmen markierte, einen Verstoß gegen den Grenzvertrag von 1764
darstellte. Die Vollendung wurde deshalb de-
finitiv untersagt. In diesem Zusammenhang
wurde auch offengelegt, daß Schedl beim
Bau des Pochers 1804 ohne landesherrliche
Genehmigung gehandelt und ebenfalls gegen
den Grenzvertrag verstoßen hatte. Die Regierung sah vom Abriß des Pochers nur deshalb
ab, weil das Landgericht Vohenstrauß berichtete, „daß viele hundert Menschen von der
Schedelschen Fabrik ihren Unterhalt beziehen"[82].

Zu einem nicht bekannten Zeitpunkt errichtete Schedl ein Polierwerk in der Galsterlohe im
oberen Zottbachtal bei Georgenberg. Weil er
damals guten Absatz an polierten Gläsern
hatte, suchte er 1832 um eine Erweiterung des
Werks nach. Die Anlage hatte damals einen

Tisch mit sechs Wasserständen. Geplant war eine Erweiterung um ein drittes Wasserrad und der Einbau eines weiteren Poliertisches. Weiter unten am Lauf der Zott liegt die Hagenmühle. 1832 wollte ihr Besitzer Adam Schreml, ein Pleysteiner Bürger, dort wieder ein Schleif- und Polierwerk einbauen, wie es vordem seit 1807 schon bestanden hatte, zwischenzeitlich aber wegen des stockenden Absatzes an polierten Gläsern wieder aufgegeben worden war. Johann Baptist Schedl erhob gegen diese drohende Konkurrenz Einspruch, dem allerdings nicht stattgegeben wurde[83].

Eine zufällig noch erhaltene Nachricht an Joseph Schüler, Verwalter der Glasfabrik Frankenreuth, vom 13. November 1826, besagt, daß der Knecht des Mayer von Theuern mit zwei Fässern Pottasche wegen des hohen Schnees bereits drei Tage unterwegs war. Auf dem Rückweg nahm er rauhe (ungeschliffene) Gläser mit[84]. Die Entfernung Theuern—Frankenreuth beträgt etwa 70 km. Wir können uns heute kaum mehr vorstellen, unter welchen schwierigen Bedingungen das Glas damals doch sicher an seinen Bestimmungsort gebracht wurde.

In der Schedlhütte wurde Flachglas hergestellt. Nach Schedls Angaben wurden die Glastafeln nach dem Brabanter oder dem etwas kürzeren Zoll (= 2,54 cm) bemessen. Der Verkauf erfolgte nach dem „Judenmaß", das 9 Zoll lang und 7 Zoll breit war. Ein zusammenhängendes doppeltes Judenmaß nannte man „Bündchen" oder „Bandel". Es war aber auch üblich, daß je nach Bestellung der Kaufleute Gläser von 18, 20, 28 oder 30 Zoll hergestellt wurden[85].

Im Jahre 1818 betrug der Wert der Produktion 28 000 Gulden. Dabei benötigte man Rohstoffe und Heizmaterial im Wert von 23 000 Gulden. Die Ware wurde im Inland abgesetzt. Über die Löhne der 18 Arbeiter, die damals in der Hütte beschäftigt waren, ist nichts bekannt. Schedl betrieb außerdem eine eigene Flußhütte, in der er einen Arbeiter beschäftigte. Die dort im Jahre 1818 hergestellte Pottasche hatte einen Wert von 350 Gulden. Hierzu wurden Rohstoffe, in der Hauptsache Holz, im Wert von 200 Gulden benötigt. Mit

dieser Flußhütte war der Frankenreuther Bedarf an Pottasche allerdings noch nicht gedeckt. Im benachbarten Reichenau hatte daher eine weitere Flußhütte den Betrieb aufgenommen[86].

Pottasche war immer noch das wichtigste und zur damaligen Zeit in Frankenreuth wohl einzige Mittel, um die Schmelztemperatur des Glases herabzusetzen. Natursoda war sehr teuer. Das Verfahren zur künstlichen Herstellung von Soda und ihre Anwendungsmöglichkeiten zur Glasherstellung waren zwar bekannt, aber von der Technologie her für die Hüttenbesitzer noch nicht ohne weiteres beherrschbar.

Die Arbeitsmöglichkeiten in der Schedlhütte bedingten zwangsläufig eine Vergrößerung des Orts Frankenreuth, die Schedl nicht ungelegen kam. Zwischen 1800 und 1842 verdoppelte sich die Anzahl der Gebäude auf 16. In fünf Fällen war Schedl bereits dazu übergegangen, die Häuser an seine Untertanen zu verkaufen. Weitere fünf Gebäude waren Taglöhnerwohnungen[87]. Ein hoher Anteil von Taglöhnern an der Bevölkerung Frankenreuths wird auch durch ein Einwohnerverzeichnis aus dem Jahr 1824 belegt. Von 49 Familien, die übrigens im Durchschnitt nur gut vier Mitglieder zählten, waren 22 Taglöhner. Sie konnten für Gelegenheits- und Aushilfsarbeiten in der Glashütte ebenso eingesetzt werden wie für landwirtschaftliche Arbeiten.

In der Hütte waren drei Hüttenarbeiter, zwei Holzschieber und sieben Glasmacher (Johann Welschl, Kaspar Gail, Georg Wickl, Joseph Kastl, Kaspar Kastl, Georg Kohlruß, Kaspar Kohlruß) beschäftigt. Für die Versorgung der Hütte mit Rohstoffen waren der Pochermann sowie zwei Holzhauer und ein Förster tätig. Außerdem lebten in Frankenreuth 1824 zwei Bauern, ein Weber, ein Wirt, ein Müller und ein Schmied[88]. Dazu kam 1830 eine Brauerei. Schedl bekam sie ohne Schwierigkeiten genehmigt. In seiner Begründung führte er an, daß sich auf seinem Landgut eine Spezialglasfabrik befände, „wobey das angestellte Arbeitspersonale sowie die ankommenden Fuhrleute jährlich gegen achthundert Eimer (480 hl) Bier consumiren"[89]. Johann Zacha-

Die „Schlesier" oder „Breslauer", die auf der Handelsstraße Nürnberg—Prag über den Paß bei Waidhaus fuhren, waren schwere Fuhrwerke, die von 8—10 Pferden gezogen wurden.

rias Schedl beschränkte sich aber beileibe nicht auf den Ausbau der Ortschaft und der Glashütte. Als Mautner war er in Besitz des Mauthauses in Waidhaus, das er 1809 an den bayerischen Staat verkaufte. Bald darauf gab er sein Amt als Mautner auf. 1835 baute er mit dem „Pfälzer Hof" das neue „Königliche Hauptzollamt", das er 1840 für 20542 Gulden an den Staat verkaufte[90].

Bereits 1822 hatte er das Gut Frankenreuth seinem Sohn Johann Baptist für 25000 Gulden übergeben, sich jedoch die Glasfabrik mit allem Zubehör noch vorbehalten[91]. Bereits 1828, also 15 Jahre vor dem Tod seines Vaters, übernahm Johann Baptist den Besitz des ganzen Guts. Er war mit Elisabeth Johanna Schramm verheiratet, die von dem kleinen Gut Drslavice nordwestlich von Klattau stammte. Johann Baptist war 1829/30 und 1837 Mitglied des oberpfälzischen Landrats, und zwar in der Klasse der Grundbesitzer ohne Gerichtsbarkeit[92]. Zwischenzeitlich war er 1830 zum Landtagsdeputierten gewählt worden.

Außer der Erweiterung des Schleifwerks in der Galsterlohe 1832 und des Baus der Brauerei 1830 sind keine größeren Investitionen Johann Baptist Schedls bekannt. Allerdings waren die Jahre seit 1830 von einer tiefen wirtschaftlichen Krise der Oberpfälzer Unter-

nehmen gekennzeichnet, die letztendlich zur großen Auswanderungswelle um die Jahrhundertwende führte[93]. Eines der ersten Opfer dieser Wirtschaftskrise war übrigens die Witwe seines Onkels Wenzel Schedl, dessen Spiegelschleifwerke zu Schwarzeneck und Warnthal 1829 auf die Gant kamen[94].

Frankenreuth blieben solch harte Konsequenzen erspart, wurde aber von wirtschaftlichen Schwierigkeiten sicher nicht verschont. Nach dem Verkauf 1863 mußte der neue Besitzer die Glashütte neu aufbauen, da vorher notwendige Investitionen in die Hüttenanlage weitgehend unterblieben waren[93]. Bevor Johann Baptist Schedl 1857 an Altersschwäche starb, hatte er 1856 die Glashütte an Alois Kupfer verpachtet. Der einzige Sohn Adolph kam 1858 in den Besitz des Gutes. Er war Junker im 1. Chevauleger-Regiment. Die Cevauleger („Leichte Pferde"), ursprünglich eine Elitetruppe französischer Könige, gab es später auch als leichte Kavallerie in deutschen Armeen. Besondere Geltung hatten sie in Bayern, das bis 1918 acht Chevauleger-Regimenter unterhielt. Adolph Schedl verkaufte 1863 große Teile des Gutes. Alois und Moritz Kupfer erwarben das Wohnhaus, die Glasfabrik mit der Flußhütte und die beiden Pocheranlagen, der Staat die Wege und große Waldflächen.

Der Glasfuhrmann hatte eine besondere Vertrauensstellung. Die wertvolle Fracht aus der Glashütte wurde buchstäblich in Gold aufgewogen. In Unterlagen älterer Zeit sind Glasfuhren nach Nürnberg, Frankfurt, Triest und Venedig bezeugt. Die Fuhrleute bildeten meist Züge von 20—30 Wagen.

Außer dem Fernfuhrmann, der meist ein wohlhabender Landwirt war, beschäftigte die Glashütte eigene Fuhrleute für den Transport der Rohstoffe. Marktfahrer und Glashändler waren Hauptabnehmer der Glashütten. Sie zogen mit Kraxe und Schubkarren über meist schlechte Wege zu den Verbrauchern. Josef Blau berichtet von einem Glashändler, der 1885 für sein letztes Geld Tafelglas gekauft hatte. Nach zwei Stunden Fußmarsch rutschte er auf dem Glatteis aus, fiel auf den Rücken mit seiner Kraxe und alles Glas ging zu Bruch. Er ging zur Hütte zurück und erhielt kostenlos Ersatz. Der Verwalter meinte: „Auf den schlechten Wegen wirft es uns ganze Wagen voll Glas um und da ist mehr hin!"

FUHRLEUTE UND MARKTFAHRER

Links: Fuhrmänner mußten lesen und schreiben können und sie mußten wehrhaft sein, um Glas und Geld zum Ziel zu bringen.

Rechts: Wandergläsner aus dem XVI. Jahrhundert.

Aus dem Gewächshausbau, der im 19. Jahrhundert von England ausging, entwickelte sich in Europa und Nordamerika die Glasarchitektur mit Ausstellungshallen, Palmenhäusern, großen Glasdachkonstruktionen und privaten Wintergärten.

Das Palmenhaus in Bicton Garden bei East Budleigh an der Südküste Englands ist ein Beispiel der Pionierphase des Bauens mit Glas und Eisen. Kleine ebene Glasscheiben sind hier schuppenartig zwischen Rahmenprofilen zu einer gläsernen Kuppel gefügt.

Das heute noch gut erhaltene Palmenhaus wurde zwischen 1813 und 1838, vermutlich von D. und E. Bailey errichtet.

VOM 19. JAHRHUNDERT BIS 1918

ENTWICKLUNG IN NORDBAYERN

ALOIS UND EDUARD KUPFER

Die Pacht der Glashütte Frankenreuth durch Alois Kupfer seit 1856 stellt den Anfang einer Entwicklung dar, in deren Verlauf das von Alois und seinem Bruder Eduard Kupfer geführte Unternehmen E. & A. Kupfer zu einem der größten Flachglasproduzenten Bayerns aufstieg. Die Herkunft der Familie Kupfer ist unklar. Es wird berichtet, die Kupfers seien ehemals Pottaschehändler gewesen, doch gibt es hierfür keinen eindeutigen Beleg. Die Pottasche war im 18. Jahrhundert einer der wichtigsten Rohstoffe für die Glasherstellung, so daß die Pottaschehändler — wie die Kupfers oft Juden — viele Glashütten im bayerisch-böhmischen Wirtschaftsraum unter ihre Kontrolle gebracht haben sollen[1]. Die Frankenreuther Glashütte wurde nach sieben Jahren Pacht am 14. Januar 1863 an Alois Kupfer und seinen Vater Moritz verkauft. Im Jahr 1865 übernahm E. & A. Kupfer das Werk; ein zweiter Ofen wurde angelegt. Fortan wurden Bandel (27 mal 21 cm große, etwa 1,5 mm dicke Tafelgläser[2]) und Rohspiegelglas hergestellt. Bis 1892, als ein Ofen zugunsten des neuen Weidener Werks stillgelegt wurde, blieb die Glashütte Frankenreuth die Hauptproduktionsstätte des Unternehmens[3].

Zeitgleich oder kurze Zeit nach Übernahme der Frankenreuther Hütte erwarb E. & A. Kupfer die Glashütte Fichtenbach in Böhmen nahe bei Furth i. W. (Bayern). Dieses bereits 1710 erbaute Werk war 1846 mit zwei Öfen, einem für Rohspiegelglas und einem für Ban-

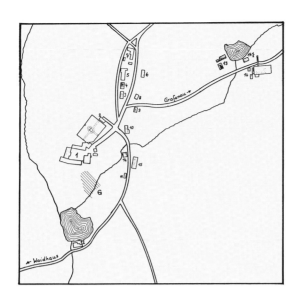

Ortsplan von Frankenreuth nach dem Urkataster von Waidhaus, 1843.

1 „Hofmarkschloß mit Maierhaus"; Schloßgarten und Glashaus.
2 Gärtnerhaus
3, 4, 9—11 Taglöhnerhäuser
5 Gasthaus
6 Glasmacherwohnung
7 „Langhof"
8 „Stegergütl"
12 Hüttenmühle
13 Verwalterwohnung
14 Glashütte, Wohnhaus, Pocher
14¹/₂ Flußhütte mit Wohnhaus
15 Bräuhaus
G Standort der 2. Glashütte bis 1580

Hütte Frankenreuth 1925
S. Poschotzki

Fanny Kupfer,
geb. Glaser
* 31. 5. 1847
  in Breitenstein
† 26. 6. 1924
  in Weiden

Eduard Kupfer
* 26. 8. 1839
  in Tissa Glashütte
† 7. 2. 1907
  in Weiden

del, ausgerüstet worden. Die Kupfers errichteten nach der Übernahme Ende der 1850er Jahre einen dritten Ofen, auf dem ebenfalls Rohspiegelglas produziert wurde[4].

1866 kamen zwei weitere Glashütten hinzu: Die Hütte Sorghof bei Tachau in Böhmen war früher eine Eisenhütte gewesen und wurde nach der Übernahme durch Kupfer & Glaser — die Firma von Alois Kupfer, Eduard Kupfer und dessen Schwager Sigmund Glaser — von 1866 bis 1870 zur Rohspiegelglaserzeugung mit anschließender Veredelung umgebaut. Im Laufe der 1890er Jahre wurde die Produktion auf Tafelglas umgestellt. Auf der wohl nicht weit von Sorghof gelegenen Neufürstenhütte[5] wurden auf einem Ofen Bandel und Rohspiegelglas erzeugt. Gemeinsam mit Eduards Schwager Sigmund Glaser wurden dort möglicherweise noch zwei weitere Öfen zur Spiegelglasherstellung betrieben[6]. Außerdem soll Kupfer & Glaser in den 1870er Jahren noch die Voithenberghütte bei Furth i. W. und die Hütte Böhmischdorf bei Tachau, beides Spiegelglashütten, betrieben haben[7].

Schon 1868 kam mit der Kollerhütte — auch sie lag im Kreis Tachau — ein weiteres Werk hinzu. Sie wurde von E. & A. Kupfer gepachtet, renoviert und zur Roh- und Spiegelglasherstellung eingerichtet. Als E. & A. Kupfer 1892 die Glasfabrik Weiden kaufte, wurde der Ofen der Kollerhütte dorthin übertragen und die Hütte stillgelegt[8].

1875 pachtete E. & A. Kupfer die Goldbach-

hütte bei Tachau. Auf dieser schon 1766 erbauten Hütte wurde auf einem Ofen Rohspiegelglas produziert[9].

Alle diese Hütten hatten schon vor der Übernahme durch die Kupfers existiert und waren nach dem Kauf renoviert und meist erweitert worden. 1882 dagegen bauten die Kupfers gemeinsam mit Sigmund Glaser in Furth i. W. ein neues Werk, das für damalige Verhältnisse recht groß war. Seit 1884 wurde dort auf drei Öfen Rohspiegelglas produziert, das noch an Ort und Stelle geschliffen und poliert wurde. Im Jahre 1897 wurde darüber hinaus auf einem Ofen die Produktion von Flaschen aufgenommen, deren Herstellung angesichts der damaligen Produktionstechnik noch nicht so stark von der Tafelglaserzeugung abwich. Allerdings wurde die Flaschenproduktion bereits im folgenden Jahr aus heute unbekannten Gründen wieder eingestellt.

1886 legte E. & A. Kupfer die Neufürstenhütte still und pachtete die Hütte Frauenthal Kreis Tachau, die bis 1835 ebenfalls eine Eisenhütte gewesen war. Auch hier wurden zunächst Bandel und Rohspiegelglas produziert[10].

Ihren vorläufigen Abschluß fand diese stetige Expansion von E. & A. Kupfer 1895, als die Annahütte bei Grafenwöhr in Bayern erworben wurde. Die Hütte übernahm Heinrich Kupfer (1871—1922), der älteste Sohn Eduards[11].

Das in den Glashütten geblasene Rohspiegelglas wurde in Schleif- und Polierwerken weiterverarbeitet. Modell einer solchen mit Wasserkraft betriebenen Anlage im Heimatmuseum von Pleystein.

Das Schleifen (unten links) wurde mit Sand, das Polieren (unten rechts) mit fein geschlämmtem Eisenrot Potée ausgeführt. Zum Polieren wurden die vom Schleifen matten Spiegelglastafeln auf einer Unterlage mit Gips befestigt und durch Filztafeln blankpoliert.

Das Eisenrot färbte Werkstatt, Kleider, Hände und Gesichter der Polierer rot.

SCHLEIFEN UND POLIEREN

Auf der Karte wird ersichtlich, daß alle von den Kupfers betriebenen Hütten im oder am Oberpfälzer- und Böhmerwald lagen, zu beiden Seiten der Grenze, die das bis 1871 selbständige Königreich Bayern vom Königreich Böhmen trennte. Böhmen war ein wohlhabender und der am meisten industrialisierte Reichsteil der österreichisch-ungarischen Doppelmonarchie. Dort sprach über ein Drittel der Bevölkerung Deutsch als Muttersprache, so daß den lebhaften Wirtschaftsbeziehungen keine sprachlichen Probleme entgegenstanden[12].

Dennoch galt die oberpfälzische Region damals wie heute als eine am Rande des wirtschaftlichen Geschehens liegende Region. Warum siedelten sich die Glashütten in einer so abgelegenen, vorwiegend landwirtschaftlich geprägten Gegend an?

Die wichtigste Bedingung für den erfolgreichen Betrieb einer Hütte war die Nähe zum Holz, das einerseits als Brennstoff für die Ofenfeuerung, andererseits als Rohstoff für die Gewinnung von Pottasche benötigt wurde. Pottasche wurde von den Glasmachern als Flußmittel gebraucht, d. h. zur Reduzierung der für die Glasschmelze erforderlichen Temperatur. Sie wurde auf eine Art und Weise gewonnen, die den Glashütten bei den zuständigen Forstbehörden nicht gerade große Beliebtheit eintrug: Die Bäume wurden nicht abgeholzt, sondern einfach angezündet. Eine andere Methode bestand darin, ein Loch in

den Baum zu schlagen und im Stamm ein Feuer zu entzünden. Der Baum verglühte dann von innen und fiel ohne Zutun der Aschenbrenner nach einigen Tagen um. Die Teile des Baumes, die weder zu Asche verbrannt noch sonstwie verwertet werden konnten, wurden einfach liegengelassen und verfaulten[13].

Weil die Glashütten so viel Holz brauchten, produzierten sie solange an einem bestimmten Standort im Wald, bis die umliegende Gegend gerodet war. Wenn der Transport des Holzes zu aufwendig wurde, ließen die Glasmacher die Hütte stehen und zogen weiter, um sich einen neuen Platz zu suchen. Bei den Landesherren, die die Wälder besaßen, waren die Glasmacher zunächst gerne gesehen, denn sie rodeten den Wald kostenlos und mußten dafür sogar noch eine — allerdings meist nur gering oder symbolisch bemessene — Abgabe zahlen. Das von den Glasmachern gerodete Gebiet konnte der Landesherr nun landwirtschaftlich nutzen.

Im Laufe der Jahrhunderte wurde Holz jedoch immer knapper. Deshalb untersagten die Landesherren den Glasmachern nun häufig, weiter Holz zu schlagen. Infolge der Knappheit verteuerte Holz sich nun zusehends, so daß viele Hütten auch ohne behördlichen Druck den Betrieb einstellen mußten. Das Holz mußte daher sowohl in seiner Funktion als Brenn- wie auch als Rohstoff ersetzt werden. Infolge einiger kleiner Verbesse-

Kolorierte Zeichnung des Finkenhammer mit Pleystein im Hintergrund von Karl Wittmann, 1985.

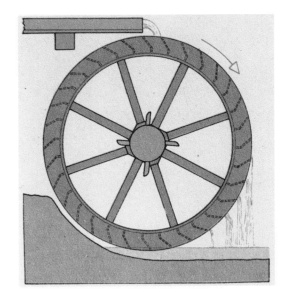

Die Wasserkraft zum Antrieb der Eisenhämmer sowie der Schleif- und Polierwerke zählte zu den früheren Standortvorteilen der Oberpfalz, dem „Ruhrgebiet des Mittelalters". Der Finkenhammer arbeitete bis 1936 mit dem Prinzip des oberschlächtigen Wasserrades.

rungen an den Schmelzöfen, z. B. durch Einführung des Rosts (die Asche fällt durch den Rost und erstickt somit nicht das Feuer) wurde die Brenntemperatur etwas gesteigert. Dadurch konnte jetzt auch Kohle vollständig verbrannt werden. Vorher war dies nicht möglich gewesen, da die Kohle bei geringeren Temperaturen nur unvollständig verbrennt, wobei das giftige Kohlenmonoxid entsteht. Deswegen war Kohle lange Zeit von den Glasmachern abgelehnt worden. Die Substitution des Brennstoffes Holz vollzog sich in den einzelnen Regionen Deutschlands unterschiedlich schnell: Im Saargebiet, im Rheinland und an der Ruhr, wo Kohle leicht abgebaut werden konnte, wurde bereits zu Anfang des 19. Jahrhunderts fast nur noch mit Kohle geheizt[14]. Der waldreiche bayerisch-böhmische Wirtschaftsraum wurde erst in der zweiten Hälfte des 19. Jahrhunderts von der Holzverteuerung betroffen. Zwar konnte aus Böhmen Braunkohle bezogen werden, doch die meisten Hütten lagen weit abseits der Verkehrswege. Darüber hinaus erforderte die Umstellung auf Kohle Kapital zum Um- oder Neubau der Öfen und die erforderlichen Fachkenntnisse, z. B. für das Gemenge, dessen Zusammensetzung bei Kohle- etwas anders als bei Holzfeuerung war. Viele kleine Hütten mußten daher in diesen Jahren den Betrieb einstellen.

Die Pottasche (Kaliumkarbonat) wurde seit der Wende zum 19. Jahrhundert ersetzt. Um diese Zeit begann der Einsatz von Natursoda (Natriumkarbonat), die zwar qualitativ höherwertiger als Pottasche, aber auch erheblich teurer war und nicht überall gewonnen werden konnte. Erst die künstliche Gewinnung von Soda, die durch das 1791 entwickelte Verfahren von Leblanc möglich wurde, verhalf dann der Synthese-Soda einige Jahre später zum Durchbruch in der deutschen Glasindustrie. Das 1863 erfundene, aber erst seit 1885 kommerziell verwertete Verfahren des Belgiers Ernest Solvay verbilligte die Soda so stark, daß sie die Pottasche fast völlig verdrängen konnte. Neben der Soda wurde schon früh — allerdings nur in kleinen Mengen und unter Zusatz von Kohle — auch Glaubersalz (kristallwasserhaltiges Natriumsulfat) als Flußmittel verwendet. Glaubersalz fiel als billiges Nebenprodukt der chemischen Industrie an. Wegen des Holzreichtums des Oberpfälzer- und Böhmerwaldes vollzog sich die Substitution der Pottasche durch Soda in der Oberpfalz relativ spät[15].

Ein weiterer wichtiger Standortfaktor war der Rohstoffbezug. Glas wurde damals — vereinfacht dargestellt — wie folgt hergestellt: Als Rohstoffe sind im Glas etwa 70% Kieselsäure (SiO_2) als eigentlicher Glasbildner, 15% Alkalioxide (Na_2O, K_2O) als Flußmittel und 10% Erdalkalioxide (MgO, CaO) als Stoffe, die dem Glas seine Wasserbeständigkeit geben, enthalten. Die verwendete Kieselsäure kommt in der Natur in Form von Quarzsan-

Im Mittelalter wurde der Wald zur Existenzgrundlage der Glashütten. Die großen deutschen Waldgebiete lieferten Holz für die Schmelzöfen und vor allem Asche für das unentbehrliche Flußmittel. Die Erschließung der unwegsamen Waldgebiete, durch Nutzung des Holzes, kam den Grundherren zunächst sehr zustatten.

„Das begehrteste Erzeugnis der Waldhütten war zuerst das Fensterglas, denn die Mönche in den Klosterhütten hatten es bisher kaum für den Privatbedarf der Bevölkerung hergestellt". (Gustav Weiß) Der neue Bedarf an verglasten Fenstern

1 Arbeitsintensiver Rohstoff Holz. Nach Paul v. Stetten, 1779
2 Pottaschesiederei. Abbildung aus Joh. Kunkel „Vollkommene Glasmacherkunst"; Ausgabe 1689

3 Hüttenszene nach Joh. Sam. Halle, 1764
Abbildungen: Archiv Dr. R.-J. Gleitsmann, Stuttgart

konnte durch die Gründung von Hütten in den Wäldern, die reichlich Rohstoffe lieferten, gedeckt werden. Dabei betrug der Brennstoffverbrauch einer Waldhütte an Holz nur einen Bruchteil dessen, was für den Aschenbrand erforderlich war. So wurden, 1761, in der Hütte von Michael Poschinger in Frauenau bei Zwiesel 585 Klafter Holz (ein Klafter = ca. 3,4 cbm) verschürt und 1300 Klafter zur Gewinnung von Pottasche verbrannt. Für die Gewinnung von Pottasche (Kaliumkarbonat, K_2CO_3) eignete sich am besten Buchen- und Eichenholz.
1000 Teile Fichtenholz geben 0,45 Teile Pottasche.
Die Waldhütten verfügten gewöhnlich über einen nahegelegenen „Scheiterwald" für die Feuerung und einen entfernt im unwegsamen Gelände gelegenen „Aschenwald", wo die Aschenbrenner die Stämme entzündeten, ohne sie

vorher zu fällen. Dazu wurden die Bäume angebohrt und ihr trockener Kern innen ausgebrannt.
Die Asche kam in die Flußhäuser der Hütten, wo sie in „Pötten" ausgelaugt, die Lauge eingedampft und die rückständige braune Salzmasse im Flammofen kalziniert wurde.
Als die deutschen Waldgebiete den großen Holzbedarf für die Pottasche nicht mehr zu liefern vermochten, verteuerte sich die Pottasche aus Pflanzen zunächst erheblich durch Importe. Steigender Bedarf, hohe Kosten und die Entwicklung der Chemie führten zur Substitution der pflanzlichen Pottasche durch das von Johann Rudolf Glauber (1604—1670) — als Medikament — entdeckte Glaubersalz oder Natriumsulfat (Na_2SO_4), mineralische Pottasche von der Stassfurther Kalisalzindustrie (seit etwa 1857) und die Synthese-Soda.

ROHSTOFFE ZUR GLASHERSTELLUNG:

HOLZ UND POTTASCHE

4

5

6

Quarz (Siliziumdioxid — SiO$_2$) — ist mit 70—75 Prozent der wichtigste Rohstoff für die Glasherstellung. Zum Schmelzen von Flachglas muß der Quarz oder Sand jedoch sehr rein von färbenden Oxiden, besonders von Eisenoxid, sein. Mehr als 0,1 Prozent Fe$_2$O$_3$ machen den Sand für Flachglas untauglich, da Eisenoxid das Glas blaugrün oder gelbgrün färbt.
In der Oberpfalz

wurde Quarz, das sich als Lesesteine fand und ab dem 18. Jahrhundert in Steinbrüchen gewonnen wurde, geglüht und durch „Abschrecken" mit kaltem Wasser mürbe gemacht. So vorbereitet kam das Quarzgestein unter die Stampfsäulen des Pochers, der mit Wasserkraft angetrieben wurde. „Der Pochermann wurde nie alt, da ihm der Kiesstaub die Lunge angriff", berichtet

Josef Blau, „Schon nach zehn Jahren war er lungenkrank ... Des Pochers Arbeit war nicht schwer; er hatte die Steine unter die Stampfe zu werfen und den Sand aus dem Pocher auf den Reiterer (Sieber), der auch von der Wasserkraft betrieben wurde, aufzuschütten; in der Pochermühle staubte es aber tüchtig ..."
Die in der Oberpfalz vorhandenen gleichmäßig feinkörnigen, bis zu hundert Meter

mächtigen Sande des Dogger-Beta fanden seit langem in gewaschenem Zustande Verwendung als Glassande. Etwa seit 1930 werden auch wertvolle Glassande als Koppelprodukt der Schlämmaufbereitung von Kaolinerden gewonnen. Diese im Raum Hirschau-Schnaittenbach, aus dem Mittleren Bundsandstein stammenden Kaolinfeldspatsande bestehen nämlich durchschnittlich aus 80% Quarzsand 10—20% Kaolinit und 0—10% Feldspat. Heute wird Quarzsand in der Niederrheinischen Bucht in der Rheinpfalz und in der Oberpfalz im Tagebau gewonnen und durch Wäsche sowie Siebung sorgfältig aufbereitet.

4 Gewinnung der Roherden mit dem Schaufelradbagger in Schnaittenbach/Opf.
5 Verladung der fertig aufbereiteten Glasschmelzsande
6 Pocherwerk mit oberschlächtigem Wasserrad, um 1550

Fotos 4 + 5 Eduard Kick, Kaolin- und Quarzsandwerke, Schnaittenbach/Opf.

QUARZ UND SAND

Kochsalzkristall. Foto: Deutsche Solvay-Werke GmbH

Glasherstellung in industriellem Maßstab konnte erst beginnen, nachdem das Fluß-mittel Soda (Natrium-carbonat Na$_2$CO$_3$), als kalzinierte Soda, groß-technisch aus Kochsalz gewonnen werden konnte.

„Bis zum 19. Jahr-hundert wurde der Bedarf an Soda und Pottasche durch Asche von See- und Land-pflanzen gedeckt. Die Landpflanzen lieferten Pottasche. Dagegen enthalten zahlreiche Pflanzenarten, die auf kochsalzhaltigen Böden am Meeres-strand wachsen, und Seetange Natriumsalze und ihre Aschen deshalb Soda. Salicornia- und Salsola-Arten wurde in Küstengebieten des Mittelmeers zur Soda-gewinnung angebaut."
(Reimer/Thieme)
Mit dem steigenden Bedarf an Soda gegen Ende des 18. Jahrhun-derts begann die Suche nach einem technischen Verfahren. Frankreich verbrauchte zu dieser Zeit die meiste pflanz-liche Soda in Europa. Duhamel Dumonceau hatte, 1736, nachge-wiesen, daß sowohl Soda, als auch Koch-salz als Bestandteil Natrium enthalten. So schrieb die Akademie der Wissenschaften in Paris, 1775, einen Preis von 2400 Gold-franken für den-jenigen aus, der das einfachste und wirt-schaftlichste Verfahren entdeckt mit dem aus Kochsalz Soda gewonnen werden kann. Dieses so gewonnene Alkali durfte dabei nicht teurer sein als die beste bis dahin erhält-liche Soda.

1789 wurde dieser Preis auf 12 000 Gold-franken erhöht. Dem Arzt Nicolas Leblanc (1742—1806) gelang 1790 die Erfindung. Der Herzog von Orléans finanzierte eine Fabrik in Fran-ciade in der Nähe von St. Denis. 1791 wurde Leblanc ein Patent auf sein Soda-Ver-fahren erteilt. Den ausgelobten Preis erhielt er nie. Leblanc wurde ein Opfer der Revolution. Der Herzog von Orléans kam 1793 auf das Schafott sein Vermögen einschließ-lich der Sodafabrik wurde beschlagnahmt und Leblancs Patent annulliert.
Das Verfahren mußte Leblanc preisgeben. Während elf Jahren Kampf um seine

Rechte, den ausge-lobten Preis und Entschädigung seiner Verluste erhielt er ganze 900 Franken. Dagegen erzielte der Staat durch den Verkauf von Leblancs Sodafabrik 130 000 Franken.
Am 16. Januar 1806 tötete sich der verzweifelte Erfinder durch einen Pistolen-schuß. 80 Jahre später wurde ihm aus privaten Spenden ein bescheidenes Denkmal im Hof des Museums für Kunst und Gewerbe in Paris errichtet. Einen der größten Beiträge dazu stiftete Ernest Solvay, dessen neues Verfahren zur Soda-Herstellung das 80 Jahre erfolgreiche Leblanc-Verfahren ablöste.

ROHSTOFFE ZUR GLASHERSTELLUNG:

SODA AUS SALZ

Bis dahin waren, nach der Preisgabe des Verfahrens in Frankreich, aber vor allem in England umfangreiche Soda-Produktionen entstanden. Die erste Leblanc-Fabrik in Deutschland stand 1827 bei Mannheim. 1880 produzierten in England 45 und in Deutschland 21 Werke nach dem Leblanc-Verfahren. 1861 gelang dem Belgier Ernest Solvay (1838—1922) die Umsetzung des Ammoniaksoda-Verfahrens in die industrielle Produktion. Die Vorteile gegenüber dem Verfahren von Leblanc sind: geringere Temperaturen und mit Kalziumchlorid nur ein relativ schadlos zu beseitigendes Abfallprodukt.

1863 gründete Solvay eine erste Soda-Fabrik in Couillet bei Charleroi in Belgien. 1880 wurde in Deutschland die Deutsche Solvay-Werke AG gegründet und in Wyhlen/Baden die erste Fabrik errichtet. 1905 wurden bereits 1,33 Millionen Tonnen Ammoniaksoda und nur noch 200 000 Tonnen nach dem Leblanc-Verfahren erzeugt. Heute wird weltweit fast die gesamte Synthese-Soda — rund 20 Millionen Tonnen — nach dem Solvay-Verfahren hergestellt. Hauptabnehmer ist mit rund 50 Prozent die Glasindustrie. Im Gegensatz zu Leblanc konnte Solvay den Erfolg seines Werkes erleben.
Dem Solvay-Verfahren

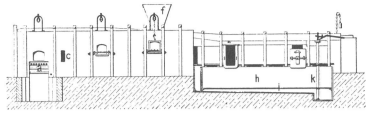

Ansicht des Sodaofens von Leblanc

Karbonisationsapparat von Solvay

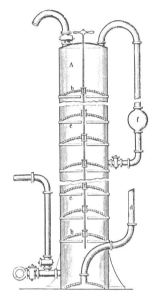

ist es zu danken, daß es den Preis des wichtigen Rohstoffes Soda erheblich senkte und damit auch die Herstellungskosten des Glases. Damit trug die Synthese-Soda mit zu einem weltweiten Durchbruch der Glasarchitektur bei.

Salzabbau im Bergwerk Borth mit Tunnelbohrmaschine. Deutsche Solvay-Werke GmbH

Ernest Solvay im Jahre 1860

59

den vor. Kalk und Dolomit werden bergmännisch gewonnen. Diese Rohstoffe, die die Hauptbestandteile des Gemenges bilden, waren in der Oberpfalz und den nahegelegenen Gebieten problemlos zu beschaffen. Die Zusammensetzung des Gemenges war im 19. Jahrhundert übrigens keineswegs einheitlich, denn erstens war jede Hütte peinlichst darauf bedacht, ihr „Rezept" geheimzuhalten und zweitens waren Einsatz und Anteil der Rohstoffe von den regionalen Vorkommen und der zu produzierenden Glassorte abhängig. Die Rohstoffe wurden meist schon unmittelbar nach dem Abbau und dann auf jeden Fall noch einmal vor dem Einführen in den Ofen fein gemahlen[16].

Im Schmelzofen spielten sich chemische Prozesse ab, die im wesentlichen bis heute unverändert geblieben sind: Das Gemenge wird durch die Hitze (damals wie heute zwischen 1300 und 1500 Grad Celsius) aufgelöst („geschmolzen", was chemisch nicht ganz korrekt ist[17]) und fast vollkommen homogenisiert. Eine wichtige Rolle spielt dabei die Gasbildung, denn die durch den chemischen Prozeß bzw. thermisch abgespaltenen Gase Kohlendioxid (CO_2) und Schwefeloxide (SO_2 bzw. SO_3) steigen in Blasen auf und verstärken somit die Durchmischung und Entgasung („Läuterung") der Glasmasse. Der Schmelzverlust der eingesetzten Rohstoffe betrug noch in den 1920er Jahren 30 bis 40, heute nur noch 20 Prozent[18].

Der dritte Faktor, der den Standort Oberpfalz/Böhmen so attraktiv machte, war das Vorhandensein von geschickten Facharbeitern einerseits und sonstige Arbeitskräfte für einfachere Arbeiten andererseits.

Trotz aller technischen Verbesserungen blieb der gelernte, aus handwerklicher Tradition hervorgegangene Glasmacher bis Ende der 1920er Jahre unersetzlich, denn die noch heiße Glasmasse mußte mittels einer etwa 1,50 Meter langen Glasmacherpfeife unter großer körperlicher Anstrengung und gesundheitlichen Risiken zu einer länglichen Walze geblasen werden. Im Prinzip war die Tafelglasproduktion bis hierhin — von einigen Details abgesehen — identisch mit der Hohlglaserzeugung. Während jedoch die Hohlglasproduktion mit dem Blasen des Gegenstands weitgehend abgeschlossen war, erfolgte die eigentliche Formgebung bei der Tafelglasherstellung durch „Sprengen" und „Strecken" der Walze. Die Walze wurde unten geöffnet und die Kappe abgesprengt. Der so entstandene Zylinder wurde dann mit einem glühenden Eisenstab längs aufgesprengt und der noch zähflüssige Mantel des Zylinders auf einem sogenannten Streckofen plan verteilt. Grobe Unebenheiten auf der Oberfläche des Glases konnten zwar vom „Strecker" manuell beseitigt werden. Dennoch war das Glas nie völlig planparallel (von gleichbleibender Dicke und auf beiden Seiten absolut eben), wenn es aus dem Streckofen kam. Um das Glas spannungsfrei zu erhalten, wurde es nach dem Strecken in Kühlöfen langsam abgekühlt. Danach konnte es geschnitten und gegebenenfalls veredelt werden[19].

Das Blasen der Walze erforderte vom Glasmacher nicht nur eine sehr robuste Lunge, sondern eine enorme Geschicklichkeit, die sich — wenn überhaupt — erst nach jahrelanger Lehrzeit einstellte. Ein zukünftiger Glasmacher begann als sogenannter Einträger. Die — meist jugendlichen — Einträger verrichteten alle untergeordneten Arbeiten, z. B. die Reinigung der Geräte und der Hütte. Außerdem transportierten sie die Walzen zwischen den verschiedenen Öfen, woraus sich die Bezeichnung „Einträger" erklärt. Über dem Einträger stand der Lehrling, der die Pfeifen herbeischaffte und die Glasmasse durch Eintauchen der Pfeife in den „Hafen", der das geschmolzene Glas enthielt, aufnahm. Der Geselle oder „Vorbläser" begann mit der Ausarbeitung des Glases mit der Pfeife, durfte die Arbeit aber nicht zu Ende führen. Der Glasmacher gab der Walze dann die endgültige Form. Dies war eine sehr anstrengende Arbeit, denn eine nach dem rheinischen Verfahren geblasene Walze war in der Regel zwei bis maximal drei Meter lang und hatte einen Umfang von einem bis höchstens anderthalb Meter. Bei einer Dicke von 4 Millimeter betrug das Gewicht einer solchen Walze 25 Kilogramm[20]. Der Glasmacher überwachte außerdem die Arbeit der Gesellen, Lehrlinge und Einträger[21].

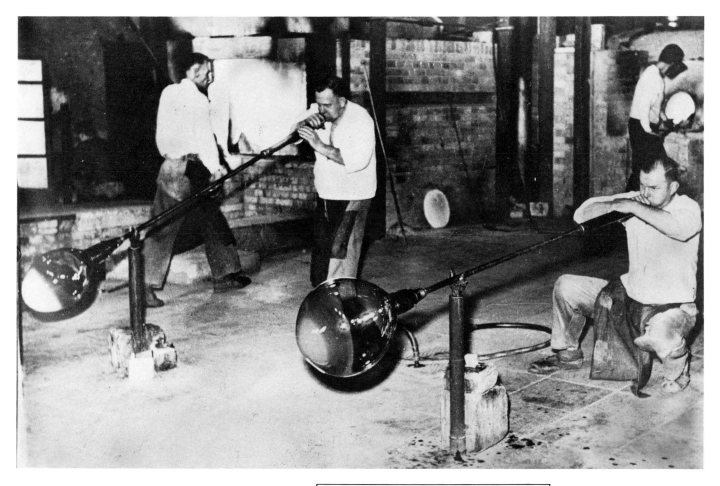

Bis weit ins 19. Jahrhundert wurde die Kunst des Glasblasens als Geheimnis behandelt, was zweifellos seinen Grund auch darin hatte, daß Glasmacher als selbständige Meister oder hochqualifizierte Fachkräfte verhältnismäßig gut verdienten und oft Privilegien besaßen; z. B. mußten Glasmacher keine oder weniger Pachtzinsen als etwa Pächter landwirtschaftlicher Nutzflächen zahlen. Diesen Status verstanden die Glasmacher über Jahrhunderte zu halten, vor allem dadurch, daß sie ihr Handwerk bis weit ins 19. Jahrhundert hinein fast immer nur ihren Söhnen lehrten und sogar Unternehmer boykottierten, die Glasmacher anlernten, deren Väter keine Glasmacher gewesen waren. Noch 1864 streikten die Glasmacher in der Glasfabrik Crengeldanz, als „Fremde" angelernt werden sollten[22].

Vorblasen des Glases mit der Pfeife in der Glashütte in Weiden.

Mundblasverfahren (Blas- und Streckverfahren), Darstellung aus: T. C. Barker, „The Glassmakers. Pilkington the rise of an international Company, 1826–1976," London, 1977.

61

Bild oben:
Erste handschriftlich festgehaltene Bleikristallschmelze, 1912, der Firma Nachtmann, Neustadt a. d. Waldnaab.

Die Hüttenmeister und Schmelzer bewahrten ihre Glasrezepte im Gedächtnis oder in geheimen Aufzeichnungen. Überlieferungen sind äußerst rar.
Als Johann Baptist Eyßner v. Eisenstein (geb. 1797) seine Glashütte auf die Herstellung von Tafelglas umstellte, sammelte er in einem Taschenbüchlein auf 109 Seiten glastechnologische Informationen. Josef Blau entdeckte das geheime Rezeptbuch im Stadtarchiv von Bergreichenstein in Südböhmen (Tschech. Kašperké Hory) und berichtete darüber

ausführlich in den „Glastechnischen Berichten", 18. Jhg. (1939), Heft 1: „Es mag ihn (Eyßner) viel Geld und gute Worte gekostet haben, von den einzelnen benachbarten Glashüttenherren und deren Schmelzern die sonst streng gehüteten ‚Zurichtungen' zu erfahren."
Für die Zahlenangaben der Eintragungen von 1842—1862 bediente sich Eyßner einer Geheimschrift in Buchstaben, dessen Schlüssel ein im Rezeptbuch gefundener Zettel verriet:

c h r i s t a l e n
1 2 3 4 5 6 7 8 9 10

Neben Tarifen böhmischer Tafelglasfabriken finden sich zahlreiche Rezepte für weißes und farbiges Tafelglas sowie Überfangglas. Dazu einige Beispiele: „Tafelglas-Zurichtungen nach Joh. Meyer in Kaltenbach nach früherer Art.

a. Kali
80 Pf Sand
43 Pf Pottasche
15 Pf Kalk
35 Pf Scherben
4 Pf Salz

b. Solin
75 Pf Sand
44 Pf Pottasche
2 Pf Salz
14 Pf Kalk
15 Pf Herdglas
35 Pf Scherben

Dunkelblau (Schmelztag)
110 Pf Sand
10 Pf Kalk
12 Pf Knochen
56 Pf Pottasche
4 Pf Kobalt

Gelbgrün
111 Pf Sand
12 Pf Kupfer
20 Pf Kalk
1 Pf Eisen
36 Pf Pottasche
2 Pf Soda

Granatfarbe nach einem alten Verfahren
60 Pf Sand
41 Pf Pottasche
10 Pf Kalk
1 Pf Arsenik
3½ Pf gedörrten Haber

Licht- und strohgelb
110 Pf Sand
20 Pf Kalk
4 Pf Salz
60 Pf Pottasche (halb Kali und halb Salin)
7 Pf Rinden (zu lichtgelbem um 2—3 Pf Rinden weniger)

Solinglas weißes mit Aschen (Silberberg)
110 Pf Sand
40 Pf Pottasche
10 Pf Salz
10 Pf Kalk
40 Pf wohlausgekühlte Asche
2 Kaffeelöffel voll Kobalt

GEHEIME GLASREZEPTE

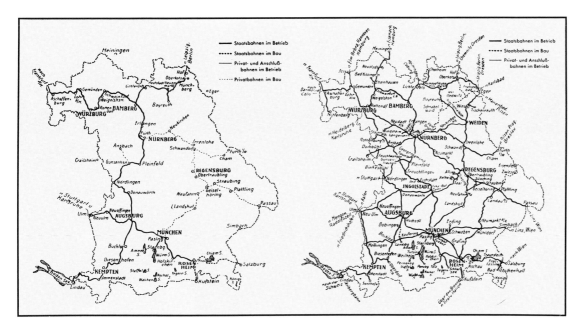

Ausbau des Eisen-bahnnetzes in Deutschland. Links die Strecken um 1845, rechts 1859.

Für spezielle Arbeiten, wie das Schneiden, die Veredelung und den Versand in Kisten, fanden sich in der Oberpfalz, angesichts der wenigen Arbeitsplätze, die insgesamt zur Verfügung standen, genügend Arbeitskräfte[23].

Neben dem zunehmenden Einsatz der Kohle, durch den die Glashütten im Ruhrgebiet und an der Saar Standortvorteile hatten, bedrohte eine weitere Entwicklung die Struktur im traditionsreichen bayerisch-böhmischen Wirtschaftsraum: Mit der Eisenbahn kam im zweiten Drittel des 19. Jahrhunderts ein Transportmittel auf, das die Abgelegenheit der zunächst nicht an die Eisenbahnlinien angeschlossenen oberpfälzischen und böhmischen Hütten besonders deutlich zum Vorschein kommen ließ. Ein Eisenbahnanschluß erlaubte nicht nur billigere Beschaffung von Brenn- und Rohstoffen, sondern auch bessere Absatzmöglichkeiten. Gleichzeitig brachte die Eisenbahn durch die Reduzierung der Transportkosten die Märkte einander näher, so daß die Konkurrenz unter den einzelnen flachglasproduzierenden Regionen (Saargebiet, Rheinland, Westfalen, Nordbayern, Sachsen, Lausitz, Schlesien[24]) sowie mit dem Ausland, vor allem Belgien, größer wurde.

Dieser neuen Entwicklung trug die Firma Gebr. Schulz Rechnung, die 1890[25] mit dem Bau einer kohlegefeuerten Glasfabrik in

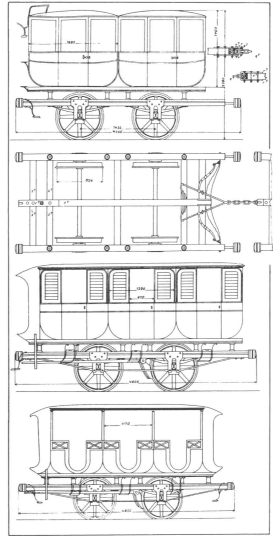

Wagen der ersten deutschen Eisenbahnlinie zwischen Nürnberg und Fürth, die 1835 den Betrieb aufnahm. Von oben nach unten: 1.-Klasse-Wagen mit verglasten Fenstern, 2.-Klasse-Wagen, 3.-Klasse-Wagen. Seit 1850 hatte auch die 3. Klasse Glasfenster.

Mehr als zwei Jahrzehnte fuhr die Lokomotive „Adler" zwischen Nürnberg und Fürth.

Bauplan (Querschnitt) für das Hüttengebäude der Gebrüder Schulz in Weiden-Moosbürg, 1890.

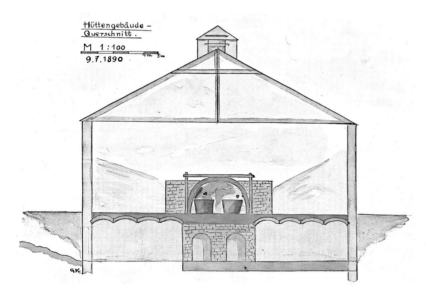

Moosbürg bei Weiden direkt neben dem Weidener Bahnhof begann. Das Werk erhielt sogar einen eigenen Gleisanschluß. 1891 konnte die Produktion von Tafelglas nach dem rheinischen Verfahren aufgenommen werden. Trotz der guten Voraussetzungen verkauften die Besitzer das Werk Ende 1892 an E. & A. Kupfer. Wahrscheinlich konnte Gebr. Schulz nicht das erforderliche Kapital aufbringen, um die schon 1890 ausgearbeiteten Erweiterungspläne realisieren zu können, denn nur ein kleiner Teil dieser Pläne war verwirklicht worden. Die neuen Besitzer begannen schon im Januar 1893 mit umfangreichen Investitionen, die u. a. einen neuen Ofen und eine Generatorenanlage umfaßten[26].

Mit dem Bau der Generatorenanlage stellte E. & A. Kupfer von der direkten auf die indirekte Feuerung um. 1856 hatte Friedrich von Siemens den nach ihm benannten Gasregenerativofen entwickelt[27], in dem das Brennmaterial — meist Kohle, aber auch Holz oder Torf — nur unvollkommen verbrannte und die Feuerung durch die Verbrennung der dadurch entstehenden Gase gewährleistete. Dieses Verfahren hatte gegenüber den herkömmlichen direkten Verfahren nicht nur den Vorteil, daß es weniger Brennstoff benötigte, sondern es erzeugte auch eine höhere Temperatur, so daß der Verbrauch an Flußmitteln gesenkt werden konnte. Außerdem war die Temperatur vollständig regulierbar. Dies stellte gerade für die Flachglasindustrie, die immer schon auf hohe Qualität angewiesen war, eine sehr wichtige Innovation dar. Der größte Vorteil war jedoch die Verringerung der Schmelzdauer von etwa 20 bis 22 auf jetzt 12 bis 14 Stunden. Dadurch war der Siemenssche Regenerativofen trotz der hohen Anschaffungskosten wirtschaftlicher als alle bis dahin eingesetzten Öfen[28].

Außerdem errichtete E. & A. Kupfer 1893 eine Reihe neuer Werkswohnhäuser, was übrigens keineswegs ungewöhnlich im Glasgewerbe war. Da sich wegen des Holzbedarfs die Hütten zunächst immer im Wald — und damit zumeist fernab von Wohnmöglichkeiten — ansiedeln mußten, trugen die Glasmachermeister bzw. der Unternehmer auch im eigenen Interesse dafür Sorge, daß die von

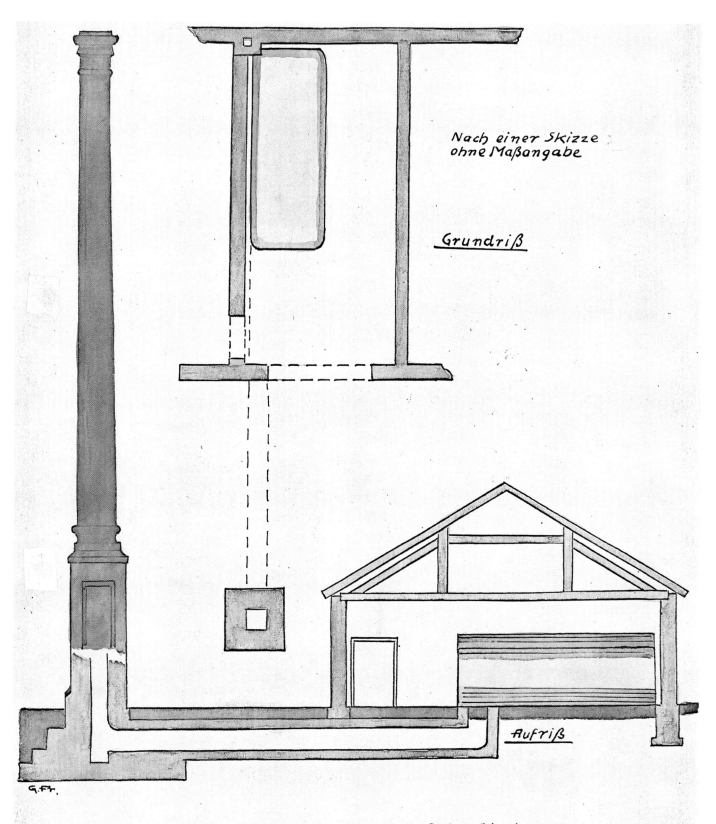

Nach einer Skizze
ohne Maßangabe

Grundriß

Aufriß

Dampfkesselanlage für Herren Gebr. Schulz
19. NOV. 1890

ihnen bezahlten Arbeitskräfte eine preiswerte Unterkunft in der Nähe der Hütte fanden. Diese Tradition setzte sich auch dann noch fort, als sich die Glashütten in Kohlegebieten, oder, wie im Falle Weidens, an der Eisenbahn und damit in nicht mehr so abgelegenen Regionen ansiedelten. In Weiden errichtete E. & A. Kupfer 1897, 1899 und in den folgenden Jahren weitere Werkswohnungen für ihre Beschäftigten[29].

Gegen Ende des Jahres 1898 besaßen oder pachteten die Kupfers zehn Glashütten.

Das Jahr 1899 ist in zweierlei Hinsicht von entscheidender Bedeutung für die Vorgeschichte der Flachglas AG. Erstens entstand aus dem Familienunternehmen E. & A. Kupfer eine Aktiengesellschaft, zweitens fusionierte E. Kupfer seine überwiegend auf Tafel- und Rohspiegelglasfabrikation spezialisierte Firma mit dem Unternehmen Krailsheimer & Miederer in Fürth das ursprünglich aus dem Spiegelhandel und der Spiegelbelegerei kommend, seinen Schwerpunkt in der Flachglasveredelung hatte.

Glashütte	Standort	erbaut	Besitzverhältnis	technische Ausstattung	Produkt
Frankenreuth	bei Waidhaus, Oberpfalz	vor 1487	Pacht durch Aloys Kupfer seit 1856, Kauf 1863, seit 1864 E. & A. Kupfer	1 Ofen	Rohspiegelglas
Fichtenbach	bei Furth i. W., Oberpfalz, böhmische Seite	1710	Pacht seit vermutlich Ende der 1850er Jahre, spätestens seit 1873	(1873:) 2 Öfen mit insgesamt 16 Häfen; direkte Holzfeuerung	Rohspiegelglas, Bandl
Sorghof	bei Tachau, Böhmen	1866 von Eisen- zur Glashütte umgebaut	seit 1866 von Kupfer & Glaser gepachtet	1 Ofen mit 6 Häfen, mit Holzgas beheizt	Tafelglas
Voithenberghütte	bei Furth i. W., Oberpfalz	vor 1866	um 1870 von Kupfer & Glaser gepachtet?	?	Rohspiegelglas
Böhmischdorf	bei Tachau, Böhmen	?	von Kupfer & Glaser gepachtet?	?	Rohspiegelglas
Goldbachhütte	bei Tachau, Böhmen	1766	seit 1875 von E. & A. Kupfer gepachtet	1 Ofen	Rohspiegelglas
Furth im Wald	Oberpfalz	1882	1882 von Kupfer & Glaser erbaut	3 Rohspiegelglasöfen, 1 Flaschenofen, Schleif- und Polierwerkstatt	Rohspiegelglas, Spiegelglas
Frauenthal	bei Tachau, Böhmen	1835 von Eisen- zur Glashütte umgebaut	seit 1886 von E. & A. Kupfer gepachtet	1 Ofen mit 6 Häfen	Bandl
Waiden-Moosbürg	Oberpfalz	1889 oder 1890	seit 1892 Eigentum von E. & A. Kupfer	2 Öfen	Tafelglas (rheinisches Verfahren)
Annahütte	bei Grafenwöhr, Oberpfalz	1864	seit 1895 von E. & A. Kupfer gepachtet, betrieben von Heinrich Kupfer	(1873:) 1 Ofen mit 6 Häfen, Siemens-Gasofen	Rohglas

Glashütte Frauenthal, Kreis Tachau/Böhmen

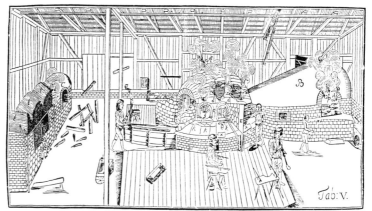

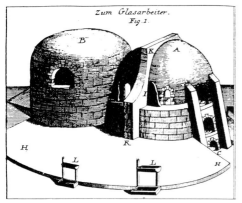

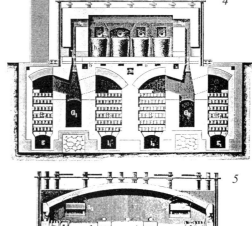

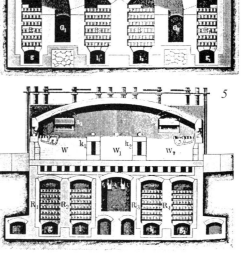

1 Rostofen nach
  J. S. Halle, 1764.
  A = Schmelz-,
  B = Kühlofen
2 Glasofen nach
  Georg Agricola
  (1556)
3 Hüttenansicht nach
  G. L. Hochgesang
  (1780)
  A = Schmelz-,
  B = Kühlofen
4 Siemensscher
  Glasschmelz-
  hafenofen (1857)
5 Siemensscher
  Wannenofen (1860)

DIE ÖFEN
DER GLASMACHER

Einen guten Überblick über die „Glasschmelzöfen in alter Zeit" gibt H. Maurach in den Glastechnischen Berichten (1934, Heft 8). Er gliedert die Geschichte in vier große Abschnitte: „I. Die Glasbereitung in Herdgruben in der vorchristlichen Zeit.

II. Der holzgefeuerte Glasschmelz-Hafenofen mit wechselndem Standort von Beginn der christlichen Zeitrechnung bis zum 17. Jahrhundert. III. Der Glasschmelzofen mit Rost als ortsfester Bau für Holz- und Steinkohlenbetrieb (1600—1850).

IV. Der gasbeheizte Glasschmelzhafen und Glasschmelzwannenofen ab 1860." Über die verschiedenen Ofenkonstruktionen liegt uns eine Fülle technologischer Literatur vor, die Dr. Rolf-Jürgen Gleitsmann in seinem Buch „Die Spiegelmanufaktur im technologi-

schen Schrifttum des 18. Jahrhunderts", vor allem hinsichtlich der Glasschmelzofenkonstruktion systematisch bearbeitet hat. (VDI-Verlag, 1985) Daraus geht aber auch hervor, daß es schwierig ist, Entwicklungsstufen genau anzugeben, da regional, nach

produktbezogenen und anderen Gründen zeitlich unterschiedliche Öfen nebeneinander bestanden haben. So wissen wir wohl was in der Literatur überliefert ist, aber wenig darüber, welche Ofenkonstruktion in welcher alten Hütte wirklich gestanden hat.

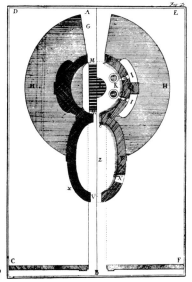

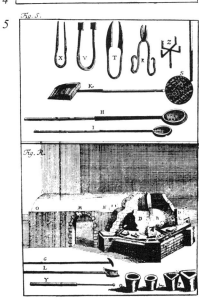

1 „Der Ofen zur Calcination des Cobolt"
2 Grundriß eines deutschen Glasofens
3 Oben: Calcinierofen. Unten: Glasofen.
4 Oben: Glasofenansicht. Unten: Calcinier- oder Aschofen.
5 Amsterdam'scher Glasmacherofen mit Instrumenten Kupferstiche aus der Ausgabe 1756 (Besitz von W. Derix, Düsseldorf).

JOHANN KUNKEL — DIE GLASMACHERKUNST

Der Chemiker und Glastechnologe Johann Kunkel (1630—1703) gab 1679 mit seinem Buch „Ars vitraria experimentalis oder Vollkommene Glasmacherkunst" eine umfassende Übersicht über den Stand des internationalen glastechnologischen Wissens bis zum ausgehenden 17. Jahrhundert heraus. Dieses Standardwerk erlebte zahlreiche Neuauflagen bis weit in das 18. Jahrhundert hinein.

Das Werk Kunkels gibt einen Eindruck von der alten Technik des Glasmachens.

PHILIPP KRAILSHEIMER
UND GEORG MIEDERER

Im Gegensatz zu den Kupfers läßt sich der Einstieg von Philipp Krailsheimer (1820—1880) in das Glasgeschäft genau datieren. Von 1838 bis 1841 absolvierte er eine Lehre bei einem Fürther Glashändler. Am 20. Juli 1847 suchte er bei der Stadt Fürth um eine Konzession für ein Spiegelglashandelsgeschäft nach. Da zu dieser Zeit jedoch bereits eine Reihe solcher Unternehmen in Fürth existierte und sich die etablierten Firmen erfolgreich gegen eine neue Konzession aussprachen, mußte Krailsheimer warten, bis durch Verzicht eine Konzession frei wurde. Dies war drei Jahre später der Fall, so daß Philipp Krailsheimer die Konzession am 3. Februar 1851 erhielt[30].

Georg Miederer

Seit den 1850er Jahren pachtete Krailsheimer die Glashütte Schönbrunn bei Freyung nördlich von Passau. 1867 kaufte er die Hütte, mußte sie aber schon 1876 wegen der starken Holzverteuerung stillegen. Zwei Jahre später, 1878, gründete sein Sohn Moritz zusammen mit dem Spiegelbeleger Georg Miederer eine eigene Firma, Krailsheimer & Miederer in Fürth. Das Unternehmen pachtete eine Glasfabrik in Konstein bei Eichstätt (Fränkische Alb) und begann dort mit der Produktion von Rohglas für Spiegel. Dieses Glas war sehr dünn (Salinglas, bis 1,5 mm dick) und wurde nicht, wie bei der Spiegelherstellung bis dahin üblich, geschliffen und poliert, sondern in Fürth nach dem von Miederer eingebrachten naßchemischen Silberbelegeverfahren von Justus von Liebig direkt belegt (Schockglas)[31]. Für die Herstellung der Spiegel wurde besonders hochwertiges Glas benötigt. Im 19. Jahrhundert wurde in Deutschland gegossenes (Kristall-) Spiegelglas, das vornehmlich im Rheinland und in Waldhof bei Mannheim hergestellt wurde, und geblasenes bayerisches Spiegelglas unterschieden. Das geblasene Spiegelglas war zwar etwas billiger zu erzeugen, konnte aber nur in kleinen Ausmaßen und in nicht ganz so hoher Qualität wie Kristallspiegelglas produziert werden. Zur Herstellung des geblasenen Spiegelglases schliff und polierte man Fensterglas. Zwei rohe Gläser wurden zusammen mit verschieden feinen Sanden und Schmirgel aufeinander gerieben. Der Abrieb, Sand und Schmirgel wurde abgespült. Das so entstandene Spiegelglas wies eine erheblich bessere Qualität als gewöhnliches Fensterglas auf. Obwohl das Verfahren in den Betrieben der Oberpfalz weiterentwickelt wurde, blieb der Produktionsprozeß recht arbeits- und damit kostenintensiv. Immerhin war es damit möglich geworden, Fensterglas — wenn auch in kleineren Dimensio-

Das chemische Institut Liebigs in Gießen, um 1845.

nen — in steigendem Umfang für die Spiegel zu verwenden.

Für die Herstellung der Spiegel wurden die in der beschriebenen Weise veredelten Gläser auf eine mit Quecksilber benetzte Zinnfolie gelegt. Dann wurde der Spiegel auf einer Kante aufgestellt und trocknete drei bis vier Wochen, ehe er gerahmt zum Verkauf gelangen konnte[32].

Ein düsteres Kapitel der Geschichte der Spiegelindustrie stellt das Belegen der polierten Gläser mit Quecksilber dar. Infolge des stetigen Kontakts mit diesem hochgiftigen Metall, das bei Zimmertemperatur in flüssigem Zustand bleibt, litten fast alle mit dem Belegen von Quecksilber beschäftigten Arbeitskräfte an Vergiftungserscheinungen, die häufig zum Tod führten. Diese Vergiftung — Merkurialismus genannt — wurde erst seit den 1840er Jahren in Fürth in Zusammenhang mit der Verwendung von Quecksilber gebracht. Seitdem war man insbesondere von kommunaler Seite her bestrebt, die gesundheitlichen Schäden, z. B. durch bessere Hygiene, einzudämmen[33]. Diese Maßnahmen konnten die Schäden zwar lindern, nicht jedoch beseitigen. Man versuchte daher, das Quecksilber durch einen ungefährlicheren Stoff zu ersetzen. Dies gelang Justus von Liebig 1855, indem er durch das naßchemische Belegeverfahren Quecksilber durch Silber ersetzte. Die erstmalige Anwendung dieses Verfahrens fand bei der Belegeanstalt Crämer in Doos, einer kleinen Ortschaft zwischen Nürnberg und Fürth statt. Bei diesem Unternehmen erlernte Georg Miederer das neue Verfahren. 1862 wurde er zur Einrichtung und Umstellung auf das naßchemische Silberbelegeverfahren bei der Firma Christian Winkler & Sohn, einem führenden Unternehmen der Fürther Spiegel- und Spiegelglasindustrie, engagiert. Auch nach Gründung von Krailsheimer &

Justus Freiherr von Liebig (1803—1873)

Der Spiegel.
Das Glaubens-Auge, Dort siehet die Liebe.

Im Spiegel-Glas der kurzen Zeit,
Zeigt sich das Bild der Ewigkeit:
Mein Herz, verlieb dich nicht in Schatte,
Wend aber Augen, Muth und Sinn,
genauer zu dem Himmel hin,
Dich mit dem Wesen Selbst zu gatten.

Miederer 1878 verstand es Georg Miederer, sein Verfahren geheimzuhalten. Er ließ niemanden in sein Labor. Sein Tod 1903 dürfte auf Blutzersetzung infolge seiner Arbeit mit Chemikalien und insbesondere Quecksilber zurückzuführen sein[34].

Nach dem Tod von Philipp Krailsheimer 1880 übernahm sein Sohn auch die Fürther Spiegelhandlung, in der Spiegel nicht nur verkauft, sondern auch belegt wurden. Das Geschäft hatte sogar eine Filiale in Paris[35].

1882 legte Krailsheimer & Miederer in Mitterteich an der böhmisch-bayerischen Grenze eine neue Glasfabrik an, die direkt am Bahnhof lag und einen eigenen Gleisanschluß hatte. Mitentscheidend für den Standort war neben dem Anschluß an das Eisenbahnnetz auch hier wieder der Brennstoff: Im benachbarten Böhmen befand sich ein Kohlenbecken. Da die Auftragslage gut war und die Produktion der Mitterteicher Hütte stetig anstieg, reichte die kleine Spiegelbelege in Fürth nicht mehr aus. 1888 zog das Unternehmen daher innerhalb Fürths auf ein größeres Anwesen um, wo eine große Spiegelbelege errichtet wurde. Im Jahr darauf begannen Krailsheimer & Miederer — laut Heinrich Kupfer als erstes Unternehmen der Welt — mit dem Polieren von Salinglas, worauf sich der Export enorm steigerte[36].

Gegen Ende des Jahres 1898 betrieben Krailsheimer & Miederer also zwei Hütten: Die Glasfabrik Mitterteich mit drei Öfen und die Glasfabrik Konstein mit einem Ofen.

Krailsheimer & Miederer sollen außerdem die Glashütte Ullersricht bei Weiden übernommen haben. Um die Jahrhundertwende kam sie in den Besitz der Firma Eduard Kupfer & Söhne[37].

TAFEL-SALIN UND SPIEGELGLAS-FABRIKEN AG IN FÜRTH

Am 1. Mai 1899 teilten Eduard und Alois Kupfer ihre bis dahin unter der gemeinsamen Firma E. & A. Kupfer, Frankenreuth, betriebenen Werke untereinander auf — „infolge freundschaftlichen Übereinkommens", wie es hieß[38]. Die Beteiligung an der Further Glashütte wurde abgestoßen. Alois Kupfer erhielt die Glashütten Frankenreuth und Frauenthal sowie einige Schleif- und Polierwerke, die er mit den beiden Hütten unter der Firma Alois Kupfer, Frankenreuth, zusammenfaßte. Eduard behielt die Glasfabrik Weiden, die er in die neue Firma Eduard Kupfer & Söhne, Weiden, einbrachte. Außerdem übernahm er die Pacht der Goldbachhütte, die er jedoch noch im gleichen Jahr stillegte[39]. Wer die Glashütten Böhmischdorf, Fichtenbach und Sorghof, die 1899 noch produzierten[40], erhielt, ist unklar. Sie wurden wahrscheinlich stillgelegt, denn weder hat Alois Kupfer sie erhalten, noch brachte sie Eduard Kupfer in die von ihm gegründete Glasfabrik Weiden AG ein. Dieses Unternehmen ließ er am 27. Mai 1899 unter der Firma Glasfabrik Weiden vormals E. Kupfer Aktiengesellschaft, Weiden, ins Handelsregister eintragen[41]. Nur einige Monate später, am 18. September 1899 fusionierte die Glasfabrik Weiden mit Krailsheimer & Miederer, indem die Glasfabrik Weiden die Werke des Fürther Unternehmens kaufte und sich dann in Tafel-Salin- und Spiegelglas-Fabriken Aktiengesellschaft, Fürth i. Bay., (Tafel-Salin) umbenannte. Die Firma Eduard Kupfer & Söhne blieb weiter bestehen.

Den Vorstand der neuen Aktiengesellschaft teilten sich Georg Miederer und Heinrich Kupfer, der älteste Sohn von Eduard Kupfer. Eduard Kupfer und Moritz Krailsheimer saßen mit acht Bankiers, Kaufleuten und Rechtsanwälten im Aufsichtsrat. Das Gesellschaftskapital betrug 1,7 Mio. Mark, aufgeteilt in 1700 Aktien à 1000 M[42].

Die Fusion der Glasfabrik Weiden AG mit Krailsheimer & Miederer ist ein typisches Beispiel für die sowohl vertikale wie auch horizontale Konzentrationsbewegung, von der die bayerische Spiegelglasindustrie in der zweiten Hälfte des 19. Jahrhunderts erfaßt wurde.

Bevor dieser Konzentrationsprozeß einsetzte, hatten die Unternehmen aller Produktionsstufen ihren eigenen typischen Standort, der durch die geographische Lage oder aus historischen Gründen bestimmt war.

Die Glashütten befanden sich aus den erwähnten Gründen im Wald, vorzugsweise im bayerisch-böhmischen Grenzgebiet.

Streckofengebäude der Glasfabrik Weiden-Moosbürg auf einer Ansichtskarte, 1912.

73

Seitdem zu Beginn des 17. Jahrhunderts der Niedergang der Oberpfälzer Eisenindustrie begann, wurden mehr und mehr Eisenhämmer stillgelegt. Sie lagen wegen ihres Energiebedarfes an den vielen Bach- und Flußläufen der Oberpfalz, vor allem im bayerischen Teil des Oberpfälzer- und Böhmerwalds. Gegen Ende des 18. und in der ersten Hälfte des 19. Jahrhunderts wurden eine Reihe dieser stilliegenden Werke zu Schleif- und Polierwerken umgebaut. Auch sie waren auf Wasserkraft angewiesen[43].

Die Spiegelbelegen waren aus historischen Gründen in Fürth ansässig. Die alte Reichsstadt Nürnberg hatte mit ihren strengen Zunftzwängen, die noch aus dem Mittelalter stammten, soviele wettbewerbshemmende Schranken aufgebaut, daß im späten 17. und 18. Jahrhundert viele Handwerker und Unternehmer gerade neuerer Gewerbezweige, wie der Spiegelbelegerei, in das benachbarte, liberalere Fürth zogen.

Da sich mit den Spiegelbelegen die letzte Produktionsstufe in Fürth befand, waren dort auch die Kaufleute ansässig, die den Export der begehrten Fürther Spiegel weit über die Grenzen Bayerns hinaus besorgten. Wegen seiner bedeutenden, zeitweilig sogar monopolartigen Stellung in der Spiegelproduktion und im Spiegelhandel wurde Fürth auch „Stadt der Spiegel" genannt. Der größte Abnehmer waren übrigens lange Zeit die Vereinigten Staaten, die in den 1880er Jahren wertmäßig etwa $7/8$ der gesamten bayerischen Spiegelglasproduktion abnahmen[44]. Viele der Fürther Kaufleute, so z. B. auch die Krailsheimers, waren Juden, die sich nicht in Nürnberg, wohl aber im toleranteren Fürth hatten niederlassen dürfen.

Solange die Verkehrsverhältnisse schlecht blieben, waren die reichen Fürther Kaufleute nicht in der Lage, die Glasproduktion zu beherrschen, denn die abgelegenen Werke waren kaum kontrollierbar. Aus dem gleichen Grunde betrieben die Hüttenherren, die oft allerdings meist auch gar nicht über die dafür erforderlichen Kapitalien verfügt hätten, keine Veredelungswerke.

Der Konzentrationsprozeß setzte erst ein, als sich die technischen und wirtschaftlichen Rahmenbedingungen grundlegend wandelten. Der technische Fortschritt — Umstellung von Holz auf Kohle oder Gas, von Hafen- auf Wannenöfen — zwang die Unternehmen zu größerem Kapitaleinsatz, um wettbewerbsfähig zu bleiben. Daher verdrängten die wenigen kapitalstarken Glashüttenbesitzer die kleineren, indem sie deren Werke übernahmen und modernisierten. Ein Beispiel hierfür war die Übernahme der Schulzschen Glasfabrik in Weiden durch E. & A. Kupfer. Darüber hinaus pachteten die Glashütten nun immer mehr Schleif- und Polierwerke. Die Kupfers z. B. betrieben schon 1873 21 solcher Werke in Bayern und 17 in Böhmen[45]. Umgekehrt drangen die Kaufleute in die höheren Produktionsstufen, die Spiegelbelegerei und die Schleif- und Polierwerke vor, weil sich die Transportbedingungen besserten. Schließlich begannen auch sie, Glashütten zu pachten bzw. neu zu errichten. Die Firma Krailsheimer & Miederer ist geradezu ein Prototyp eines solchen Unternehmens, das aus dem Glasgeschäft immer weiter in die Produktion vordrang. Die kleinen Schleif- und Polierwerke, die wegen der begrenzten Wasserkraft nicht expandieren konnten und deswegen meist nur handwerksmäßig betrieben wurden, verloren somit ihre Selbständigkeit an die kapitalstarken Glashütten und die Kaufleute durch Pacht oder Übernahme. Dieser Prozeß wurde noch verstärkt, als in den 1890er Jahren der Absatz in die Vereinigten Staaten drastisch zurückging, was u. a. auf die 1895 vorgenommene Erhöhung des amerikanischen Schutzzolls zurückzuführen war[46]. Von dieser Belastung des Absatzes wurde die Tafel-Salin jedoch kaum betroffen. Ihre Geschäftsberichte wiesen vielmehr bis in den Ersten Weltkrieg hinein eine positive Unternehmensentwicklung aus[47]. Die kleinen Waldglashütten, von denen die beiden Vorgängerunternehmen 1898 noch mindestens zehn betrieben hatten, wurden stillgelegt und die gesamte Produktion auf die beiden modernen, mit Gleisanschluß versehenen Werke übertragen.

Insgesamt besaß die Tafel-Salin also drei Werke: Der Schwerpunkt der Produktion lag in Weiden, wo anfangs auf drei Öfen Fensterglas und auf einem vierten Ofen ³/₄weißes Rohglas erzeugt wurde. Noch im ersten Geschäftsjahr der Aktiengesellschaft, das rückwirkend vom 1. Mai 1899 bis zum 30. April 1900 lief, kamen dort zwei weitere Öfen hinzu[48]. In Mitterteich, dem zweiten Produktionsstandort, wurde auf drei Öfen Tafel-Salin- und Spezialglas hergestellt. Im April 1903 wurde eine der Fabrik benachbarte Tafelglashütte erworben, die einen Ofen betrieb[49]. In Fürth und Mitterteich schließlich wurden Spiegel belegt. Der Sitz des Unternehmens und die Büros befanden sich in Fürth.

Zwar wurde für die Öfen mittlerweile die nahegelegene böhmische Braunkohle verwendet, was in Hinsicht auf die Feuerungstechnik einen Fortschritt bedeutete[50], über Wannenöfen jedoch, die es schon seit knapp zwei Jahrzehnten in Deutschland gab, verfügte die Tafel-Salin noch nicht.

Vor der Einführung maschineller Ziehverfahren in Deutschland in den 1920er Jahren unterschied man Hafen- und Wannenöfen. Die Hafenöfen waren so konstruiert, daß jeder Glasmacher seinen Hafen, der etwa mit einem überdimensionalen Topf vergleichbar war und zwischen einem halben Zentner und drei Tonnen Gemenge enthielt, in den Ofen schieben lassen konnte. Man kann sich leicht vorstellen, daß diese Art, den Ofen zu beschicken, keine optimale Ausnutzung der Ofenhitze darstellte. Dieses System dürfte sich auch deswegen so lange gehalten haben, weil im Mittelalter bis hin zum 18. und 19. Jahrhundert die Glashütten genossenschaftlich von — meist acht bis zwölf an einem Ofen — selbständigen Glasmachermeistern betrieben wurden, die auf eigene Rechnung arbeiteten und ihre Gesellen, Lehrjungen und Hilfsarbeiter(innen) selbst bezahlten. Einige Mitarbeiter, deren Leistung nicht einem bestimmten Hafen zugerechnet werden konnte, wurden gemeinsam bezahlt, so z. B. der Schmelzer und seine Gehilfen[51].

Eine Verbesserung gegenüber dem Hafenofen stellte der Wannenofen dar, der in Deutschland seit den 1880er Jahren eingesetzt wurde. Er wurde nicht mehr mit Häfen, sondern direkt mit dem Gemenge beschickt. Dies konn-

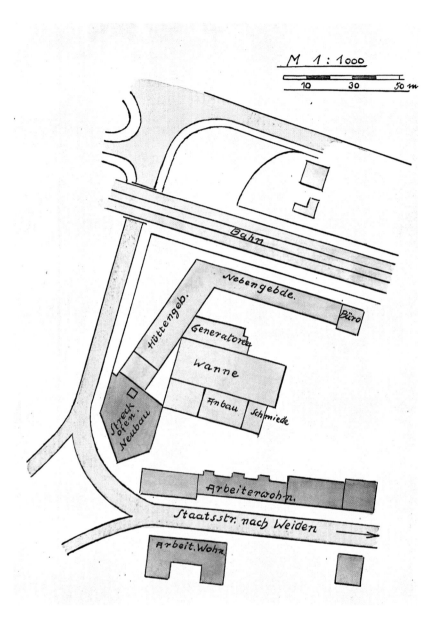

Lageplan der Glasfabrik Weiden-Moosbürg. Plan von Architekt Kürzdörfer, Fürth, September 1911.

te gegenüber guten Hafenöfen eine um 50 Prozent verbesserte Ausnutzung der Energie bedeuten. Der größte Vorteil des Wannenofens war jedoch der kontinuierliche Betrieb. Dabei konnte am hinteren Teil des Ofens neues Gemenge zugeführt werden, während die geschmolzene Glasmasse in den tiefergelegenen vorderen Teil floß, wo sich die Arbeitslöcher für die Glasmacher befanden. Bei den Hafenöfen hatte man erst eine Schmelzschicht von 12 bis 22 Stunden Länge, je nach System, und dann eine Arbeitsschicht von 10 Stunden fahren müssen[52].

Die Geschichte des Spiegels reicht weit zurück. Metallspiegel fanden sich als Grabbeigaben in Ägypten, bei Ausgrabungen in Babylonien und in China aus Epochen, die Tausende von Jahren vor unserer Zeitwende lagen. Erste Spiegel aus Glas, das mit Metall hinterlegt war, wurden im ganzen römischen Reich ab der Zeit um 300 n. Chr. verwendet. Im 11. Jahrhundert kamen in Italien sogenannte Kapselspiegel auf. Es waren konvexgewölbte, polierte Metallkapseln, die mit einer dünnen Glasschicht überfangen waren. Der eigentliche Glasspiegel wurde im 13. Jahrhundert in Murano erfunden. In noch heiße, geblasene Glaskolben wurde eine Legierung aus Blei und Zinn gegossen. Der aufgeschnittene Kolben ergab kleine Hohlspiegel. 1373 gründeten die Nürnberger Glasmacher eine eigene Zunft, die Spiegel nach dieser Art herstellte. Johannes Gensfleisch von Sorgenloch, genannt zum Gutenberg (1397—1468), der Erfinder der Buchdruckerkunst, betrieb in Straßburg um 1420 eine Spiegelmacherei. Er verkaufte seine Spiegel und Devotionalien an die Besucher des Straßburger Münsters. Im 16. Jahrhundert entwickelten die venezianischen Glasmacher den ebenen Glasspiegel, bei dem auf die Rückseite eine dünne Zinnschicht aufgebracht und mit Quecksilber überfangen wurde, das sich mit Zinn zu einem Amalgam verband. Das Herstellungsverfahren war ein Geheimnis, bis es unter Ludwig XIV. von Frankreich gelang, venezianische Spiegelmacher abzuwerben. 1665 richtete Colbert in Frankreich die erste Spiegelmanufaktur ein.

Meyers Konversationslexikon von 1897 gibt unter dem Stichwort „Glas" an: „Zu Anfang des 16. Jahrhunderts wurde in Venedig mit Neid anerkannt, daß ein deutsches und ein flandrisches Haus alle Welt mit Spiegeln versorge." Diesem Text zufolge seien die mit Zinnamalgam belegten Spiegel anscheinend eine deutsche Erfindung. Zum Stichwort „Spiegel" findet sich in eben dieser 5. Auflage von Meyers Konversationslexikon in Band 16 nebenstehende Ausführung.

SPIEGEL-HERSTELLUNG

Der Spiegel des Archimedes nach Buffon, 1747.

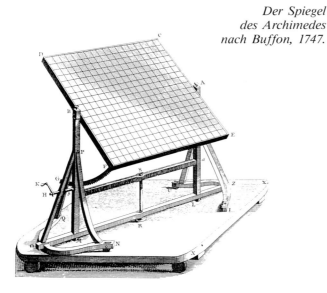

Spiegel, Körper mit glatter Oberfläche, welche zur Erzeugung von Spiegelbildern benutzt werden. Man unterscheidet Planspiegel mit vollkommen ebener und Konvex- und Konkavspiegel mit gekrümmter Spiegelfläche, wendet aber im gewöhnlichen Leben meist Planspiegel an. Als solche benutzte man im Altertum, zum Teil schon in vorgeschichtlicher Zeit, runde, polierte, gestielte Metallscheiben aus Kupfer (Ägypter, Juden), Bronze (Römer, besonders brundusische S.), Silber, Gold (seit Pompejus, Gold auch schon bei Homer). Manche Legierungen geben eine besonders stark spiegelnde Oberfläche und werden deshalb als Spiegelmetall (s. d.) zusammengefaßt. Auch obsidianartige, dunkle, undurchsichtige Glasmassen mit glatter, polierter Oberfläche, welche in die Wand eingelassen wurden, kannte bereits das Altertum. Auf der Rückseite mit Metall belegte Glasspiegel kamen zuerst im 12. und 13. Jahrh. vor; man schnitt sie aus hohlen Glaskugeln, die inwendig mit geschmolzener Bleiantimonlegierung überzogen worden waren. Die Herstellung der größern, mit Blei-, seit dem 14. Jahrh. mit Zinnamalgam belegten S. scheint eine deutsche Erfindung zu sein (vgl. Glas, S. 625). Zur Darstellung der mit Zinnamalgam belegten S. breitet man auf einer horizontalen, ebenen Steinplatte ein Blatt kupferhaltige Zinnfolie (Stanniol) aus, dessen Größe die des Spiegels etwas übertrifft, übergießt es 2—3 mm hoch mit Quecksilber, welches mit dem Zinn ein Amalgam bildet, schiebt die polierte und sorgfältig gereinigte Glasplatte so über die Zinnfolie, daß ihr Rand stets in das Quecksilber taucht, beschwert sie dann mit Gewichten, gibt der Steinplatte eine ganz geringe Neigung, damit das überschüssige Quecksilber abfließt, und legt den S. nach 24 Stunden mit der Amalgamseite nach oben auf ein Gerüst, welches man allmählich mehr und mehr neigt, bis der S. schließlich senkrecht steht. Nach 8—20 Tagen ist er verwendbar. Ein Quadratmeter erfordert 5—6 g Amalgam, welches aus etwa 78 Zinn und 22 Quecksilber besteht. Die Herstellung dieser S. ist wegen der beständig sich entwickelnden Quecksilberdämpfe und wegen der leichten Verteilung des Quecksilbers in äußerst feine, anhaftende Kügelchen sehr gefährlich und fordert strenge Einhaltung sehr weitgehender hygienischer Maßregeln, um Quecksilbervergiftungen vorzubeugen. Dazu kommt, daß der Quecksilberspiegel die Gesichtsfarbe bleicher macht, während der in neuerer Zeit gebräuchlicher gewordene Silberspiegel ein frischeres, rötlicheres Bild liefert, billiger ist und ohne Benachteiligung der Arbeiter hergestellt werden kann. Spiegelglas auf der Rückseite zu versilbern, wurde zuerst von Drayton 1843 vorgeschlagen. Doch gewann die Fabrikation erst seit 1855 durch Petitjean und Liebig, welche zweckmäßige Versilberungsflüssigkeiten angaben, praktische Bedeutung. Man mischt eine Silberlösung mit einem reduzierend wirkenden Körper und bringt sie mit der zu versilbernden Glasfläche in Berührung. Das Silber schlägt sich dann auf das Glas nieder und wird zum Schutz mit einem Anstrich aus Schellackfirnis mit Chromgelb, Ocker oder unechter Silberbronze überzogen, auch wohl zunächst galvanisch verkupfert. Bei Herstellung größerer S. gießt man die Versilberungsflüssigkeit auf die Glasplatte, welche auf einem gußeisernen Kasten liegt, der mit Wasser gefüllt ist und eine Dampfschlange enthält, um die Platte erwärmen zu können. Kleinere Platten stellt man je zwei mit dem Rücken aneinander reihenweise in die Versilberungsflüssigkeit. Auf 1 qm Glas kann man 29—30 g Silber ablagern.

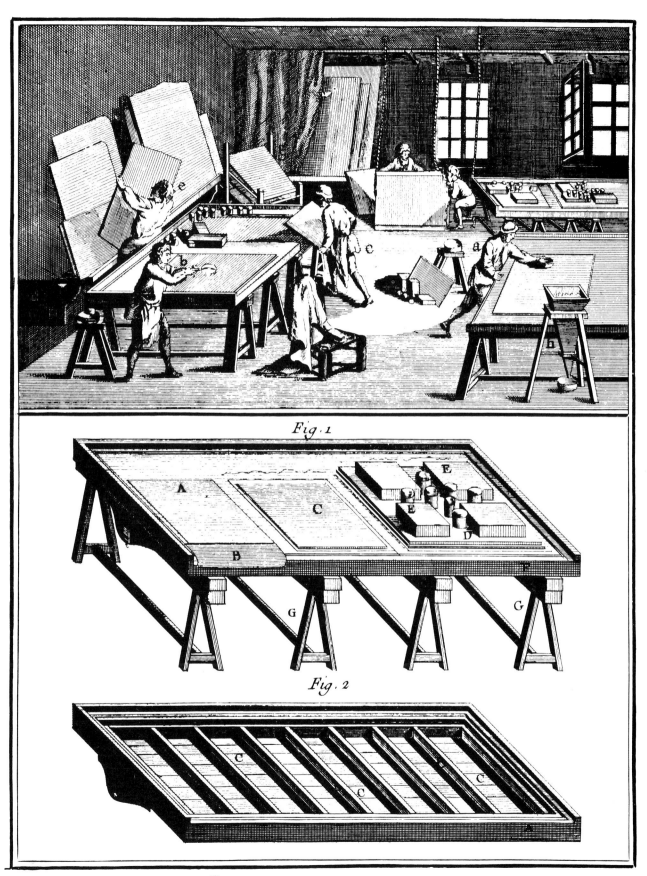

Fig. 1

Fig. 2

Glaces, Metteur au Teint

Die Tafel-Salin errichtete ihren ersten Wannenofen 1910 in der Weidener Glasfabrik[53], nachdem man noch 1908/09 einen herkömmlichen Hafenofen in Mitterteich installiert hatte. Da der Vorstand wußte, daß der technische Fortschritt in den folgenden Jahren zu weiteren Investitionen führen würde, setzte er seit 1910/11 die Abschreibungen sehr hoch an. Angesichts der anhaltend guten Gewinnsituation stellte dies allerdings keine große Belastung dar.

Als 1907 eine Absatzkrise die Glasindustrie traf, beteiligte sich die Tafel-Salin Anfang 1908 an der Gründung eines Rohspiegelglassyndikats und trat dem Verein Deutscher Ta-

Der Ausbruch des Ersten Weltkriegs führte zu einer vorübergehenden Stillegung der Öfen, da Engpässe in der Roh- und Brennstoffversorgung auftraten und mehrere Hundert Arbeiter zum Militärdienst eingezogen wurden. Dieser Produktionsstillstand wurde mit der Ausführung von schon seit langem vorgesehenen Reparaturen und Umbauten im Werk Weiden genutzt. Obwohl die Tafel-Salin kaum rüstungswichtige Güter herstellte, konnte sie den Betrieb bald wieder aufnehmen und große Gewinne erwirtschaften. In den Kriegsjahren von 1914 bis 1918 wurde eine Reihe freiwilliger Sozialleistungen sowohl für die noch im Betrieb Tätigen als auch

Umbau der Generatoren der Tafel-, Salin- und Spiegelfabrik Weiden-Moosbürg, 1900. Die neuen Öfen sind nicht mehr unterirdisch angelegt. Die Arbeit der Schürer findet in einem überwölbtem Raum mit Rauch- und Stauböffnungen statt (auf der Skizze links). 1910.

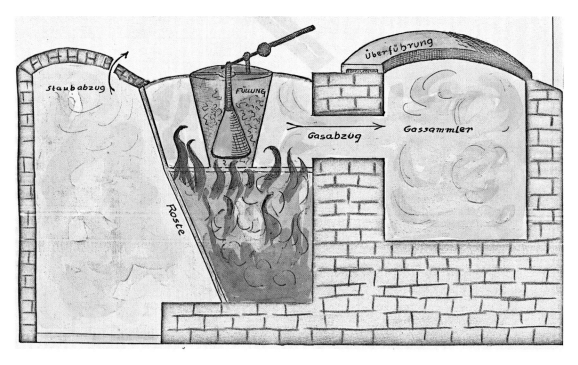

felglashütten GmbH (VDT) in Kassel bei, der fast die gesamte Inlandsproduktion mengen- und preismäßig festlegte. Zwar stockte wegen der Auftragskontingentierung des Syndikats der Inlandsabsatz der Tafel-Salin, sie konnte dies jedoch durch verstärkte Auslandsaktivitäten kompensieren. Nach der Auflösung des VDT 1912 ging die Tafel-Salin zusammen mit den bayerischen Spiegelglashütten geschlossen in den „Bonner Verein" über, einem Syndikat der rheinisch-westfälischen Tafelglasindustrie.

für die Hinterbliebenen der gefallenen Werksangehörigen eingeführt. Da wegen des ungewissen Kriegsausgangs kaum noch investiert wurde, die Unternehmensleitung sich aber im klaren war, daß nach dem Kriege wegen der neuen mechanischen Produktionsverfahren große Investitionen anstehen würden, schrieb man sämtliche Öfen vollständig ab und erhöhte die Rücklagen. Somit schien die Tafel-Salin für die Nachkriegszeit gut gewappnet zu sein[54].

GLASFABRIK CRENGELDANZ

AUFBAUPHASE

Peter Eberhard Müllensiefen, Kgl. Preuß. Landrat des Kreises Iserlohn, 1766—1847. Geistiger Vater der Glasfabrik, die seine Söhne Gustav und Theodor, 1825, gründeten.

Im Gegensatz zu Nordbayern war Westfalen Anfang des 19. Jahrhunderts kein typischer Standort für die Glasherstellung. Das Ruhrgebiet, dessen Schwerindustrie im ersten Viertel des 19. Jahrhunderts noch in seinen Anfängen stand, umfaßte damals neben Essen und der alten Handelsstadt Dortmund einige Dörfer und wenige kleine Zechen. Dennoch setzten sich zwei Brüder, Gustav und Theodor Müllensiefen aus Iserlohn, im Jahre 1822 in den Kopf, dort aus dem Nichts eine Glasfabrik aufzubauen. Am Anfang hatte lediglich der Gedanke gestanden, sich selbständig zu machen. Kurz darauf hatte Gustav in der Bibliothek seines Vaters, der einige Jahre zuvor auch schon einmal mit dem Gedanken gespielt hatte, (Hohl-)Glas herzustellen, ein Buch über die Glasfabrikation gefunden, dessen Inhalt Gustav wie auch seinen Bruder faszinierte[55].

Der Vater der beiden damals etwa 20jährigen, Peter Eberhard Müllensiefen, hatte eine Nadelfabrik betrieben und war über seine erste, früh verstorbene Ehefrau in das Honoratiorentum der Grafschaft Mark aufgestiegen. Später hatte er eine Stelle als Landrat des Kreises Iserlohn annehmen müssen, da sein Unternehmen nach der erneuten Übernahme der Grafschaft Mark durch Preußen 1815/16 kaum noch Gewinn abwarf. Das Projekt seiner Söhne war schon deswegen sehr riskant, weil ihr Vater nicht mehr über die finanziellen Mittel verfügte, die seinem gesellschaftlichen Status angemessen gewesen wären[56].

Vordringlicher als die Beschaffung von Geld waren für die Müllensiefens jedoch Informationen über die geheimnisumwitterte Technik der Glasherstellung. Diese Informationen waren im westfälischen Raum nicht zu erhalten, weil es dort noch keine bedeutenden Glashütten gab. Daher machte sich Theodor Müllensiefen, der die technische Leitung des zukünftigen Unternehmens übernehmen sollte, auf eine Studienreise, die ihn in das Saargebiet, nach Frankreich, in die Schweiz, nach Italien, Bayern und Böhmen führte. Überall versuchte er, sich bei den jeweiligen Glashütten zu verdingen, was ihm meistens verwehrt wurde. Neben den üblichen Vorbehalten der Hüttenbesitzer gegenüber Fremden, die die „Geheimnisse" der eigenen Fabrikation zu erforschen suchten, behinderte ihn seine körperliche Konstitution, die der harten Arbeit am heißen Ofen nicht gewachsen war. Er wußte sich aber auf andere Weise zu helfen, etwa, indem er auf der Hütte Beschäftigte auf ein Glas Bier ins Wirtshaus einlud und ausfragte. Einige Hüttenbesitzer waren aber auch hilfsbereit und zeigten dem jungen Reisenden ihr Unternehmen. Sein eigentliches Ziel, die Glasfabrikation von der Pike auf zu erlernen,

wurde ihm erst in der Schweiz ermöglicht, wo er ein Dreivierteljahr in die verschiedensten Tätigkeiten des Glasgewerbes eingearbeitet wurde. Dort erlernte er auch die Grundlagen für die Zubereitung des Gemenges, damals nach der Konstruktion der Öfen die wichtigste Komponente der Glasherstellung. Während der ganzen Reise knüpfte er Kontakte zu Unternehmern und zu qualifizierten Meistern, von denen er allerdings nur wenige für sein zukünftiges Unternehmen abwerben konnte. Im Mai 1825 kehrte er von seiner knapp zweijährigen Reise, die er größtenteils zu Fuß zurückgelegt hatte, nach Iserlohn zurück[57].

Gustav Müllensiefen hatte während der Reise seines Bruders seine kaufmännische Ausbildung absolviert, in deren Verlauf er Glashütten in Preußen, Polen und Schlesien besucht hatte. Die kaufmännische Leitung des zu gründenden Unternehmens sollte in seiner Hand liegen.

Als Standort für ihre Glashütte wählten die Müllensiefens ein altes Rittergut, Crengeldanz bei Witten, aus. Ausschlaggebend war auch hier wieder die Nähe zur Kohle, deren Bedeutung als dem Holz überlegener Brenn-

stoff Theodor Müllensiefen auf seinen Reisen schon früh erkannt hatte. Ganz in der Nähe von Crengeldanz, an den nordwestlichen Ausläufern des Ardeygebirges, wurde Steinkohle gefördert. Neben einer Glashütte in Stolberg bei Aachen kamen als Konkurrenten noch eine Hütte im Solling und vor allem die gut entwickelte belgische Tafelglasindustrie in Frage; die Hütten in Thüringen und an der Saar stellten damals wegen der hohen Transportkosten für das zerbrechliche Glasgut keine ernsthafte Konkurrenz dar.

Im August 1825 begannen die beiden Brüder mit dem Bau ihrer Fabrik. Da die Familie nicht imstande war, das nötige Gründungskapital aufzubringen, gründeten sie am 10. September 1825 mit dem Eisenwarenhändler Johann Caspar Post[58], einem Kaufmann aus der Nähe von Hagen, die Firma Post & Müllensiefen, in die Post 10 000 und die Gebrüder Müllensiefen zusammen 6000 Reichsthaler einbrachten. Post zog sein Kapital jedoch schon 1826 wieder aus der Firma zurück, so daß das Unternehmen seitdem nur noch Gebr. Müllensiefen hieß. Anstelle von Post fanden die Müllensiefens in dem Elberfelder Justus Möller einen Finanzier, der nach und

nach über 30 000 Reichsthaler zur Verfügung stellte. Einige Jahre später nahmen die Müllensiefens Kontakt mit dem Bankhaus A. Schaaffhausen auf. Diese Kölner Privatbank war zu diesem Zeitpunkt eine der wenigen Banken in Deutschland, die bereit war, Industrieunternehmen zu finanzieren[59].

Der erste Ofen mit sechs Häfen wurde im November 1826 in Betrieb genommen. Produziert wurde in erster Linie Tafelglas und anfangs auch Glaskugeln, Säureballons und Salzsäure als Nebenprodukt der eigenen Sodaherstellung. Wie bei nüchterner Betrachtung nicht anders zu erwarten gewesen war, hatte die Glasfabrik noch einige Jahre mit großen Schwierigkeiten zu kämpfen, so daß Theodor Müllensiefen weitere Studienreisen in die führenden Länder der Tafelglasproduktion — Belgien, Frankreich und Großbritannien — unternehmen mußte. 1832 erst kam mit Hilfe eines belgischen Glasmachermeisters der Durchbruch; die Qualität des Glases verbesserte sich erheblich und damit auch der Absatz. 1837 konnte der zweite Ofen gebaut werden. In der Folgezeit profitierte das Unternehmen vom wirtschaftlichen Aufschwung des Ruhrgebiets, dessen Bevölkerung — und

damit auch der Bedarf an Fensterglas —
rasch anstieg. Die von der Glasfabrik Crengeldanz gelieferten Gläser erwarben sich bald
einen ausgezeichneten Ruf nicht nur in Preußen, sondern auch in den umliegenden Staaten. Hatten alle früheren Gläser noch einen
mehr oder weniger stark ausgeprägten Grün-
stich gehabt, so war das Crengeldanzer Fensterglas das erste weiße Tafelglas in Preußen.
Weil das Crengeldanzer Glas wegen seiner
Qualität auch gute Exportchancen hatte,
wurde es auf internationalen Ausstellungen,
so z. B. schon 1862 in London, gezeigt[60].
Den Absatz ihrer Produkte unterstützten die
Müllensiefens seit Ende der 1820er Jahre mit
auswärtigen Lagern in Hannover, Nijmwe-
gen, Amsterdam, Münster, Düsseldorf, Duis-
burg, Berlin, Magdeburg, Königsberg, Me-
schede und Iserlohn. Die Kunden konnten
somit schneller beliefert werden, was angesichts der schlechten Transportmöglichkeiten
eine wichtige Dienstleistung darstellte. Die
Lager wurden jedoch einige Jahre später wieder aufgegeben[61]. Das qualitativ hochwertige
Glas aus Crengeldanz fand im aufstrebenden
Rhein-Ruhr-Gebiet immer besseren Absatz.
Wahrscheinlich ist dies der Grund für die
Aufgabe der Lager.

Die Herstellung der Soda betrieben die Müllensiefens zunächst in eigener Regie. In einer
eigenen kleinen Fabrik stellten sie nach dem
Leblanc-Verfahren Soda für den Eigenver-
brauch her. Die dabei anfallende Salzsäure
wurde als Nebenprodukt verkauft. 1843 wollten die Müllensiefens ihre Sodafabrik sogar
als chemisches Unternehmen von der Steuer-
behörde anerkennen lassen, um das für die
Sodaherstellung benötigte Salz wie die anderen Sodafabrikanten zu verbilligten Preisen
beziehen zu können. In den folgenden Jahren
sanken die Sodapreise aber so stark, daß
Crengeldanz die Eigenproduktion von Soda
einstellen konnte und nun bei der kostengünstiger produzierenden chemischen Industrie
einkaufte. 1851 brachen die Müllensiefens
ihre Sodafabrik ab[62].
Seit den 1840er Jahren hatte Crengeldanz mit
Konkurrenzunternehmen zu kämpfen, an deren Gründung immer ehemalige Mitarbeiter
der Glasfabrik oder deren Söhne beteiligt waren. Keine dieser Hütten konnte jedoch die
Bedeutung der Glasfabrik Crengeldanz erlangen oder diese gar gefährden.
Viel gefährlicher als die heimische Konkurrenz war für Crengeldanz die belgische Tafelglasindustrie, deren Exporte in das Gebiet des

Industriepalast —
Rotunde mit 104 m
Durchmesser und
85,3 m Höhe — auf
der Weltausstellung in
Wien, 1873. Hier
präsentierte die
gesamte Glasindustrie
ihre Produkte.
L. Lobmeyr berichtete
darüber ausführlich in
seinem Buch „Die
Glasindustrie", Stutt-
gart, 1874.

Karte zur Entwicklung
des Deutschen Zoll-
vereins. Aus F. W.
Putzger „Historischer
Weltatlas", Velhagen &
und Klasing, Berlin.

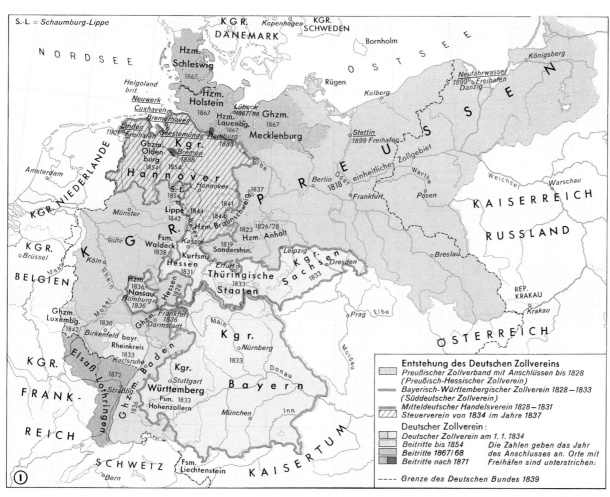

Zollvereins, der 1834 in Kraft trat, die deutsche Tafelglasindustrie ernsthaft bedrängten. Belgien hatte den großen Vorteil, daß es als eines der nach Großbritannien am frühesten industrialisierten Länder Europas über ein gut ausgebautes Verkehrsnetz verfügte. In den 1840er Jahren umfaßte es neben vielen Kanälen auch bereits eine Reihe von Eisenbahnlinien. Für die Außenhandelsbeziehungen mit den deutschen Staaten spielte hierbei die Strecke Antwerpen-Köln, die 1843 fertiggestellt worden war, eine große Rolle. Die belgischen Bahnen waren im Gegensatz zu den deutschen in Besitz des Staates, der über billige Tarife die Roh- und Brennstoffbeschaffung sowie den Export subventionierte[63].

Die Arbeitskräfte in der belgischen Glasindustrie waren zum Teil hochqualifiziert, das Lohnniveau war aber geringer als in den deutschen Staaten, da mit Kindern billige Arbeitskräfte in großem Umfang eingesetzt werden konnten. In Preußen dagegen war schon 1839 ein — allerdings mangels Kontrolle wenig beachtetes — Gesetz zum Schutz jugendlicher Arbeiter erlassen worden, in dem Mindestalter und Arbeitszeit festgelegt worden waren[64].

Wegen dieser Vorteile der belgischen Tafelglasindustrie verfaßte Gustav Müllensiefen 1849 eine von vielen anderen deutschen und österreichischen Glasfabrikanten unterschriebene Denkschrift, in der eine Erhöhung der Einfuhrzölle gefordert wurde[65].

Die wirtschaftlichen Aktivitäten der Müllensiefens beschränkten sich nicht nur auf Crengeldanz. Wegen des großen Kohlebedarfs der Glashütte waren sie stark an der Entwicklung des westfälischen Bergbaus interessiert. Daher wurde ein Teil der Gewinne nicht in die Glasfabrik investiert, sondern für Beteiligungen an den umliegenden Zechen verwendet. 1856 hielten Gustav Müllensiefen bzw. die Glasfabrik Anteile an insgesamt neun Bergwerken. Hierin ist sowohl eine vertikale Konzentration als auch eine Diversifizierung zu sehen, die sich in diesem Fall allerdings negativ auswirkte, da eine Krise im Absatz der Steinkohle in den 1870er Jahren — Folge der sogenannten Gründerkrise von 1873 — über

die Beteiligungen auch den Gewinn der Glasfabrik schmälerte[66].

Langfristig gesehen konnte das Unternehmen ein stetiges Wachstum verzeichnen. In den 1860er Jahren wurden der vierte und fünfte Ofen in Betrieb genommen. Damit war Crengeldanz eine der größten Tafelglashütten Deutschlands[67].

TECHNISCHER FORTSCHRITT SEIT 1880: NEUE ÖFEN UND MECHANISCHE VERFAHREN

1865 trat Theodor Müllensiefen gegen eine Abfindung aus der Firma aus. Der Grund hierfür dürfte ein Streit heute unbekannter Ursache gewesen sein, der erst 1873 beigelegt wurde[68]. Theodor Müllensiefen starb 1879 unverheiratet in Rheinfelden in der Schweiz. Sein Bruder Gustav war bereits fünf Jahre früher gestorben. Die Leitung der Fabrik übernahmen seine Söhne, die ihr Augenmerk von Anfang an auf die technische Entwicklung richteten.

Fensterglasbläserei (Wanne I) in Witten-Crengeldanz. Nach einem Gemälde von Prof. Rienäcker, München.

Gebr. Müllensiefen, Glasfabrik Crengeldanz, um 1880

1881 wurde das Werk mit einem Anschluß-gleis versehen, wodurch die umständlichen und teuren Transporte mit Fuhrwerken weitgehend entfallen konnten. Im gleichen Jahr wurde außerdem der erste Siemenssche Regenerativofen mit indirekter Feuerung eingeführt, der sich so gut bewährte, daß bis 1884 alle Öfen der Fabrik umgestellt wurden. Schon zwei Jahre später, 1886, wurde in Crengeldanz versuchsweise der erste Wannenofen installiert. Nach anfänglichen Schwierigkeiten, die zum Abriß des Ofens führten, wurden zwischen 1890 und 1892 drei Wannenöfen in Betrieb genommen, die die Hafenöfen überflüssig machten. 1899 wurde eine vierte Wanne angelegt, aus der spezielle Hohlgläser — Aquarien, Terrarien und Glaszylinder für technische Zwecke — hergestellt wurden[69].

Fensterglas war damals verhältnismäßig teuer. Kurz vor der Jahrhundertwende kostete ein Quadratmeter Fensterglas (Einheitsdicke) um 1,30 Mark. Zur gleichen Zeit konnte ein Glasbläser in der Tafelglasindustrie — die in der Regel höhere Löhne zahlte als die anderen Zweige der Glasindustrie — in Westdeutschland zwischen 2000 und 2400 Mark pro Jahr verdienen. Damit gehörte der Glasmacher zu den bestbezahltesten Arbeitern überhaupt. Ein in der Glasindustrie beschäftigter Tagelöhner verdiente dagegen nur etwa 400 bis 500 Mark im Jahr. Er mußte also seinen ganzen Tageslohn aufwenden, wenn er

einen Quadratmeter Fensterglas kaufen wollte[70].

Wenn auch der technische Fortschritt in der Tafelglasindustrie seit den 1870er Jahren den Zeitgenossen — sicherlich zu Recht — gewaltig erschien, so hatte man im Grunde doch nur ein seit der Römerzeit bekanntes Verfahren optimiert. Die Feuerung entsprach zwar dem neuesten Stand der Technik, und bei der Bestimmung des Gemenges traten neben die Erfahrung auch erste wissenschaftliche Erkenntnisse. Das Prinzip der Tafelglasherstellung beruhte aber nach wie vor aus dem Blasen einer Walze aus der Glasmasse, die in umständlichen, zeitraubenden, mit viel Abfall und Bruch behafteten Prozeduren zu flachem Glas verarbeitet werden mußte. In einer 8-Stunden-Schicht blies ein guter Glasmacher etwa 40 Walzen[71]. Dieser Vorgang schien sich nicht durch Maschinen bewerkstelligen zu lassen. Noch 1895 schrieb Max Vopelius, Sohn einer bekannten saarländischen Glasmacherfamilie, in seiner Dissertation:

„Wohl sind hier und da Versuche mit Rotations- und Blasmaschinen gemacht worden, doch immer ohne Erfolg; das Gelingen der Hauptprozesse hängt eben lediglich von der manuellen Geschicklichkeit des Arbeiters verbunden mit einer gewissermassen liebevollen Behandlung seines Arbeitsobjectes ab; eine Schematisierung des Prozesses ist unmöglich, eine individuelle Arbeit ist geboten[72]."

Nur wenige Jahre später befanden sich bereits drei Verfahren in Erprobung, mit denen das Mundblasen durch Maschinen ersetzt werden sollte.

Das deutsche Sievert-Verfahren behielt das Prinzip des geblasenen Hohlkörpers bei, nur wurde dies maschinell und durch Preßluft bewerkstelligt. Nach anfänglicher Zurückhaltung wurde das Verfahren von westdeutschen Glashütten, darunter auch Crengeldanz, die sich zum Erwerb der Lizenz zur Deutschen Glasgesellschaft mbH zusammengeschlossen hatten, finanziell unterstützt. Die Versuche brachten jedoch keine wirtschaftlich vertretbaren Resultate und mußten 1909 nach acht Jahren ohne Ergebnis eingestellt werden.

Erfolgreicher war das im Prinzip ähnliche Lubbers-Verfahren, das in den Vereinigten Staaten 1903 Produktionsreife erlangte[73]. Die mit diesem Verfahren gezogenen Walzen waren knapp 10 Meter lang und hatten einen Durchmesser von etwa einem halben Meter. Über ihre Kontakte mit dem führenden französischen Tafel- und Spiegelglashersteller St. Gobain wurde der Deutschen Glasgesellschaft die Lizenz für Deutschland angeboten. Nach mehreren Reisen in die Vereinigten Staaten entschloß man sich zum Kauf. Kurz nachdem eine ebenfalls an der Deutschen Glasgesellschaft beteiligte Saarhütte sechs solcher Maschinen aufgestellt hatte, errichtete Crengeldanz drei. Im November 1911 konnte dort die erste maschinell gezogene Walze ab-

genommen werden. Wegen der relativ schnellen Ziehgeschwindigkeit der Maschinen am Ende des Ofens ergaben sich anfangs noch Schwierigkeiten, weil der Glasfluß ohne Zugeständnisse an die Qualität nicht ohne weiteres entsprechend gesteigert werden konnte. Bis zum Frühjahr 1914 waren jedoch diese Probleme gelöst.

Eine technische Revolution, die schon sehr bald bedeutende Umwälzungen in der deutschen Tafelglasindustrie bewirken sollte, war das Verfahren von Emile Fourcault (1862—1919), einem belgischen Glasfabrikanten. Das Prinzip des Fourcault-Verfahrens wich völlig von allen bisherigen Verfahren der Flachglasproduktion ab. Anstelle der mundgeblasenen Walze trat nun ein endloses Glasband, das durch eine leicht in die glühende Glasmasse getauchte Düse durch einen Ziehschacht senkrecht nach oben gezogen wurde. Damit das Glasband sich nicht in der Mitte zusammenzog, waren unmittelbar über der Ziehdüse Kühlflaschen angebracht, die das Glas soweit abkühlten, daß es von den im Ziehschacht angebrachten Rollenpaaren, die das Glas nach oben transportierten, nicht beschädigt werden konnte. Die Dicke des Glasbandes war durch die Ziehgeschwindigkeit stufenlos variierbar. Am oberen Ende des bis zu acht Meter langen Kühlschachts wurde das Glas dann manuell oder automatisch abgeschnitten[74].

LUBBERS-VERFAHREN

Maschinen erfolgreich, dann wurden sie, kriegsbedingt, stillgelegt.

Arbeitsgänge: Flüssiges Glas wurde der Wanne entnommen und in einen Hafen auf einem Wärmeofen gefüllt. Über dem hing an einem Drahtseil ein Schlitten mit einer Pfeife, die an eine Druckleitung angeschlossen war. Die Pfeife tauchte in den Hafen und wurde unter Luftzufuhr langsam mit dem Glas nach oben gezogen. Die Glaswalzen hatten einen Durchmesser von 50 bis 60 cm und waren 9 bis 10 m lang. Ein Arbeiter kontrollierte die drei Maschinen. Nach dem

Ab 1901 wurden im Rahmen der „Deutschen Glasgesellschaft" die ersten Versuche zur mechanischen Glasherstellung mit dem Zylinder-Ziehverfahren nach P. Th. Sievert unternommen, 1909 jedoch erfolglos eingestellt. In Amerika hatte um 1904 der Erfinder Lubbers eine brauchbare Fensterglasmaschine zum Zylinder-Ziehen entwickelt und die Patente an die „American Window Glass Co" verkauft. Lubbers hatte sein Vermögen in die Erfindung gesteckt und starb als armer Mann. Sein Verfahren bot die amerikanische Firma 1910 der „Deutschen Glasgesellschaft" in Lizenz an. Die Crengeldanzer Glashütte stellte nach Abschluß des Vertrages drei Lubbersmaschinen auf. Am 11. 11. 1911 um 11 Uhr 11 Minuten wurde die erste Walze gezogen. Bis 1914 arbeiteten die

Absprengen am Hafen wurde die Walze umgelegt und auf fahrbaren Gestellen in Stücke und je zwei Schalen geteilt, um gestreckt zu werden.

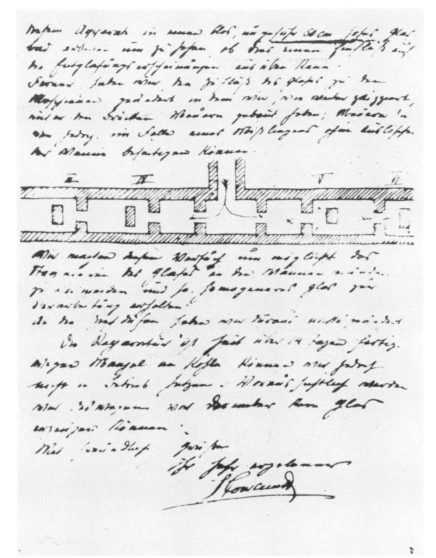

Brief mit Handzeichnung von E. Fourcault.

Bild von Emile Fourcault (1862—1919) mit Widmung an Dr. Mühlig.

Zu Seite 88 Bild oben rechts: Lubbers-Maschinen im Werk Crengeldanz, 1911.

Fourcault fand für sein Verfahren jedoch nicht die rückhaltlose Unterstützung der belgischen und französischen Tafelglasindustrie, die er sich erhofft hatte. So genial sein Verfahren war, an dessen Durchführbarkeit immerhin auch einige andere belgische Fabrikanten glaubten, so sicher war auch, daß weitere Versuche sehr kostspielig sein würden. Dennoch versuchte Fourcault, zunächst auf eigenes Risiko, die Versuche fortzuführen, scheiterte aber an seinen begrenzten finanziellen Mitteln. 1911 konnte er über schon länger bestehende Kontakte Gebr. Müllensiefen für sein Verfahren interessieren. Zwei Jahre später wurde die Verreries de Dampremy, S.A. gegründet, deren Anteile zu je einem Drittel von Fourcault, einer böhmischen Gruppe unter Führung der Mühlig Union AG, Teplitz, und der Deutschen Glasgesellschaft[75] übernommen wurden. Außerdem wurde Fourcault & Cie. gegründet. Sie besaß die Patente und überließ der Deutschen Glasgesellschaft die ausschließliche Lizenz für Deutschland gegen jährliche Zahlung einer Gebühr. 1914 konnte dann die Produktion mit den ersten Fourcault-Ziehmaschinen aufgenommen werden. Das Glas wies noch gewisse Mängel, vor allem Ziehstreifen auf, verkaufte sich jedoch so gut, daß kein weiteres Kapital zugeschossen werden mußte[76].

Die Erfindung des mechanischen Ziehprozesses zur Erzeugung von Tafelglas um das Jahr 1900 war für die Glasindustrie das bedeutendste Ereignis seit Erfindung der Glasmacherpfeife im 1. Jh. vor Christi. Bis zur Entwicklung des Ziehverfahrens durch den belgischen Ingenieur und Glasfabrikanten Emile Fourcault wurde Fensterglas aus mundgeblasenen Glaszylindern hergestellt. So waren die 300 000 Glasscheiben (= 84 000 m²) des Londoner Kristallpalastes, der 1851 den Beginn einer neuen Glasarchitektur symbolisierte, noch alle im Mundblasverfahren hergestellt worden. „Der Gedanke, den technologisch unrichtigen Herstellungsvorgang einer ebenen Glastafel über den Umweg eines Zylinders auszuschalten und diese unmittelbar aus der Oberfläche eines geschmolzenen Glasbades zu formen, war eigentlich naheliegend.

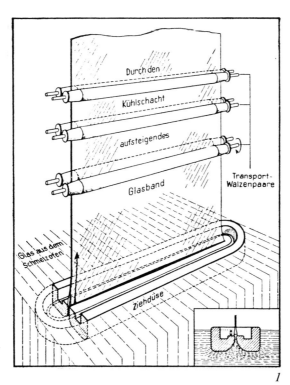

So einfach die Ausführung erscheinen mag, so schwierig war seine Realisierung bis zur betrieblichen Reife," schrieb Dr.-Ing. Herbert Görk 1969 in den Glastechnischen Berichten (42/Heft 10) anläßlich des 50. Todestages von Emile Fourcault. Das Verfahren der mechanischen Tafelglaserzeugung wurde bereits von dem Franzosen Vallin entworfen, dem darüber ein Patent (Nr. 91 787) im Jahre 1871 erteilt wurde. Eine Übertragung in die betriebliche Praxis blieb ihm jedoch versagt. Auch der Engländer Clark scheiterte bereits 1857. Emile Fourcault, geboren am 1. Juni 1862 in Saint Josse ten Noode, einem Brüsseler Bezirk, wurde Bergbauingenieur. Durch verwandtschaftliche Verbindungen übernahm er die Leitung der Glasfabrik Frison & Cie in Lodelinsart bei Charleroi in Belgien, in der nur Fensterglas hergestellt wurde. Vor 1900 trat der belgische Glasofenkonstrukteur Gobbe mit der Bitte an Fourcault heran, in seiner Glashütte ein Verfahren zur maschinellen Herstellung von Fensterglas zu erproben. Fourcault ging darauf ein. So wurde die erste Fourcault-Maschine gebaut. Warum der eigentliche Erfinder mit seinem Namen im Hintergrund blieb, ist nicht bekannt. Andererseits machte Four-

GLASZIEHVERFAHREN NACH FOURCAULT

cault, laut Dr. Mühlig, auch niemals ein Hehl daraus, daß nicht er, sondern Gobbe der eigentliche Erfinder war.

Schwierigkeiten entstanden auch, weil Maschinenglas andere Glasrezepte voraussetzte als das Mundblasverfahren. Eine neue Arbeitsweise erforderte das Anlernen der Arbeiter, wobei sich die einstigen Facharbeiter am wenigsten eigneten. Die Glasbläser mußten nun erkennen, daß die Maschine sie verdrängte.

1902 und 1904 ließ Fourcault das Verfahren in den maßgebenden Staaten patentieren. In der Hütte in Dampremy bei Charleroi wurde nach Gründung der „Verreries de Dampremy E. Fourcault & Co" (1912) im Frühjahr 1914 ein Wannenofen mit zehn Maschinen in Betrieb genommen. Eine Maschine erzeugte ein 1,25 m breites und neun Maschinen je ein 1,00 m breites

Band. Die langjährige Entwicklung wurde maßgeblich von einer deutschen Gruppe (Vopelius-Wentzel-Müllensiefen) und einer österreichischen Gruppe von Tafelglashütten finanziert. Die Firma Mühlig-Union nahm am 1. April 1919 einen ersten Schmelzofen mit sieben Fourcault-Maschinen in Hostomitz bei Teplitz-Schönau (Tschechoslowakei) in Betrieb. Die erste deutsche Fourcault-Hütte entstand in Sulzbach/Saar. In Witten-Crengeldanz wurde 1925 eine Anlage mit vier Fourcault-Maschinen in Betrieb genommen. Emile Fourcault konnte den weltweiten Erfolg seines Verfahrens nicht mehr erleben. Er erlag am 11. Oktober 1919 einem Schlaganfall.

Literatur: Glastechnische Berichte 17/Heft 10 und 42/Heft 10).

7

5

6

1. Schema einer Fourcault-Ziehanlage
2. An der Ziehdüse
3.—6. Schwimmer einlegen. Eine sehr schwere Arbeit im Werk Weiden.

7. Abbrechbühne an der alten Wanne im Werk Witten.

Gussglasverfahren nach N. de Nehou (1688). Abbildung aus der Encyclopédie von d'Alembert und Diderot, 1773.

Auch in der Organisation des Absatzes traten bedeutende Änderungen ein. Nachdem die Tafelglashütten an der Saar 1881 erneut ein Absatzkartell geschaffen hatten — das erste dieser Art war von den Saarhütten bereits 1833 gegründet worden —, reagierte die Glasfabrik Crengeldanz 1886 mit einem Zusammenschluß der rheinisch-westfälischen Tafelglasfabriken unter der Firma Müllensiefen, Ammon & Co., später Rheinisch-Westfälische Glashütten GmbH. Obwohl Gebr. Müllensiefen schon seit 1863 gute Beziehungen zu den Saarhütten hatte[77], herrschte zunächst starke Konkurrenz zwischen den beiden Syndikaten, bis 1892 mit dem Verein der Rheinischen und Westfälischen Tafelglashütten mbH, Bonn („Bonner Verein"), ein übergeordnetes Syndikat gegründet wurde, dem beide Kartelle beitraten. Dieses Syndikat umfaßte nach einigen Jahren mit nur unbedeutenden Aus-

nahmen sämtliche westdeutschen Tafelglashütten. Es regelte nur den Inlandsabsatz, in dem es die Auftragseingänge nach festgelegten Quoten an die beiden Gesellschafter — Gruppe Witten und Gruppe Saar — verteilte, die die Aufträge ihrerseits ihren Mitgliedern zuteilten.

Der Versuch, dieses recht erfolgreiche Konzept auf das gesamte Reich zu übertragen, scheiterte jedoch. Der im Jahre 1907 gegründete Verein Deutscher Tafelglashütten GmbH in Kassel mußte seine 1908 begonnene Verkaufstätigkeit schon 1912 wieder einstellen, da seine Preise vor allem von sächsischen und schlesischen Unternehmen unterboten wurden, die es sich bei Preiseinbrüchen nicht leisten konnten, auf Lager zu produzieren und deshalb ihre Ware billig absetzen mußten. Der Verein hatte von Anfang an unter keinem guten Stern gestanden, da die Besitzer der kleinen ostdeutschen Hütten nie ihr Mißtrauen gegenüber den westdeutschen Großbetrieben ablegen konnten. Somit löste sich der Verein, der zeitweilig 95 Prozent der deutschen Produktion umfaßt hatte, wieder auf. Der Bonner Verein begann deshalb 1912 wieder mit seiner Verkaufstätigkeit, jedoch nicht nur für die westdeutschen, sondern auch für sämtliche bayerischen Tafelglashütten, deren Syndikat sich dem Bonner Verein anschloß[78]. Seit 1904 gehörte Gebr. Müllensiefen auch dem 1894 gegründeten Verein Deutscher Spiegelglasfabriken in Köln (VDS) an, nachdem Crengeldanz 1901 die Produktion von Rohspiegelglas aufgenommen hatte[79].

Bei der Rohspiegelglasproduktion bediente man sich eines anderen Verfahrens als in Bayern. Schon 1688 hatte der Franzose de Nehou das Gußglasverfahren entwickelt. Hierbei wurde das geschmolzene Glas nicht erst noch geblasen, gesprengt und dann gestreckt, sondern vom Ofen direkt auf eine polierte Metallplatte, den Gußtisch, gegossen und dort mit einer parallel dazu geführten Walze eingeebnet. Anschließend wurde das Gußglas geschliffen und poliert. Das Gußspiegelglas hatte gegenüber dem bayerischen $3/4$weißen geblasenen Spiegelglas den Vorteil, daß es eine etwas bessere Qualität aufwies, es verursachte jedoch auch höhere Produktionskosten. Außerdem wurden zur besseren Auslastung der Anlagen nur große Rohspiegelgläser, vor allem für Schaufenster, gegossen[80].

Die Glasfabrik Crengeldanz war 1913 eine der größten deutschen Flachglashütten. In erster Linie wurde Tafelglas produziert, außerdem Rohspiegelglas, Drahtglas, Klarglas und Kathedralglas sowie die bereits erwähnten Hohlgläser. In technischer Hinsicht war Gebr. Müllensiefen, zusammen mit den Saarhütten, führend: Mit dem Lubbersverfahren in Crengeldanz und dem Fourcault-Verfahren in Dampremy wurden die fortschrittlichsten Verfahren eingesetzt.

Der Ausbruch des 1. Weltkrieges hatte schwerwiegende Folgen für die Glasfabrik Crengeldanz. Der allgemeinen Kriegsbegeisterung folgte die Masseneinberufung. Noch am ersten Tag der Mobilmachung (1. August 1914) mußten die Lubbers-Maschinen stillge-

legt werden, weil der größte Teil der angelernten Arbeiter eingezogen und das zum Anwärmen der Ziehöfen benötigte Teeröl von der Marine beschlagnahmt wurde. Nur eine Fensterglaswanne konnte unter großer Mühe in Betrieb gehalten werden. Hatte die Belegschaft 1913 noch aus 750 ausschließlich männlichen Arbeitern bestanden, so setzte sie sich 1918 aus 655 Personen zusammen. Davon waren 55% männliche Deutsche, 17% Arbeiterinnen, 21% belgische und französische Glasarbeiter, die man aus den Kriegsgefangenenlagern angefordert hatte, und 7% zivile Glasarbeiter, die aus dem besetzten Belgien kamen, wo die Glasproduktion aller Hütten stillgelegt worden war.

Da die Glasindustrie rüstungswirtschaftlich uninteressant war — nur Drahtglas wurde in größerem Ausmaß für die Unterstände benötigt — richtete der Staat eine „Überwachungsstelle der deutschen Tafelglasindustrie" ein, die neben Heereslieferungen auch die Roh- und Brennstoffbeschaffung kontrollierte und kontingentierte. Als die Kohle knapp wurde, legte die Überwachungsstelle einige Glashütten still; diejenigen, die weiter produzieren durften, wie Crengeldanz, mußten die stillgelegten Hütten entschädigen[81].

DIE GLASHÜTTEN
AN DER SAAR

Friedrichsthaler Glashütte, 1723. Zeichnung aus dem Archiv der Vereinigten Wentzel'schen und Vopelius'schen Glashütten GmbH, St. Ingbert.

Der dritte Unternehmenszweig der DETAG führt ins Saarland zurück. Dort gründeten 1723 die beiden Glasmacher Ludwig Adolph Eberhard und Johann Martin Wentzel in Friedrichsthal, knapp 15 Kilometer nordöstlich von Saarbrücken, eine mit Holz betriebene Glashütte. Der Betrieb rentierte sich jedoch wegen der schlechten Verkehrslage nicht; außerdem führte der große Holzverbrauch und die wenig umweltfreundliche Art des Holzschlagens zu Beschwerden des Oberforstamts, so daß die Betriebskonzession, die der Landesherr gewährt hatte, 1729 wieder entzogen wurde.

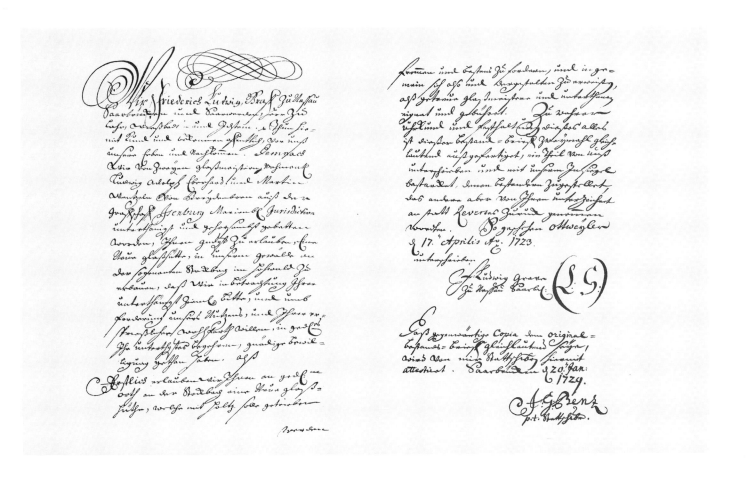

DIE GRÜNDUNGS-URKUNDE VON FRIEDRICHSTHAL

Erste und letzte Seite der siebenseitigen Gründungsurkunde von Friedrichsthal in beglaubigter Abschrift vom 20. Januar 1729 (Best. Nassau-Saarbrücken II, Nr. 2619, Bl.5-7). Darin heißt es: „Wir, Friedrich Ludwig, Graf zu Nassau Saarbrücken und Saarwerden, Herr zu Lahr, Wießbaden und Idstein usw. thun hirmit kund und bekennen öffentlich vor unseren Erben und Nachkommen. Demnach wir zweyen Glaßmeistern namentlich Ludwig Adolph Eberhard und Martin Wentzeln von Breydenborn auß der Grafschaft Isenburg ...

Erstlich erlauben wir Ihnen an gedachtem Ort in der Stockbach eine neue Glaßhüthe, welche mit Holtz solle getrieben werden auf ihre Kosten aufzurichten und zu erbauen ...

Zweytens soll ihnen das darzu erforderte Bauholtz, außer dem gewöhnlichen Stockgeldt gratis gegeben werden.

... Und weilen dieselbe auch viertens zu Ihrem Glaswerck Potaschen benötiget, sollen Ihnen jährlich von dem abhängigen Holtz vor fünfzig Centner zu brennen angewiesen werden, auch die außgelaugten Aschen davon behalten ...“

Die Urkunde ist unterfertigt: „So geschehen Ottweyler den 17. Aprilis Anno 1723. unterschrieben F. Ludwig Graf zu Nassau Saarbr. Daß gegenwärtige Copia dem Original-Bestands-Brief gleichlautend seye, wird von mir Stattschreiber hiermit attestiert. Saarbrücken den 20. Jan. 1729 J. G. Benz p.t. Stattschreiber“ Voller Wortlaut im Anhang.

Heinrich Ludwig Wentzel (1757—1829), Glasfabrikant, Erbauer und alleiniger Besitzer der 4. Friedrichsthaler Glashütte, genannt „Klein Hitt", Enkel von Johann Martin Wentzel (1698—1764), dem Mitbegründer der ersten Glashütte in Friedrichthal. Original des Bildes in Privatbesitz.

Salome Wentzel, geb. von Nordheim (1773—1834), Ehefrau von Heinrich Ludwig Wentzel. Original des Bildes in Privatbesitz.

Daraufhin bauten die beiden Glasmacher zusammen mit Johann Gerhard Wentzel, einem Bruder von Johann Martin Wentzel, die in der Nähe gelegene Fischbachhütte wieder auf. Diese Hütte war 1721 als zweite mit Kohle befeuerte Glashütte Deutschlands errichtet worden, jedoch aus heute unbekannten Ursachen schnell wieder eingegangen[82].

Da Eberhard und die Gebrüder Wentzel jedoch ein Gut in Friedrichsthal besaßen, das sie als landwirtschaftlichen Nebenbetrieb bewirtschaften ließen, baten sie den Landesherrn, ihr Handwerk dort wieder ausüben zu dürfen, was ihnen 1747 bewilligt wurde. Sie verließen also die Fischbachhütte und errichteten auf ihrem Gut an einer verkehrsmäßig günstiger gelegenen Stelle eine neue Glashütte in Friedrichsthal. Sie wurde, wie die Fischbachhütte, mit Steinkohle befeuert, die ihre Betreiber in einer nahegelegenen Grube abbauen durften. Im Gegensatz zur Fischbachhütte scheint sich der Betrieb in Friedrichsthal rentiert zu haben, denn schon 1750 wurde ein zweiter Ofen errichtet. Auf beiden Öfen wurde Tafelglas hergestellt.

1795 erbaute Heinrich Ludwig Wentzel, der das Erbe von Johann Martin Wentzel weiterführte, auf dem allen drei Gesellschaftern gehörenden Gut eine kleine Hütte auf eigene Rechnung. Dort produzierte er feines Weißhohlglas, vor allem Trink- und Apothekengläser. Mit diesen Produkten war er in eine Marktlücke gestoßen, und da er der einzige Betreiber einer Weißhohlglashütte im Saargebiet war, hatte er keine Absatzprobleme. Sein Unternehmen, das von seinen Erben unter seiner Firma H. L. Wentzel weitergeführt wurde, errichtete 1826, 1840, 1860 und 1865 weitere Glashütten in Friedrichsthal. Die 1840 gebaute Hütte wurde unter der Firma H. Wentzel Sohn von einem anderen Zweig der Familie Wentzel geführt. Somit betrieb das Unternehmen H. L. Wentzel 1865 insgesamt zwei Schmelzöfen für Fensterglas, die direkt am Bahnhof von Friedrichsthal standen, und zwei Flaschenöfen. Mitte der 1880er Jahre baute H. L. Wentzel den ersten Wannenofen für Flaschenglasfabrikation im Saargebiet. Da sich das neue Ofensystem bewährte, wurden bis zum Ende der 1880er Jahre die verbliebenen drei Hütten ebenfalls mit Wannenöfen ausgerüstet.

Als das alte Friedrichsthaler Unternehmen mit seinen zwei Glashütten 1845 zwischen den drei Gesellschaftern aufgeteilt wurde, kam die alte Hütte von 1747 in den Besitz von Philipp Wagner, später Schmidtborn & Hahne, Friedrichsthal. Dieses Unternehmen

errichtete Anfang der 1870er Jahre eine neue Hütte mit drei Öfen, nachdem die alte Hütte 1866 stillgelegt worden war. In der neuen Hütte wurde 1887 der erste Wannenofen für Fensterglas im Saargebiet gebaut und in Betrieb genommen. Schmidtborn & Hahne wurde 1906 von zwei weiteren Unternehmen der Tafelglasindustrie im Saargebiet, Chevandier & Vopelius, Sulzbach, und Ed. Vopelius, Sulzbach, gemeinsam gekauft und unter der Firma Vereinigte Vopelius'sche Glashütten, Friedrichsthal, weiterbetrieben.

Der Ursprung von Chevandier & Vopelius geht auf das Jahr 1810 zurück, als Carl Philipp (1764—1828) eine Glashütte in Schnappach, nicht weit von Friedrichsthal, gründete. Von 1828 bis 1846 betrieb sein Sohn Louis (Ludwig) gemeinsam mit Otto Wagner zwei weitere Glashütten in der gleichen Region (Glashütte Mariannenthal, 1784 bei St. Ingbert gegründet, Glashütte Louisenthal, 1825 gegründet). Nach dem Tod von Louis Vopelius Sohn 1850 heiratete dessen Witwe einen Franzosen, Chevandier de Valdrôme, der mit Carl Philipp (1830—1881) 1854 die Firma Chevandier & Vopelius gründete. 1858 errichtete das neue Unternehmen eine weitere Glashütte in Sulzbach.

Schnappacher Glashütte, 1810. Stammhütte der Vopelius'schen Glashütten, Beiname Vopeliushütte, auch „neue Hütt".

97

Ludwig Vopelius (1800—1846)

Karoline Vopelius, geb. Retzer (1816—1885)

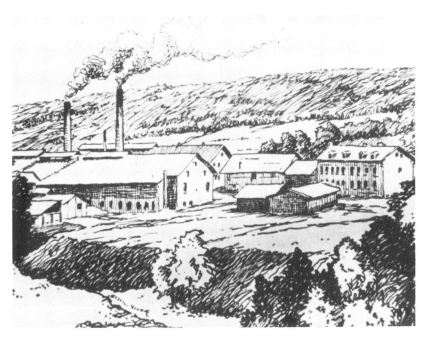

Sulzbacher Glashütte um 1865. Gegründet von Eduard Vopelius.

Eduard Vopelius, ein Bruder von Carl Philipp, gründete 1865 eine große eigene Glashütte nahe dem Sulzbacher Bahnhof, die drei Öfen umfaßte.

Die Vereinigte Vopelius'sche Glashütten — also die ehemalige Hütte von Schmidtborn & Hahne — erwarb nun ihrerseits 1907 die Firma J. Th. Köhl Söhne, Quierschied, die seit 1782 in Quierschied eine Glashütte betrieben hatte. Diese Hütte war 1779 erbaut worden und hatte seitdem Fensterglas, sehr selten auch Flaschen, produziert. Nach der Übernahme hieß dieses Unternehmen Vereinigte Vopelius'sche Glashütten, Abtlg. Quierschied. Der Hüttenbesitzer Georg Richard Vopelius, Mitglied des preußischen Herrenhauses, wurde 1908 geadelt.

1911 wurde die Betriebsgesellschaft der Vopelius'schen und Wentzel'schen Glashütten mbH, Sulzbach, gegründet, die die Glashütten aller oben genannten Firmen[83] pachtete und koordiniert betrieb. Damit befanden sich alle im preußischen Teil des Saargebiets produzierenden Tafelglashütten in einem Unternehmensverbund, blieben aber rechtlich selbständig. 1914, noch vor Kriegsausbruch, wurden die Vereinigte Vopelius'sche Glashütte, Friedrichsthal, zur Vereinigte Vopelius'sche und Wentzel'sche Glashütten GmbH,

Sulzbach, umgewandelt. In der neuen Kapitalgesellchaft gingen auch Chevandier & Vopelius und die H. L. Wentzel GmbH auf. Die beiden Gesellschafter der neuen GmbH waren die Vereinigte Vopelius'sche und Wentzel'sche Glashütten und Ed. Vopelius. Ed. Vopelius wurde schließlich am 1. Januar 1918 von der Vereinigten Vopelius'schen und Wentzel'schen Glashütten GmbH gekauft, womit nunmehr alle ehemaligen fünf auf preußischem Gebiet gelegenen Saartafelglashütten auch juristisch in einem Unternehmen vereinigt waren[84].

Worin sind die Gründe für diesen Konzentrationsprozeß zu suchen?

In erster Linie ist die Konzentration in der Tafelglasindustrie des Saargebiets darauf zurückzuführen, daß die Produktionsanlagen infolge des technischen Fortschritts immer mehr langfristiges Kapital banden und daher eine einzelne Hütte nun viel größere Mengen produzieren mußte, um rentabel zu bleiben. Im 18. Jahrhundert, in dem die meisten der hier aufgeführten Unternehmen ihren Ursprung hatten, war — verglichen mit dem 19. Jahrhundert — nicht viel Kapital zum Bau und Betrieb einer Glashütte nötig. Eine Tafelglashütte umfaßte einen Schmelzofen mit zehn bis zwölf Häfen, einen Streckofen und

gegebenenfalls einen Kühlofen. Erleichternd war überdies, daß die Landesherren im Saargebiet — bis zur französischen Besetzung seit 1792 war dies in der Hauptsache der Graf von Nassau-Saarbrücken — die Glashütten förderten, vor allem durch Privilegien, jedoch auch durch direkte Unterstützung. Das Interesse des Grafen von Nassau-Saarbrücken an den Glashütten lag in erster Linie in der Belebung der Kohleförderung. Von ihr erhoffte er sich eine Beschleunigung der wirtschaftlichen Entwicklung seines Landes und damit höhere Steuereinnahmen.

Zwar wurden im Laufe der Zeit technische Verbesserungen an den Öfen und Häfen vorgenommen, der Kapitalbedarf wuchs jedoch nicht sehr und seit Mitte des 19. Jahrhunderts — verglichen mit anderen Industriezweigen — zunächst eher unterdurchschnittlich. Dies änderte sich erst, als in den 1870er Jahren der Siemenssche Regenerativofen und ein Jahrzehnt später der Wannenofen im Saargebiet eingeführt wurden. Ein Unternehmen, das konkurrenzfähig bleiben wollte, mußte nun größere Summen investieren. Bei den Wannenöfen war dies außerdem mit einer großen Kapazitätsausweitung verbunden, deren Produktion vom Markt nicht immer aufgenommen werden konnte.

Quierschieder Glashütte um 1810

Georg Richard von Vopelius (1843—1911)

In den Glashütten Wentzel, Friedrichs-thal/Saar, gemalt im Auftrag von Ernst Friedrich Wentzel (1846—1914). Original in Goauchetechnik, in Privatbesitz.

Es mußte daher zu einer Konzentration der Saartafelglasindustrie kommen, die allerdings insofern von den Hütten kanalisiert werden konnte, als man im Jahre 1881 ein Syndikat gründete, das den Absatz der angeschlossenen Hütten im Inland regelte. Dem Verein rheinischer Tafelglashütten Hch. Schmidtborn & Cie. mit Sitz in Saarbrücken hatten — wie erwähnt — die westfälischen und nordrheinischen Hütten unter Führung von Gebr. Müllensiefen 1886 ein eigenes Syndikat entgegengesetzt, mit dem man sich 1892 zum Bonner Verein zusammenschloß. Die Quoten, die das Saarsyndikat seinen Mitgliedern gewährte, reichten nicht für alle Betriebe aus, so daß diese zusammengelegt werden mußten. Am vorläufigen Ende dieser Entwicklung stand bekanntlich die Vereinigte Vopelius'sche und Wentzel'sche Glashütten GmbH, Sulzbach, sowie zwei weitere Tafelglashütten, die sich 1921 zur Lautzental Glashütte GmbH mit Sitz in St. Ingbert zusammenschlossen.

Als zweiten Grund für die zunehmende Unternehmenskonzentration in der Saartafelglasindustrie läßt sich ein starker Absatzrückgang anführen, der sich in den Produktionsziffern niederschlug:

Produktion der Saartafelglashütten von 1865 bis 1920 (Tabelle 1)

Jahr	Mio. m^2
1865	7,5
1876	7,9
1882	10,1
1890	2,2
1898	2,4
1913	4,0
1920	2,5

(Quelle: Lauer, Glasindustrie, S. 161)

100

1815, als das Saargebiet zu Preußen gekommen war, trat eine für die Glashütten sehr unangenehme Änderung ein: Hatte der jeweilige Landesherr vor 1815 den Glashütten erlaubt, ihre Kohlen selber zu graben, so bestimmte nun der preußische Staat, daß nach Ablauf der alten Pachtverträge 1817 der Betrieb der Gruben an den preußischen Bergfiskus übergehen sollte. Die alten, noch aus der nassau-saarbrückischen Zeit stammenden Glashütten erhielten die Kohlen von nun an zum Selbstkostenpreis, alle später errichteten Glashütten zum sogenannten „Begünstigungspreis", der um 5 bis 25 Prozent unter dem normalen Verkaufspreis lag. Dennoch war der Kohlenbezug für beide Gruppen nach

1815 wesentlich teurer als vorher. Zwischen 1867 und 1879 wurden die Bezugsrechte der alten Hütten abgelöst, d. h. der preußische Bergfiskus zahlte eine einmalige Summe, damit die Glashütten auf ihr Privileg verzichteten. Die meisten dieser Ablösungen fanden in der zweiten Hälfte der 1870er Jahre statt, als sich die Saarglasindustrie — wie die meisten anderen Industriezweige Deutschlands — in einer Krise befand.

Der Wegfall des Kohlenprivilegs 1817 bedeutete für die Hütten eine finanzielle Belastung, die vorerst jedoch dadurch kompensiert wurde, daß die politischen Verhältnisse nun stabiler wurden. Tatsächlich kam es in den 1820er Jahren zu so vielen Neugründungen, daß weit

Saarhütte um 1913. Gemälde, in Privatbesitz.

Im Jahre 1908 entstand dieses Gruppenbild der Belegschaft einer Friedrichsthaler Glashütte. Kleidung, Arbeitsgerät und Fabrikgebäude vermitteln einen Einblick in die Lebens- und Arbeitsverhältnisse der damaligen Zeit.

Bilder aus dem Buch „Friedrichsthal Bildstock Maybach — Bilder und Dokumente zur Geschichte der Stadt", 1975

Dieses Foto von zwei Glasspatzen ist um die Jahrhundertwende entstanden. Die Arbeitskittel reichten auf dem Rücken nur knapp über die Hüfte und boten nur geringen Schutz gegen die Strahlenwärme der Glaswannen und zähflüssigen Walzen.

über den Bedarf produziert wurde. Dies führte am 27. Oktober 1833[85] zur Gründung eines Verkaufssyndikates aller Tafelglashütten des Saargebiets, das sich bis 1840, als sich die Absatzverhältnisse besserten, hielt. Die Tafelglasindustrie an der Saar erlebte seitdem bis Mitte der 1870er Jahre eine Aufwärtsentwicklung, die nur von einigen kurzen, durch die allgemeine politische Situation bedingten Konjunktureinbrüchen gestört wurde (Krise von 1848, Kriege von 1866 und 1870/71). In den 1880er Jahren erfolgte jedoch ein rapider Absatzrückgang, der auch durch das 1881 gegründete Syndikat nicht abgefangen werden konnte. Auslöser für diesen Absatzrückgang, aber nicht die eigentliche Ursache, war das rapide Anwachsen der belgischen Exporte ins Rheinland und Westfalen, zwei der wichtigsten Absatzgebiete für die Saarglashütten.

Die eigentliche Ursache war jedoch die ungünstige Lage des Saargebiets. Vor der Anbindung an das französische Kanalnetz bzw. das deutsche und französische Eisenbahnnetz in den 1850er und 60er Jahren hatten die Saarglashütten mit den umliegenden Regionen (Lothringen, Pfalz, Rheinland) einen regionalen Markt beliefert, der den zum Teil kostengünstiger operierenden Hütten in Belgien, Westfalen und Frankreich wegen der hohen Transportkosten weitgehend verschlossen blieb. Durch die Anbindung an die west- und mitteleuropäischen Märkte seit der Jahrhundertmitte konnten die Saarglashütten zwar ihre Waren besser absetzen und hochwertige Rohstoffe aus Frankreich günstiger beziehen. Umgekehrt konnten jetzt jedoch die billiger produzierenden Hütten ihre Produkte in den bisher vom Saargebiet versorgten Regionen absetzen. Die Kostenvorteile der westeuropäischen Hütten lagen in dem billigeren Bezug von Steinkohle und einem geringen Lohnniveau wegen unterentwickelter Arbeitsschutzgesetzgebung in diesen Staaten begründet. Die nordrheinischen und westfälischen Hütten hatten zum einen die billigere und bessere Ruhrsteinkohle zur Verfügung, zum anderen hatten sie den enormen Vorteil, daß ihre Region — das Ruhrgebiet, die Kölner Bucht, der Niederrhein und der Raum Aachen/Stolberg — seit 1815 einen allgemeinen wirtschaftlichen Aufschwung erlebten, der den des Saarlandes an Bedeutung weit übertraf. Die Saarglashütten dagegen hatten mit vergleichsweise hohen Steinkohlenpreisen und Eisenbahntarifen zu kämpfen.

Entscheidend dürfte dabei auch gewesen sein, daß sich der preußische Staat für die Industrie an der Saar nicht so stark engagierte wie der Graf von Nassau-Saarbrücken. Von den 1890er Jahren bis 1912 schwankte die Produktion daher nur noch um zwei bis drei Millionen m^2 Tafelglas jährlich (siehe Tabelle 1)[86]

Kristallpalast in London, 1851 (563 × 125 m). Glasfläche 84 000 m² = 300 000 Scheiben = 400 t = ⅓ der Jahresproduktion im damaligen England. Scheibengröße 49 × 70 Zoll. Die Scheiben wurden im Mundblasverfahren hergestellt.

ARCHITEKTUR IN DER ZEIT VON 1800 BIS 1918

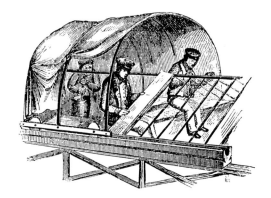

Glaserwagen wurden beim Bau des Kristallpalast in London eingesetzt. Sie fuhren auf den Dachrinnen.

Mit der Industrialisierung, die in England bereits gegen Ende des 18. Jahrhunderts einsetzte, wurden dort auch zuerst die technischen Voraussetzungen für eine neue Glasarchitektur durch die Entwicklung des Gewächshausbaus geschaffen. Gußeisen für die tragende Konstruktion und die Heizungstechnik — die erste Zentralheizung war bereits 1716 in England gebaut worden — ermöglichten es, große Glashäuser für tropische Pflanzen zu errichten.

Das Britische Empire, als größtes Kolonialreich des 19. Jahrhunderts, hatte daran vor allem auch ein ökonomisches Interesse zur Erforschung des wirtschaftlichen Nutzens exotischer Pflanzen. Träger der botanischen For-

Glaspalast in München, erbaut zur Industrieausstellung 1854, die als Herausforderung und Ansporn für die heimische Industrie und das Handwerk dienen sollte.
Im frühen 19. Jahrhundert wurden private Wintergärten eine allgemein sehr geschätzte Erweiterung des Wohnbereichs.

schung waren nicht nur die öffentlichen und privaten Gärten, sondern auch Gartenbaugesellschaften wie die Royal Botanic Society, die eigene große Glashäuser errichteten.

Das Erlebnis dieser lichtdurchfluteten, den Sommer verlängernden Anlagen führte dazu, Glashausbauten für gesellschaftliche Zwecke zu nutzen. Die erste Weltausstellung 1851 in London machte den hohen technischen Stand der englischen Glaskonstruktionen durch den mit vorgefertigten Teilen in Rekordzeit fertiggestellten Kristallpalast von Sir Joseph Paxton weltweit bekannt. Das englische Beispiel machte in ganz Europa im 19. Jahrhundert Schule. 1853—1854 baute August von Voit in München den „Glaspalast", eines der größten

Bauwerke aus Glas und Eisen in Deutschland, nach den konstruktiven Prinzipien von Paxton. Der 240 m lange, 84 m breite und 25 m hohe Bau wurde in 87 Tagen aus 1700 Tonnen Eisen, 37000 Glastafeln und 2000 Kubikmetern Holz erstellt. Dieses Ausstellungsgebäude stand auf dem Gelände des alten Botanischen Gartens in München bis zum Brand 1931. In vielen anderen Städten Europas entstanden im 19. Jahrhundert große Palmenhäuser und glasüberdachte Hallen.

Eine andere Entwicklung hatte in Frankreich Ende des 18. Jahrhunderts mit dem Bau der ersten Passagen im Palais-Royal in Paris begonnen. Der Galerie de Bois (1786) folgten im Laufe des 19. Jahrhunderts mehr als 300 wei-

Galerie d'Orléans in Paris, 1830. Sie war 65 m lang, 8,50 m breit und glasüberdacht. Es war die erste Glasgewölbekonstruktion.

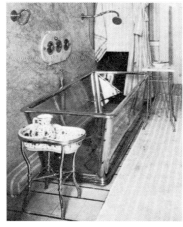

Badezimmer des Architekten Otto Wagner in Wien, 1898, mit gläserner Badewanne.

Rechts außen: Hallidie Building in San Francisco. Architekt Willis Polk, 1917. Siebengeschossige, verglaste Skelettkonstruktion.

Oben: Schaltersaal im Postsparkassenamt in Wien. Gewölbte Glasdecke unter gläsernem Satteldach im Lichthof. Boden aus Betonglassteinen. Architekt Otto Wagner, 1904—06.

Buchhandlung Ch. Scribner, Fifth Avenue, New York. Gußeisen-Glaskonstruktion.

tere glasüberdachte Passagen in Europa, Amerika und Australien.

Die ersten großen Fassadenverglasungen fanden in den Ladenfronten statt. In den USA, einem wichtigen Exportmarkt deutscher Glashütten im 19. Jahrhundert, finden sich heute noch Beispiele aus jener Zeit wie die Ladenfront von Scribners, New Yorks bekanntester Buchhandlung. Frank Lloyd Wright plante 1885 ein zehngeschossiges, verglastes Hochhaus. Den nicht ausgeführten Entwurf bezeichnete Henry-Russel Hitchcock als „epochemachend". Das später von Willis Polk in San Francisco, 1917, errichtete Hallidie Building, dessen siebengeschossige Skelettkonstruktion ganz verglast ist, weist eine gewisse Ähnlich-

Links außen:
Turbinenhalle der
AEG in Berlin. Glas-
wände und Glasdach
als Lösung der
Bauherrenforderung
nach einem Maximum
an Tageslicht. Archi-
tekt: Peter Behrens,
1908.

Pavillon der Deut-
schen Glasindustrie
auf der Werkbundaus-
stellung in Köln, 1914,
von Bruno Taut.

keit mit Wrights erstem Hochhausprojekt auf.
Die wesentlichen Impulse für die Glasarchitektur gingen jedoch weiterhin von Europa
aus. In Wien baute Otto Wagner die gläserne
Kassenhalle der Postsparkasse (1904—06). Die
Turbinenfabrik der AEG in Berlin von Peter
Behrens (1908) weist riesige Glaswände auf,
die das Maximum an Tageslicht, das gefordert
war, in die Halle bringen. In Behrens Atelier
arbeiteten Walter Gropius, Mies van der Rohe
und Le Corbusier. Gropius, der unter Behrens
die Glaswände für die AEG entwickelt hatte,
begann 1911 mit dem Bau der Faguswerke in
Alfeld/Leine, wo er ein neues Konstruktions-
system, die vorgehängte Glasfassade — später
curtain wall genannt — erstmals anwandte.

Dieses System führte später, vor allem in den
USA, zu den ganz verglasten Hochhausfassa-
den.
Auf der Werkbundausstellung in Köln, 1914,
baute Bruno Taut den Pavillon der Deutschen
Glasindustrie als ein Manifest einer neuen ex-
pressiven Architektur, wie sie sein Freund, der
Schriftsteller Paul Scherbart in seinem utopi-
schen Roman „Glasarchitektur" für eine bessere Welt entworfen hatte. Doch diese dynamische Entwicklung wurde nun durch den Ersten Weltkrieg unterbrochen.

Oben: Faguswerke in
Alfeld/Leine. Erste
curtain-wall-Konstruk-
tion. Architekt: Walter
Gropius, 1911.

Mit dem Deutschen Pavillon auf der Internationalen Ausstellung in Barcelona, 1929 schuf Ludwig Mies van der Rohe nicht nur ein bedeutendes Bauwerk der Modernen Architektur, sondern verwirklichte damit erstmals ein neues Konstruktionsprinzip, durch die Trennung von tragenden Stützen und nichttragenden Wänden. Charakteristisch sind die raumhohen Glaswände. Der Pavillon wurde 1986 wieder aufgebaut. Blick in den Innenhof mit Plastik von Kolbe.

DIE ZEIT VON 1918 BIS 1945

DIE DEUTSCHE TAFELGLASINDUSTRIE 1918 BIS 1945

NACHKRIEGSZEIT UND INFLATION

Der Erste Weltkrieg bedeutete für die Entwicklung der deutschen Flachglasindustrie, die nur wenige kriegswichtige Produkte herstellte, einen Rückschlag. Masseneinberufungen, Engpässe in der Roh- und vor allem Brennstoffversorgung hatten die Produktion teils gestört, teils völlig zum Erliegen gebracht.

Auch nach dem Krieg besserte sich die Situation der deutschen Tafelglasindustrie nicht wesentlich. Die Roh- und Brennstoffversorgung litt bis Juni 1919 unter der von den Alliierten verhängten Wirtschaftsblockade. Durch den Friedensvertrag von Versailles (Juni 1919) verlor das Deutsche Reich neben Posen, Westpreußen und einigen anderen Gebieten auch Elsaß-Lothringen und Teile Oberschlesiens. In den zwei letzteren wirtschaftlich wichtigen Gebieten wurde vor dem Krieg ein Viertel der deutschen Steinkohle gefördert[1]. Der fast ständig fallende Kurs der Mark erschwerte zudem die Importe, die in Devisen bezahlt werden mußten.

Die Besetzung des Ruhrgebiets durch französische und belgische Truppen im Januar 1923 und der daraufhin von der Reichsregierung ausgerufene passive Widerstand führten zu noch schärferen Engpässen in der Steinkohleversorgung der deutschen Industrie. Leidtragende des Ruhrkampfes war unter anderem auch die Glasfabrik Crengeldanz. Sie mußte die Produktion im Juli 1923 vollständig einstellen. In diesen Jahren der Kohleknappheit

bewährte sich der Gasgenerativofen von Siemens, der auch mit minderwertigen Brennstoffen (Holz oder Torf) Gas erzeugen konnte. Die Tafel-Salin konnte die Produktion daher vorerst aufrechterhalten[2].

Die Absatzmöglichkeiten im Inland waren sehr beschränkt. Der Baumarkt — damals wie heute größter Abnehmer von Flachglas — war fast völlig zum Erliegen gekommen. Kriegsschäden hatte es in Deutschland zwar nicht gegeben, doch die in wirtschaftlicher wie politischer Hinsicht sehr unruhigen ersten Jahre der jungen Republik verunsicherten potentielle Bauherren enorm. Vor allem die Inflation, die 1923 absurde Ausmaße erreichte (auf ihrem Höhepunkt im November 1923 wurde 1 US-Dollar für 4,2 Billionen Reichsmark gehandelt), lähmte langfristige wirtschaftliche Aktivitäten. Fensterglas war daher in Deutschland kaum noch gefragt.

Besser sah es dagegen auf den Auslandsmärkten aus: Vor dem Krieg hatte die deutsche Tafelglasindustrie wegen der kostengünstigeren ausländischen — vor allem belgischen — Konkurrenz nur wenig exportieren können. Erhöhter Auslandsabsatz war bis dahin nur ein Zeichen nachlassender inländischer Nachfrage gewesen, der die Produzenten mit verstärkten Exportaktivitäten begegnen mußten. Im Krieg hatte die über die Mittelmächte verhängte Blockade die deutschen Unternehmen von ihren Märkten in Westeuropa und Übersee abgeschnitten. Der US-

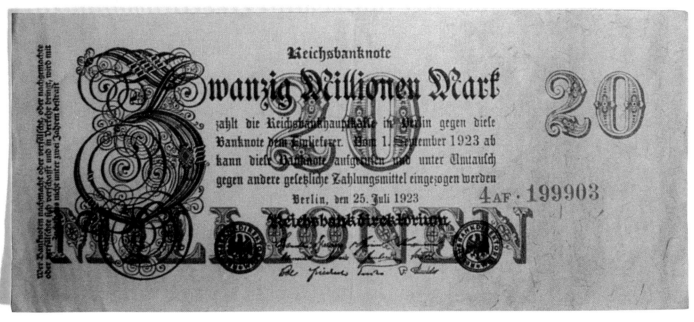

Markt z. B. versorgte sich nun weitgehend selbst. Die wegen der hohen Lohnkosten bereits größtenteils mit mechanischen Verfahren arbeitenden US-Firmen konnten zudem ihre Exporte erheblich ausweiten. Einige Länder begannen außerdem, eine eigene Tafelglasindustrie aufzubauen und schützten diese mit hohen Zollmauern.

Alle diese den deutschen Tafelglasexport erschwerenden Faktoren waren jedoch während des Krieges durch den — erzwungenen — Ausfall der belgischen Konkurrenz wieder wettgemacht worden. Die belgischen Tafelglashütten hatten infolge der Besetzung durch deutsche Truppen zunächst ihre Produktion einstellen müssen. 1916 wurde ihnen die Wiederaufnahme der Produktion erlaubt. Der Export in neutrale Staaten wurde dabei jedoch verboten. Deshalb konnte die deutsche Konkurrenz bereits während des Krieges in diesen bis dahin von belgischen Unternehmen belieferten Staaten (Schweiz, Niederlande, Dänemark, Schweden und Norwegen) Fuß fassen[3].

Nach Aufhebung der Wirtschaftsblockade im Juni 1919 setzte sich der Aufschwung im Exportgeschäft fort. Zwar produzierten die belgischen Hütten wieder, und in der Tschechoslowakei erwuchs ein neuer, mächtiger Rivale. Doch der Kurs der Mark verfiel immer mehr, so daß die deutschen Unternehmen zu konkurrenzlos billigen Preisen ins Ausland absetzen konnten. Die Tafel-Salin z. B. litt wie alle deutschen Tafelglasunternehmen unter der Flaute auf dem inländischen Baumarkt, konnte dies aber durch Exporte mehr als kompensieren, so daß die Gewinnsituation, trotz der schwierigen Materialbeschaffung, mehr als zufriedenstellend war[4].

Die Saarhütten standen vor einem besonderen Problem: Das Saargebiet wurde im Versailler Vertrag für 15 Jahre unter Verwaltung des Völkerbundes gestellt und in das französische Zollgebiet eingegliedert. Immerhin konnten die Unternehmen an der Saar für eine Frist von vorerst fünf Jahren (Januar 1920 bis Januar 1925) zollfrei nach Deutschland absetzen bzw. importieren. Diese an sich günstige Ausgangssituation half den Saarglashütten jedoch wenig. Die Kohlebergwerke an der Saar waren an den französischen Staat übergegangen, der die Bergleute nun in Franc bezahlte. Dadurch verteuerten sich einerseits wegen des ungünstigen Wechselkurses die Kohle, andererseits mußten die Glashütten nun auch noch ihre Mitarbeiter höher bezahlen als vorher, um eine Abwanderung der Arbeitskräfte in die Kohlebergwerke zu verhindern[5].

Die Währungsreform im Herbst 1923 sorgte für eine Normalisierung der wirtschaftlichen Lage. Da die Reichsbank nun allerdings eine Politik des knappen Geldes verfolgte, um eine neue Inflation zu vermeiden und einen beständigen Wechselkurs herbeizuführen, kamen viele Glashütten in Zahlungsschwierigkeiten. Besonders die kleinen Glashütten sahen sich zu Notverkäufen gezwungen. Die Preise für Glas fielen so stark, daß viele Hütten die Produktion für immer oder doch zumindest zeitweilig einstellen mußten. Auch die Tafel-Salin mußte Anfang 1924 beide Hütten kurze Zeit stillegen. Im Laufe des Jahres 1924 besserte sich die Situation jedoch, so daß im März bzw. April die Produktion sowohl in Weiden wie auch in Mitterteich wieder aufgenommen werden konnte. Die Glasfabrik Crengeldanz begann ebenfalls im April 1924 wieder mit der Herstellung von Fensterglas[6].

DIE EINFÜHRUNG DES FOURCAULT-VERFAHRENS IN DEUTSCHLAND

Die Jahre nach der Währungsreform Ende 1923 bis zur Weltwirtschaftskrise Ende 1929 werden zuweilen als die „Goldenen Zwanziger" bezeichnet[7]. Die wirtschaftliche, soziale und politische Entwicklung kam in geordnetere Bahnen, so daß sich die Industrie von den Rückschlägen seit 1914 erholen und nun die lange aufgeschobenen Investitionen durchführen konnte. Doch zwangen die kapitalintensiven Investitionen in technische Neuerungen zu größeren Betriebseinheiten. Dies zog einerseits Fusionen und Konzernbildungen nach sich, andererseits setzte nun in der Spiegel-, vor allem aber in der Tafelglasindustrie, ein Hüttensterben ein, das in dieser Geschwindigkeit auch von den Fachleuten nicht erwartet worden war. Der Grund lag in der Umstellung vom Blasverfahren auf die neuen mechanischen Ziehverfahren nach Fourcault bzw. Colburn.

Durch ihre aktive Unterstützung des zukunftsweisenden Verfahrens des Belgiers Emile Fourcault hatten sich die in der Deutschen Glasgesellschaft zusammengeschlossenen westdeutschen Hütten und die Gruppe der böhmischen Tafelglasindustrie vor dem Kriege eine gute Ausgangsposition für die Nachkriegszeit geschaffen.

Wie die anderen belgischen Glashütten durfte Fourcaults Hütte in Dampremy auf Betreiben des böhmischen Industriellen Mühlig 1916 die Produktion mit den erst Anfang 1914 in Betrieb genommenen zehn Ziehmaschinen wieder aufnehmen. Die Mühlig Union AG war federführend innerhalb der böhmischen Gruppe, die ein Drittel der Verreries de Dampremy übernommen hatte. Ihren Sitz hatte die Mühlig Union AG in Teplitz, dem Zentrum des böhmischen Braunkohlereviers.

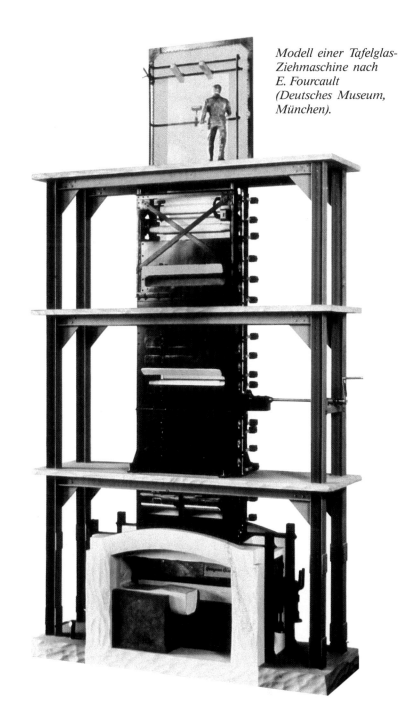

Modell einer Tafelglas-Ziehmaschine nach E. Fourcault (Deutsches Museum, München).

Lautzenthal Glashütte GmbH, St. Ingbert.

Vopelius'sche und Wentzel'sche Glashütte, St. Ingbert. Gemälde von Karl Laval, in Privatbesitz.

Dort stellte sie im April 1919 in der Hütte Hostomice bei Teplitz (Teplice) die zweite Fourcault-Anlage Europas auf[8]. Damit war der Grundstein für den rasanten Aufstieg gelegt, den die tschechische Tafelglasindustrie in der Nachkriegszeit nehmen sollte.

Die deutschen Lizenznehmer kamen jedoch nicht in den Genuß ihrer Rechte. Auf Grund des Versailler Vertrags wurden die Verträge zwischen Fourcault und der Deutschen Glasgesellschaft — die Beteiligung an der Verreries de Dampremy und die Fourcault-Lizenzen — entschädigungslos aufgehoben. Die Lizenzen wurden nun über die englische Colonial & Foreign Glass Industries Ltd. der Deutschen Glasgesellschaft zum Rückkauf angeboten, allerdings unter harten finanziellen Bedingungen. Sowohl Gebr. Müllensiefen als auch die Saarhütten gingen notgedrungen auf diesen Vorschlag ein, da man davon überzeugt war, daß sich das technisch überlegene Fourcault-Verfahren auf dem deutschen Markt durchsetzen würde. Auch der Tafel-Salin wurde eine Beteiligung angeboten, was sie allerdings ablehnte:

> „Die Herstellung erscheint uns nach den Verpflichtungen des Vertrages für Deutschland sehr teuer, ausserdem wollen wir Ihnen nicht verschweigen, dass die gegen uns schwebende Untersuchung in der bekannten Angelegenheit und die gegenwärtigen Verhältnisse im allgemeinen bei uns eine gewisse Unlust zu neuen Unternehmungen ausgelöst haben."[9]

Mit der „bekannten Angelegenheit" dürfte ein Streit mit der zuständigen Finanzbehörde gemeint sein, die die hohen Rücklagen als vermeintliche Kriegsgewinne versteuern wollte[10]. Vielleicht unterschätzte die Geschäftsführung der Tafel-Salin aber auch die wirtschaftliche Bedeutung des Fourcault-Verfahrens. Gebr. Müllensiefen, die Vereinigte Vopelius'sche und Wentzel'sche Glashütten GmbH und die Lautzentaler Glashütte GmbH erwarben im Mai 1921 gemeinsam die Lizenz[11] und brachten sie in die neu gegründete Saartafelglas GmbH ein. Die erste deutsche Fourcault-Anlage wurde jedoch wegen erheblicher Startschwierigkeiten erst 1925 von der eigens dafür in Sulzbach (Saargebiet) gegründeten Richardhütte AG in Betrieb genommen, also elf Jahre nach der Aufnahme der Produktion in Dampremy. Die Richardhütte war von Anfang an primär als Versuchshütte der Gesellschafter der Saartafelglas GmbH konzipiert worden[12]. Die Produktion für den Markt übernahmen die ebenfalls 1925 errichteten Fourcault-Anlagen in St. Ingbert (Vopelius-Wentzel) und Witten (Gebr. Müllensiefen).

Einige Monate vorher hatte Gebr. Müllensiefen eine schon lange geplante Änderung vorgenommen: Als erste deutsche Glashütte heizte Witten seine Öfen mit Ferngas. Über eine 6,5 km lange Leitung bezog das Werk Gas von der Zeche Oespel der Essener Steinkohlen AG[13].

Die Hütten an der Saar und in Witten blieben bis 1927 die einzigen deutschen Flachglashütten, die das Fourcault-Verfahren einsetzten. Die Lizenz war den anderen Hütten zu teuer, so daß man — in der Hoffnung, sich bis dahin mit mundgeblasenem Tafelglas auf dem Markt halten zu können — auf den Verfall des Patentschutzes im Jahr 1929 warten wollte.

Gebr. Müllensiefen, Glasfabrik Crengeldanz, 1925.

DIE GRÜNDUNG DER DELOG 1925

In dieser Situation beschloß der belgische Solvay-Konzern, der eine Lizenz des amerikanischen Libbey-Owens-Verfahrens besaß, ein großes Werk zur Fensterglaserzeugung in Deutschland zu errichten.

Etwa zeitgleich mit Fourcault hatte der Amerikaner Irving Colburn ein Ziehverfahren entwickelt, das im Prinzip dem des Belgiers glich. Statt einer Düse, die beim Fourcault-Verfahren in die Wanne gepreßt wird, sorgen beim (nach dem Käufer des Patentes so genannten) Libbey-Owens-Verfahren kleine, geriffelte Führungsrollen mit Antrieb und Bortenzangen dafür, daß sich das noch zähflüssige Glasband nicht aufgrund der Oberflächenspannung zur Mitte hin abschnürt. Beim Fourcault-Verfahren wird das Glasband senkrecht durch den Kühlschacht gezogen; beim Libbey-Owens-Verfahren dagegen wird es in etwa einem Meter Höhe über eine polierte, luftgekühlte Walze gebogen, so daß es waagerecht in den Kühlkanal gezogen werden kann. Ein wesentlicher Vorteil gegenüber den ersten Fourcault-Anlagen war die doppelt so schnelle Ziehgeschwindigkeit bei vergleichbarer Qualität. Durch erhebliche Verbesserungen an den Fourcault-Ziehanlagen konnte dieser Unterschied allerdings in den folgenden Jahren in speziellen Dickebereichen wieder verringert werden[14].

Die alleinigen Rechte an diesem Verfahren gingen 1916 auf die Libbey-Owens Sheet Glass Co. in Toledo/Ohio über. 1921 erteilte sie der belgischen Compagnie Internationale pour la Fabrication Mécanique du Verre (Procédés Libbey-Owens) („Mécaniver") eine Lizenz für alle europäischen Länder (und einige andere Regionen). Die Mécaniver befand sich mehrheitlich im Besitz des Solvay-Konzerns, der, aus der Sodafabrikation kommend, in der chemischen Industrie tätig war und mit dem Erwerb der Libbey-Owens-Li-

zenz in die mechanische Tafelglasfabrikation einstieg. Bis 1925 beteiligte sich die Mécaniver an der Errichtung von Libbey-Owens-Hütten in Belgien, der Schweiz, Frankreich, Spanien und Italien[15].

Der Fensterglasmarkt in Deutschland bot um 1925 attraktive Bedingungen für den Solvay-Konzern. Einerseits war nach der geglückten Währungsreform mit einer Belebung des Baumarkts zu rechnen, andererseits hatten erst wenige deutsche Unternehmen auf das Fourcault-Verfahren, dessen Lizenz teuer war, umgerüstet. Aufgrund der Zollschranken des Deutschen Reichs beschloß die Mécaniver, ihre Lizenz in ein bestehendes deutsches Unternehmen einzubringen, anstatt von Belgien aus zu exportieren. Die Verhandlungen über eine Beteiligung der Mécaniver an einer deutschen Hütte scheiterten jedoch. Den deutschen Verhandlungspartnern erschien der Preis von 1,5 Millionen RM für die Unterlizenz zu hoch[16].

Die Belgier beschlossen deshalb, ein eigenes Unternehmen zu errichten, auch wenn dies einen harten Preiskampf mit den bestehenden Fourcault-Hütten bedeuten sollte. Am 20. Oktober 1925 wurde die Deutsche Libbey-Owens-Gesellschaft zur maschinellen Glasherstellung Aktiengesellschaft mit einem Aktienkapital von 6 Millionen RM, davon 4,5 Millionen in Stamm- und 1,5 Millionen RM in Vorzugsaktien à 1000 RM gegründet. Der Firmenname wurde im Mai 1926 im Handelsregister Gelsenkirchen in Deutsche Libbey-Owens-Gesellschaft für maschinelle Glasherstellung (DELOG) geändert[17]. Als Standort wurde Gelsenkirchen-Rotthausen gewählt, wo sich die Anlagen der Bergwerksgesellschaft Dahlbusch befanden, die 1873 von belgischen Industriellen unter Führung der Banque de Bruxelles gegründet worden war[18]. Dahlbusch beteiligte sich maßgeblich an der

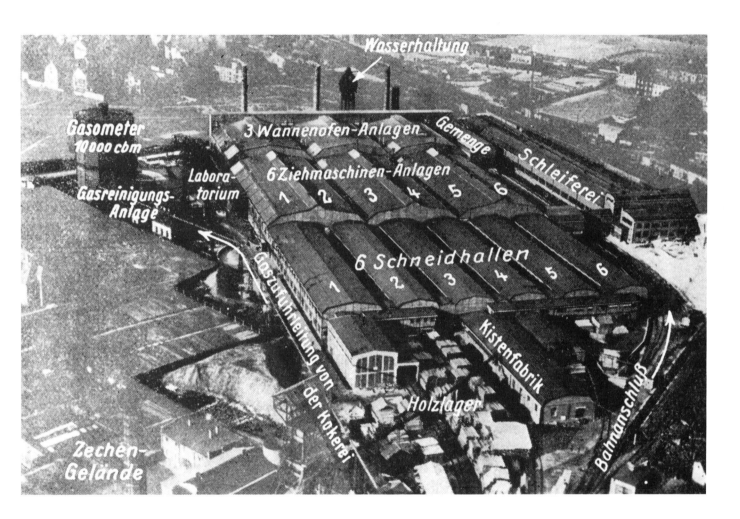

Im Bild beschriftet: Wasserhaltung · Gasometer 10000 cbm · 3 Wannenofen-Anlagen · Gemenge · Schleiferei · Laboratorium · 6 Ziehmaschinen-Anlagen 1 2 3 4 5 6 · Gasreinigungs-Anlage · Gaszuführleitung von der Kokerei · 6 Schneidhallen 1 2 3 4 5 6 · Kistenfabrik · Bahnanschluß · Holzlager · Zechen-Gelände

DELOG, da die Glasfabrik auf dem Gelände der Zeche errichtet werden sollte. Strom und Kokereigas sollte die DELOG ebenfalls von der Zeche Dahlbusch erhalten, womit sich für das Kokereigas für die Beheizung der Wannen, das bis dahin als Abfallprodukt die Umwelt belastet hatte, eine sinnvolle Verwendung gefunden hatte[19].

Im Winter 1925/26 begannen die Erdarbeiten, der erste Spatenstich erfolgte am 1. März 1926. Die für Ende 1926 geplante Inbetriebnahme wurde jedoch seit Ende 1925 von einem Rechtsstreit zwischen dem Europäischen Verband der Flaschenfabriken und den amerikanischen Inhabern der Libbey-Owens-Patente überschattet. Der Verband der Flaschenfabriken hatte 1907 für 12 Millionen RM vom Libbey-Owens Konzern die Lizenz für das revolutionäre Owens-Verfahren zur Massenproduktion von Flaschen erworben, das die Flaschenfabrikation völlig automatisierte. Der Verband behauptete nun, im gleichen Vertrag auch die Rechte an allen weiteren Verbesserungen und Erfindungen für „Glaswaren aller Art" des Libbey-Owens-Unternehmensverbands gekauft zu haben.

Glasfabrik der DELOG in Gelsenkirchen-Rotthausen. Aus dem Buch „Tafelglasindustrie" von Dr. H. Jebsen-Marwedel, 1950.

Owens Grundidee zur
Flaschenherstellung
mit Vakuum.

Eduard Drummond
Libbey, 1854—1925.

Michael Joseph
Owens, 1859—1923.

Als Irving W. Colburn in Toledo, Ohio, 1890 die Glasfabrikation und Michael J. Owens kennenlernte, wunderte er sich darüber, daß Tafelglas nicht mechanisch erzeugt wurde. Angeregt durch Owens Arbeit an einer Flaschenmaschine begann Colburn den Entwurf zu einer Zylinderblasmaschine. J. W. Lubbers kam ihm jedoch zuvor. Eine Maschine zur Papierherstellung löste bei Colburn die Idee aus, Glasscheiben ähnlich zu erzeugen. Er entwickelte ein Ziehverfahren, bei dem Glasschmelze zunächst senkrecht aus der Wanne gezogen und dann über eine luftgekühlte Biegewalze waagerecht in einen Kühlkanal geleitet wird. 1906 wurde die Colburn Machine Glass Company in Franklin, Pa. gegründet und die erste Ziehanlage aufgestellt. Die Firma mußte 1910 aus finanziellen Gründen aufgeben. Owens nahm Colburn auf. Bei der Toledo Glass Company baute Colburn eine neue Maschine, die 1913 fertig war. Sie konnte 1915 marktgerechtes Glas produzieren. Nun beschloß die Toledo Glass die Herstellung von Glas nach dem Verfahren von Colburn sowie die Vergabe von Lizenzen zum Bau der Colburn-Maschine einer eigenen Firma zu übertragen. 1916 wurde die Libbey-Owens Sheet Glass Comp. in Columbus, Ohio gegründet. Colburn erhielt 12% Anteile am Aktienkapital. Am 4. September 1917 starb Colburn in Williamstown, Mass..

DAS LIBBEY-OWENS-VERFAHREN

1

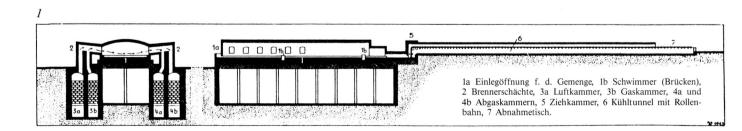

1a Einlegöffnung f. d. Gemenge, 1b Schwimmer (Brücken), 2 Brennerschächte, 3a Luftkammer, 3b Gaskammer, 4a und 4b Abgaskammern, 5 Ziehkammer, 6 Kühltunnel mit Rollenbahn, 7 Abnahmetisch.

*Irving Waightman
Colburn, 1861—1917.*

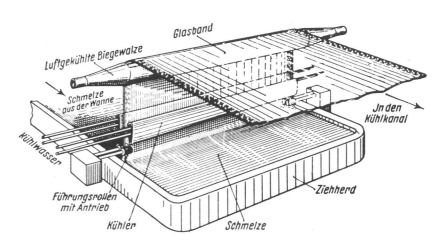

Schema des Ziehvorgangs.

1. Schematischer
   Schnitt durch eine
   Libbey-Owens-
   Anlage.
2. Anzeige für
   Colburns maschi-
   nengefertigtes Glas.

3. 65 m langer Kühl-
   kanal der Libbey-
   Owens-Ziehanlage
   der DELOG in
   Gelsenkirchen.
4. Abnahmetisch.

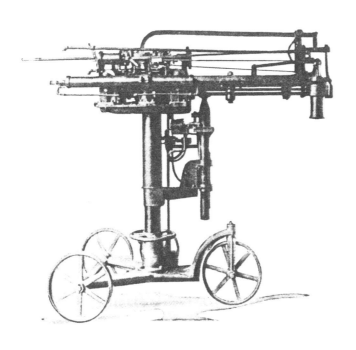

Zweite Konstruktion einer Flaschenglasmaschine von M. J. Owens, um 1900.

Der Verkauf der Lizenz an die Mécaniver stellte deshalb einen Vertragsbruch dar. Damit wurde folgerichtig auch die Rechtmäßigkeit der Unterlizenz angezweifelt, die von der Mécaniver in die DELOG eingebracht worden war. Die Befürchtungen der DELOG-Geschäftsleitung, daß die Inbetriebnahme durch eine einstweilige Verfügung gestoppt werden könnte, wurden erst im Januar 1927 durch das Gutachten einer Rechtsanwaltskanzlei zerstreut. Demnach würde die Unterlizenz der DELOG, in gutem Glauben von der Mécaniver erworben, auch dann nicht ungültig, wenn der Verkauf der Lizenz an die Mécaniver einen Vertragsbruch der Amerikaner gegenüber dem Flaschenverband dargestellt hätte. Der Verband der Flaschenfabriken könne bestenfalls wegen Vertragsbruch Entschädigung vom Libbey-Owens-Konzern verlangen. Mitte 1929 wurde die Klage des Flaschenverbandes gegen Libbey-Owens von einem amerikanischen Gericht abgewiesen[20]. Von anderer Seite erwuchsen der DELOG neue Schwierigkeiten. Auf den Libbey-Owens-Maschinen konnte damals schon bis zu 7 mm dickes Glas hergestellt werden. Die DELOG würde also nach Aufnahme der Pro-

duktion in Märkte vordringen, die bis dahin Domäne der Spiegelglasindustrie gewesen waren. Die Internationale Spiegelglaskonvention, darunter vor allem der international führende französische Spiegelglashersteller Société des Manufactures des Glaces et Produits Chimiques de Saint-Gobain, Chauney et Cirey (St. Gobain) und der belgische Glaskonzern Glaceries de St. Roch, faßte dies als Kampfansage der Mécaniver bzw. des Solvay-Konzerns auf. Der Verein Deutscher Spiegelglasfabriken (VDS), der von St. Gobain und St. Roch über deren deutsche Töchter kontrolliert wurde, gründete daraufhin im Juli 1927 die Rheinische Ziehglas AG (REZAG) in Porz bei Köln, die auf Fourcault-Maschinen vor allem Dickglas herstellen und somit der DELOG auf dem deutschen Markt entgegentreten sollte[21].

Trotz dieser Widerstände liefen die Vorbereitungen für die Aufnahme der Produktion bei der DELOG weiter. Am 7. Mai 1927 konnte der erste, am 1. September 1927 der zweite Ofen in Betrieb genommen werden. Produziert wurde Fensterglas, das bereits im ersten Jahr der Inbetriebnahme als „Delog-Glas" ein Markenbegriff wurde. Wegen der günstigen Konjunktur konnten viele Aufträge sogar nur mit langen Lieferfristen erfüllt werden. Nachdem man 1926, als die Produktion noch nicht angelaufen war, etwa eine halbe Million RM Verlust gemacht hatte, schloß das Geschäftsjahr 1927 bereits mit einem Bruttogewinn von über einer Million RM ab. Schon Ende Mai 1928 konnte ein dritter Fensterglasofen in Betrieb genommen werden. Noch bevor die DELOG im August 1928 die Produktion von Spiegelglas aus veredeltem Fensterglas aufnahm, kam es auf internationaler Ebene zu einem Ausgleich zwischen dem Solvay-Konzern und der Internationalen Spiegelglaskonvention. Daraufhin traten die DELOG und die REZAG Anfang 1928 in den kurz vorher gegründeten Verein Deutscher Tafelglashütten (VDT) und die DELOG im August in den Verein Deutscher Spiegelglasfabriken (VDS) ein. Damit waren alle großen deutschen Flachglasunternehmen in Syndikaten — VDT und VDS — zusammengefaßt, die den deutschen Markt kontrollierten[22].

DAS HÜTTENSTERBEN DER 1920ER JAHRE

Der Vorstoß der kapitalkräftigen und technisch überlegenen DELOG auf den sich im Umbruch befindlichen Markt für Flachglas war zwar nicht die Ursache für das Hüttensterben der 1920er Jahre, dürfte dieses jedoch erheblich beschleunigt haben.

Ursache war die Umstellung auf die neuen mechanischen Ziehverfahren. Aus der einen kleinen Hafenofen umfassenden Waldhütte, die bei Gelegenheit stillgelegt und anderswo neu aufgebaut werden konnte, war in nicht viel mehr als einem dreiviertel Jahrhundert ein industrieller Großbetrieb geworden. Die Kapazität einer Fourcault-Maschine lag Ende der zwanziger Jahre bei 22 500 m² im Monat, wobei die optimale Größe einer Fourcault-Anlage mit neun bis zehn Ziehmaschinen je Wanne angegeben wurde. Damit war bei voller Auslastung und ohne größere Reparaturen eine Jahresproduktion von 2,7 Millionen m² (Einheitsdicke $^4/_4$, damals 2,3 mm) möglich. Die Libbey-Owens-Anlagen der DELOG bestanden aus je zwei Ziehmaschinen mit einer monatlichen Kapazität von je 100 000 m², so daß alleine die DELOG nach der Inbetriebnahme des dritten Ofens im Sommer 1928 über eine Kapazität von 7,2 Millionen m² jährlich verfügte. Die Jahresproduktion eines großen Hafenofens hatte dagegen nur 200 000 m², die des 1910 in Weiden in Betrieb genommenen Wannenofens 700 000 m² betragen[23].

Diesem primär durch den technischen Fortschritt hervorgerufenen Sprung auf der Angebotsseite stand trotz des allgemeinen wirtschaftlichen Aufschwungs keine entsprechende Nachfrage gegenüber, weil die Entwicklung im Baugewerbe stagnierte[24]. Dies hatte zwangsläufig zur Folge, daß die Kapazitäten nicht voll genutzt werden konnten. Tafelglas war ohne Qualitätsverlust nicht beliebig lange lagerfähig[25], außerdem sprachen die hohen Kapitalkosten gegen eine Lagerung. Die Auslastung der betriebsfertigen deutschen Fourcault-Hütten lag im Dezember 1926 bei nur 29 Prozent, im Dezember 1927 bei 59 Prozent[26]. Bei den vielen kleinen Hütten wirkten sich die Überkapazitäten verheerend aus. Die Selbstkosten waren beim Mundblasverfahren höher als beim maschinellen Verfahren[27], außerdem war die Qualität des Ziehglases gleichmäßiger. Das Hüttensterben betraf daher zunächst nur die Mundblashütten.

Anzahl der Betriebe und Anteil an der Produktion der deutschen Tafelglasindustrie
1913 und 1925—1929

Jahr	Anzahl der Betriebe		mengenmäßiger Anteil an der Gesamtproduktion	
	Mundblasglas	Ziehglas	Mundblasglas	Ziehglas
1913	70	0	100%	0%
1925	56	2	98%	2%
1926	36	3	82%	18%
1927	36	8	60%	40%
1928	12	9	23%	77%
1929	10	12	9%	91%

Quelle: Ausschuß, Glasindustrie Tab. 24, Tab. 25, S. 36.

Mengen- und wertmäßiger Importüberschuß Deutschlands
an unveredeltem Tafelglas (ohne Saargebiet)

Jahr	m²	Tsd. Mark/Reichsmark
1913	79 833	− 250 M
1925	61 500	− 290 RM
1926	161 000	320 RM
1927	1 528 500	3 760 RM
1928	1 746 667	3 680 RM
1929	1 702 167	3 255 RM

Quelle: Ausschuß, Glasindustrie, Tab. 51, S. 80. Die Mengenangaben wurden nach der bis 1942 gängigen Formel, wonach 1 m² ED = 6 kg entsprechen, umgerechnet.

Auch für die Arbeiterschaft stellte diese Entwicklung ein großes Problem dar. Viele Arbeiter verloren wegen der Stillegung „ihrer" Hütte, mit der ihre Familie oft schon seit Generationen verbunden war, ihre Beschäftigung und damit — soweit es sich um Glasmacher handelte — ihre innerhalb der Industriearbeiterschaft privilegierte Stellung. 1913 waren 7 510, 1925 waren 8 105 und 1929 nur noch 4 235 Arbeiter in der deutschen Tafelglasindustrie beschäftigt. Fast die Hälfte der Arbeitsplätze in der deutschen Tafelglasindustrie ging also verloren, wobei allerdings neben der Mechanisierung auch der erhebliche Anstieg des Importüberschusses verantwortlich war.

Für diejenigen, die ihren Arbeitsplatz behielten, bedeutete der Übergang zur Maschinenproduktion eine gewaltige Umstellung. Die Tätigkeit der Walzenmacher, die bis dahin die Glaszylinder geblasen hatten, entfiel völlig. Die Walzenmacher wurden daher zum Teil auf die Bedienung und Überwachung der neuen Ziehmaschinen oder andere Tätigkeiten umgeschult. Dies bedeutete einerseits den Verzicht auf eine handwerklich sehr anspruchsvolle Tätigkeit und den entsprechenden Status, was gerade älteren Glasmachern schwerfiel.

Andererseits war dies auch das Ende der gesundheitlichen Schäden, die durch die Arbeit am Ofen — trotz aller seit Ende des 19. Jahrhunderts eingeführten Verbesserungen —

ausgelöst wurden. Neben dem direkten Einfluß durch die Hitze (viele Glasmacher hatten verbrannte Nasen und Hände) führte dies auch zu einem übermäßigen Konsum an kalter Flüssigkeit — fast immer Bier — und damit zu Krankheiten im Hals- und Verdauungsbereich. Der Kontakt mit der Pfeife übertrug auch ansteckende Krankheiten und nutzte die Schneidezähne ab. Durch das Blasen und den Wechsel vom heißen Ofen zu den kühleren Teilen der Hütte stieg die Anfälligkeit des Glasmachers für Lungenkrankheiten. Dies galt besonders für die kleineren Hütten, die nicht über die Mittel für Verbesserungen am Arbeitsplatz verfügten[28].

Insgesamt bedeutete die Mechanisierung für diejenigen Arbeiter, die ihren Arbeitsplatz nicht verloren, einen Statusverlust, der aber durch erhebliche Verbesserungen der Arbeitsbedingungen kompensiert wurde. Finanziell waren die Arbeiter an den Ziehmaschinen nicht besser gestellt als beim Mundblasverfahren, ihr Arbeitsplatz war jedoch etwas sicherer[29].

Von den Vorläufern der FLACHGLAS AG war die Tafel-Salin das kleinste, vom technischen Standpunkt gesehen das am wenigsten entwickelte Unternehmen. Während Crengeldanz und die Saarhütten dabei waren, das Fourcault-Verfahren in Deutschland einzuführen, wollte die Tafel-Salin wie die meisten mittelgroßen und kleinen Unternehmen der deutschen Tafelglasindustrie abwarten, bis die Fourcaultschen Patente 1929 ablaufen würden.

Im Jahr 1922 wurde nach dem Tod von Heinrich Kupfer Dr. Otto Seeling (1891 bis 1955) in den Vorstand der Tafel-Salin berufen. Seeling hatte sich aus kleinsten Verhältnissen emporgearbeitet. Er brachte es fertig, neben seiner Arbeit, von der er nach dem frühen Tode seiner Eltern auch seine Schwester zu ernähren hatte, Abendschule und Studium der Wirtschafts- und Rechtswissenschaften erfolgreich zu absolvieren. Aufgrund seiner Führungsqualitäten gewann Seeling nicht nur im Vorstand der Tafel-Salin schnell die Oberhand, sondern errang binnen eines Jahrzehnts innerhalb der deutschen Glasindustrie eine überragende Stellung.

Er erkannte, daß es ein Fehler gewesen war, 1921 den Erwerb der Fourcault-Lizenz abzulehnen und daß die Tafel-Salin nicht auf den Ablauf der Patente warten dürfe. Schon im April 1925 schlug er — allerdings ohne Erfolg — dem Aufsichtsrat vor, die Libbey-Owens-Unterlizenz, die zu diesem Zeitpunkt noch von der Mécaniver angeboten wurde, zu erwerben[30]. Nach der Gründung der DELOG im Oktober kam nur noch das Fourcault-Verfahren in Frage. Die sofortige Umstellung würde jedoch durch den notwendigen Erwerb der Unterlizenz Kosten verursachen, die von der Konkurrenz ab 1929 eingespart werden könnte. Erschwerend kam hinzu, daß die im Krieg und in der Nachkriegszeit gebildeten Rücklagen der Tafel-Salin durch die Inflation entwertet worden waren. Dr. Seeling hielt den technischen Vorsprung, den die Tafel-Salin durch Erwerb der Fourcault-Lizenz vor der Konkurrenz haben würde, für ausschlaggebend und entschloß sich daher, die Unterlizenz möglichst bald zu erwerben. Nachdem die Produktion der Fourcault-Hütten an der Saar und in Witten nach längeren Problemen zufriedenstellend angelaufen war und die Geschäftsentwicklung der Tafel-Salin in den Jahren 1925 und 1926 sowie im ersten Halbjahr 1927 positiv verlaufen war, erwarb die Tafel-Salin von der Vereinigte Vopelius'sche und Wentzel'sche Glashütten GmbH, die auch die Interessen der Glasfabrik Crengeldanz und der Lautzentaler Glashütten GmbH vertrat, Anfang August 1927 eine Fourcault-Unterlizenz zum Preis von 185 000 RM. Die Tafel-Salin durfte sechs Ziehmaschinen im Weidener Werk aufstellen und einige Ingenieure und Arbeiter in die Hütte der Vertragspartner schicken, um das Verfahren zu erlernen. Außerdem wurde ihr zugesichert, daß keine weitere Hütte in Süddeutschland eine Unterlizenz erhalten würde[31].

Der Bau der Fourcault-Anlage brachte die Tafel-Salin an die Grenze ihrer finanziellen Leistungsfähigkeit. Neben einer im Mai 1927 beschlossenen Kapitalerhöhung von 2,1 auf 3 Millionen RM nahm die Tafel-Salin ein Hypothekar-Darlehen über eine halbe Million RM und somit erstmals Fremdkapital in

Dr. Otto Seeling, 1891-1955.

größerem Umfang auf. Im Januar 1928 begann auf der neuen Anlage die Produktion von Fensterglas in der erhofften Qualität. 1929 kamen zu den sechs Ziehmaschinen noch drei weitere hinzu. Damit war die nur mittelgroße Tafel-Salin in den exklusiven Kreis der technisch fortschrittlichsten deutschen Maschinenhütten eingetreten[32].

Parallel zur Mechanisierung des Weidener Werks betrieb Dr. Seeling ein weiteres, ebenso ehrgeiziges Projekt. Es war offensichtlich, daß sich die Fensterglasindustrie auch nach Überwindung der Nachkriegswirren wegen der Umrüstung auf die neuen mechanischen Verfahren weiterhin in einer Krise befand. Für die Hütten, und zwar auch für die mit Ziehmaschinen ausgerüsteten, schlug sich dies in einem Verfall der Preise nieder, der den Gewinn und damit tendenziell auch die Dividende drückte. Die Tafel-Salin hatte vom Geschäftsjahr 1899/1900 bis 1913/14 eine durchschnittliche Dividende von etwas über 8 Prozent, von 1910/11 bis 1913/14 sogar konstant von 10 Prozent ausschütten können. Bedingt durch die Inflation waren die Dividen-

Farben- und Zeichenerklärung

GRÜN	• 1 - 55	Glassand-
	+ 1 - 13	Glashafenton- · Vorkommen
	o 1 - 774	Kalk-
Schwarz	⬭	Steinkohlenbezirke
ROT	⬭	Braunkohlenbezirke
ROT	⬙ 1-279	Hohlglas- und Preßglashütten
BLAU	⬙ 1 - 65	Tafelglashütten
ROT	⬙ 1 - 46	Flaschenhütten
BLAU	⬙ 1 - 23	Guß- und Spiegelglashütten

Ausschnitt aus der Karte der Rohstoffe und Standorte der Deutschen Glasindustrie, 1926.

Herausgeber: Preußische Geologische Landesanstalt und Deutsche Glastechnische Gesellschaft, Frankfurt a. Main. Die gesamte Karte verzeichnet 219 Hohlglas- und Preßglashütten, 65 Tafelglashütten und 23 Spiegel- und Gußglashütten.

KARTE DER ROHSTOFFE UND STANDORTE DER DEUTSCHEN GLASINDUSTRIE 1926

den von 1915/16 bis 1921/22 sogar zweistellig, 1922/23 betrug sie 400 Prozent. Der rechnerische Gewinn von 293.170,78 Billionen Mark 1923/24 wurde nicht ausgeschüttet. Nach der Währungsreform lagen die Dividenden mit 5 Prozent (1924), 6 Prozent (1925), 7 Prozent (1926) und 5 Prozent (1927) weit unter dem Durchschnitt der Vorkriegszeit[33].

Der Grund für den Preisverfall lag natürlich in den Überkapazitäten, denn jede neu errichtete Maschinenanlage produzierte ein Mehrfaches der dadurch ersetzten konventionellen Anlage. Dr. Seeling dachte daher an einen kartellmäßigen Zusammenschluß der Fensterglashütten, so wie er von 1907 bis 1912 schon einmal bestanden hatte. Damals war dies jedoch unter anderem daran gescheitert, daß die kleinen, nach dem unwirtschaftlicheren deutschen Mundblasverfahren arbeitenden Hütten im Osten Deutschlands nicht mit den großen Hütten im Westen, die das effektivere rheinische Verfahren vorzogen, mithalten konnten.

Mitte der 1920er Jahre stand man insofern vor einer ähnlichen Situation, als die mechanischen Verfahren kostengünstiger als das Mundblasverfahren waren. Jetzt war die Position der technisch und kapitalmäßig überlegenen Ziehglashütten jedoch so stark, daß man versuchen konnte, über ein gemeinsames Syndikat die Außenseiter auszuschalten. Es gelang Dr. Seeling, alle deutschen Fourcaulthütten am 29. Dezember 1927 zum Verein Deutscher Tafelglashütten GmbH (VDT) mit Sitz in Frankfurt/Main zusammenzuschließen. Als am 1. Februar 1928 mit der DELOG auch der größte deutsche Fensterglasproduzent dem VDT beitrat, konnte das Syndikat dem Preisverfall wirksam entgegentreten, indem es die Produktion über Quoten kontingentierte.

Glasmacher bei der Arbeit in einer Glashütte an der Saar. Flachglasherstellung im Mundblasverfahren. Die geblasenen Glaszylinder wurden aufgeschnitten und zu Tafeln gestreckt.

Die 1928 im VDT zusammengeschlossenen deutschen Ziehglashütten (Fourcault und Libbey-Owens betriebsfertige Maschinen)

— Deutsche Libbey-Owens-Gesellschaft für maschinelle Glasherstellung AG, Gelsenkirchen (Libbey-Owens, 6)
— Gebr. Müllensiefen, Witten (Fourcault, 14, davon 4 als Ersatzmaschinen)
— Vereinigte Vopelius'sche und Wentzel'sche Glashütten GmbH (Fourcault, 10)
— Torgauer Glashütten AG, Torgau (Fourcault, 9)
— Lautzentaler Glashütten GmbH, St. Ingbert (Fourcault, 8)
— Richardhütte AG für Glasfabrikation, Sulzbach (Fourcault, 6)
— Tafel-Salin und Spiegelglas-Fabriken AG, Fürth (Fourcault, 6)
— Rheinische Ziehglas AG, Porz (Fourcault, 6)
— Gewerkschaft Kunzendorfer Werke, Kunzendorf N.L. (Fourcault, 4)

Quelle: Ausschuß, Glasindustrie, Tab. 27, S. 39.

Das Aktienkapital der 1924 gegründeten Torgauer Maschinenhütte lag zu je 25 Prozent bei der Familie Vopelius, die das Unternehmen führte, bei St. Gobain und St. Roch, beide international tätige Spiegelglaskonzerne, und der Ersten Böhmischen Glasindustrie AG in Bleistadt/Tschechoslowakei. Die Gründung der Torgauer Hütte stellte den Beginn ausländischer Aktivitäten in der deutschen Tafelglasindustrie dar. Von Torgau aus, das östlich von Leipzig an der Elbe liegt, sollte der Markt in Mittel- und Ostdeutschland mit Fensterglas bedient werden[34]. Auch die DELOG, der der Absatz von auf Libbey-Owens-Maschinen gezogenem Glas im Ausland aufgrund der Lizenzvereinbarungen mit der Mécaniver untersagt war, sicherte sich einen Stützpunkt im Osten Deutschlands. Durch Kauf von 50 der insgesamt 100 Kuxen (Gesellschaftsanteile einer bergrechtlichen Gewerkschaft) trat sie mit Wirkung vom 1. Januar 1930 als Großaktionär bei der Gewerkschaft Kunzendorfer Werke in Kunzendorf (Niederlausitz) ein[35].

Einen entscheidenden Wettbewerbsvorteil errang der VDT am 1. Mai 1928 durch den Abschluß eines Gegenseitigkeitsvertrages mit dem „Reichsverband des Deutschen Flachglas-Großhandels e. V." in Berlin. Der Verband verpflichtete sich, Fensterglas nur vom VDT zu beziehen, umgekehrt belieferte der VDT nicht die außerhalb des Verbandes stehenden Flachglasgroßhändler. Damit hatte Dr. Seeling den ersten Schritt zu einer Neuordnung des Flachglasmarkts in seinem Sinne getan[36].

Die Kapazitäten der im VDT zusammengeschlossenen Hütten reichten völlig aus, den gesamten deutschen Markt zu decken. Dennoch rüsteten in Verkennung der Marktsituation einige Mundblashütten nach Ablauf der Patente 1929 noch auf das Fourcault-Verfahren um. Ein Teil dieser mit einer Ausnahme in Ostdeutschland errichteten Hütten wurde sogar mit öffentlichen Mitteln subventioniert. Die Gesamtkapazität der deutschen Maschinenhütten wurde damit erneut vergrößert. Dies führte zur Verdrängung der letzten Mundblashütten vom Fensterglasmarkt. In diesem Jahr — 1929 — wurden nur noch knapp 4 Prozent des in Deutschland produzierten Fensterglases von Mundblashütten hergestellt. Das Hüttensterben schien damit abgeschlossen[37].

Richard-Hütte, 1926.

127

DIE ENTSTEHUNG DER DETAG 1932

1929 begann die Weltwirtschaftskrise, ausgelöst durch den „Börsenkrach" am 25. Oktober. Sie hatte in Deutschland zwar zunächst nicht das Ausmaß wie in den USA, verschärfte sich aber seit der Bankenkrise vom Frühsommer 1931. Die Jahre 1931 und 1932 bildeten den Tiefpunkt der wirtschaftlichen Entwicklung. Die Bautätigkeit jedoch war schon seit 1928 zurückgegangen. 1930 betrug sie 72%, 1931 noch 37% und 1932 nur noch 31% des Werts von 1927[38].

Nachdem sich die Geschäftsanteile der Tafel-Salin drei Jahrzehnte überwiegend in Privatbesitz befunden hatten, erwarb zwischen 1929 und 1931 St. Gobain die Aktienmehrheit. Dadurch war die Tafel-Salin nun kapitalmäßig mit der Spiegelglasindustrie verbunden, an deren deutschem Syndikat, dem VDS, St. Gobain mit 46 Prozent ebenfalls maßgeblich beteiligt war. Im Zuge einer Abgrenzung der Produkte verkaufte die Tafel-Salin mit Wirkung zum 1. Januar 1930 ihr Mitterteicher Werk, in dem neben mundgeblasenem Tafelglas Spezialgläser (optisches Glas, Kugel-, Uhren-, Trockenplatten-, Diapositiv-, Schockspiegelglas[39]) hergestellt wurden, an die Deutsche Spiegelglas AG in Grünenplan (bei Alfeld südlich von Hannover). Damit war die Tafel-Salin nun völlig auf den Absatz von Fensterglas angewiesen[40].

Eine bedeutende Änderung ergab sich im Juli 1930 auch für die Glasfabrik Crengeldanz. Die Essener Steinkohlebergwerke AG, die das Koksgas an die Glasfabrik lieferte, fusionierte im März/April 1930 mit der zum Siemens-Konzern gehörenden Gelsenkirchener Bergwerks-AG (GBAG) unter Beibehaltung von deren Firma. Nachdem sich die Verbindlichkeiten der Glasfabrik Crengeldanz gegenüber der GBAG auf 850 000 RM beliefen, wurde das Unternehmen in eine Aktiengesellschaft umgewandelt.

Die GBAG übernahm die bis dahin der Gebr. Müllensiefen OHG gehörende Glasfabrik Crengeldanz und brachte sie in die Ruhrtaler Glashütte ein. Diese betrieb die Hütte unter der Firma Glasfabrik Crengeldanz Aktiengesellschaft, Witten/Ruhr-Crengeldanz. An dem neuen Unternehmen waren die Müllensiefens nur noch mit 20 Prozent beteiligt, stellten aber weiter den Vorstand. Die Umwandlung in eine Aktiengesellschaft brachte zwar neues Kapital in das Unternehmen, konnte jedoch nichts daran ändern, daß sich die Situation des Unternehmens wegen der sich verschlechternden allgemeinen wirtschaftlichen Lage kaum verbesserte[41].

Aufgrund der mangelnden Nachfrage und der deflationistischen Wirtschaftspolitik des Reichskanzlers Brüning sanken die Preise für Flachgläser bis unter das Niveau von 1913 und wurden sogar durch staatliche Notverordnungen noch weiter herabgesetzt. Die Glasfabrik Crengeldanz erwirtschaftete 1930 einen Gewinn von nur 1 600 RM, 1931 einen Verlust von über 70 000 RM.

Die DELOG litt — finanziell gesehen — nicht ganz so stark unter der Krise, mußte aber 1931 zeitweilig zwei ihrer drei Libbey-Owens-Anlagen außer Betrieb nehmen. Sie konnte 1930 einen Gewinn von etwa einer halben Million RM und 1932 von etwa 180 000 RM erzielen, mußte aber 1931 freie Rücklagen auflösen, um nicht einen Verlust ausweisen zu müssen. Auch die Tafel-Salin schloß das Geschäftsjahr 1931 mit einem geringen Betriebsverlust ab[42].

Da ein Ende der Krise weder in Deutschland noch weltweit abzusehen war, mußte die Produktion der im VDT zusammengeschlossenen Werke koordiniert werden, um dem fortschreitenden Preisverfall wirksam entgegentreten zu können. Der VDT entschloß sich deshalb zu Betriebsstillegungen, deren erstes

In den Jahren 1928—29 begann in Kunzendorf die Entwicklung eines Sicherheitsglases, dessen Herstellung die im August 1930 gegründete Firma Sigla GmbH in Kunzendorf/Niederlausitz übernahm. Günter Pusch berichtete darüber 1970: „Sicherheitsglas wurde folgendermaßen hergestellt: Zwischen zwei Glasscheiben wurde eine Zelluloid-Scheibe gelegt in der gleichen Größe; dann wurden die 3 Teile (2 × Glas, 1 × Zelluloid) zusammengelegt, in einen Behälter gestellt, der an den Seiten aus aufblasbaren Gummi-

BMW 326 Limousine, 1936—41
Foto: BMW AG

kissen bestand und gefüllt war mit Aceton. Durch Anlösung des Zelluloid und durch Druck der aufgeblasenen Gummischeibe verband sich Glas und Zelluloid. Diese Scheiben wurden als Sicherheitsglas geliefert."
Seit 1933 wurde Sigla-Verbundsicherheitsglas, nach Abschluß eines Lizenzvertrages mit der Firma Röhm & Haas GmbH, nach dem sogenannten A-Verfahren mit Plexigum hergestellt. Dabei wurde das Plexigum in einer Dicke von 0,5 mm auf eine gereinigte Scheibe aufgegossen. Das Abfließen wurde

Mercedes-Benz Cabriolet, 1934—42
Foto: Daimler-Benz AG

durch Umkleben der Scheibenränder mit Papier verhindert. Die beschichteten Scheiben kamen horizontal gelagert in Regale zum Abzug der Lösungsmittel. Später wurde die Plexigum-Flüssigkeit über breite, verstellbare Düsen aufgebracht. Auf die beschichtete Grundscheibe wurde eine zweite gereinigte Scheibe gelegt und in einer hydraulischen, beheizten Presse verbunden.
Dieses A-Verfahren wurde durch das B-Verfahren abgelöst. In einen durch Distanzierungsplättchen zwischen zwei Glasscheiben entstandenen Hohlraum, der an den Seiten durch Klebepapier abgedichtet war, wurde fertige Plexigumlösung (einschl. Härter) eingefüllt, bis zu etwa $^1/_3$ Höhe der Scheibe. Danach wurde die Scheibe umgelegt, damit sich die Flüssigkeit in dem ganzen Hohlraum gleichmäßig verteilen konnte. Der Verschluß

der Einfüllöffnung erfolgte, sobald der ganze Hohlraum ausgefüllt war. Zur Erhärtung der Zwischenschicht wurden die Scheiben etwa 12 Stunden in einem Abbindeofen horizontal belassen. Da Plexigum in der benötigten Menge nicht zu beschaffen war, mußte die Sigla ausweichen auf Vinnapaslösung, hergestellt von Wacker, Burghausen. Nach der Gründung des Zweigwerkes der SIGLA GmbH in Wernberg/Oberpfalz, 1938, wurde dort die SIGLA-Fertigung aufgenommen. Heute werden zwei oder mehrere Glasscheiben durch hochelastische Kunststoffschichten in einem Walzverfahren verbunden. Anschließend kommt dieser Vor-Verbund in einen Autoklaven, wo er unter Druck und Hitze endgültig verbunden wird.

Einlegen einer Folie

Aufgießen von Plexigum (A-Verfahren)

Alte Verbundglaspresse

ENTWICKLUNG DES SIGLA-VERBUNDSICHERHEITS-GLASES

Zu den veredelten Gläsern gehörten bald auch Windschutzscheiben für die Automobilindustrie, ein zwar aufstrebender, aber damals noch nicht so bedeutender Zweig des Maschinenbaus. Da es bei Unfällen immer wieder zu schweren Verletzungen kam (besonders auch der Augen), suchte die Industrie weniger gefährliche Scheiben. In Kunzendorf entwickelte man daraufhin ein Verbundsicherheitsglas, das SIGLA genannt wurde und einen bedeutenden Fortschritt in der Entwicklung von Glasspezialprodukten in Deutschland darstellte. SIGLA bestand aus zwei Scheiben, zwischen denen sich eine dünne Kunststoffschicht (Plexigum) befand. Beim Aufprall eines Gegenstands auf die Scheibe zersplitterte sie zwar, die Glaspartikel jedoch blieben auf der Folie haften, so daß die Verletzungsgefahr stark reduziert wurde. SIGLA wurde plan und später auch gebogen hergestellt.

Bevor die DELOG 1930 die Hälfte der Kuxe der Gewerkschaft Kunzendorfer Werke erwarb, wurde der Sicherheitsglasbetrieb ausgegliedert und in die neugegründete Firma SIGLA-Kunzendorf eingebracht. An dieser waren Schiedt, Najork und Hildebrand beteiligt. Auch nach der Übernahme der Gewerkschaft Kunzendorfer Werke durch die DETAG, 1932, blieb SIGLA-Kunzendorf selbständig. Die Entwicklung des Automobils wurde von der nationalsozialistischen Regierung stark gefördert und so fand SIGLA besonders nach 1933 guten Absatz. 1938 konnte deshalb ein Zweigwerk in Wernberg, etwa 20 km südlich von Weiden, errichtet werden[49].

Die beiden Glasverarbeitungsbetriebe der DETAG in Fürth und Kunzendorf wurden im Zuge einer organisatorischen Umgestaltung an die zu diesem Zweck am 17. Juni 1932 gegründete Flachglasbearbeitungs-Gesellschaft mbH (Flabeg) mit Sitz in Fürth verpachtet[50]. Mit der Fusion zur DETAG übernahm de facto die Tafel-Salin, die bis zur Übernahme des Vorstands durch Dr. Otto Seeling 1922 ein eher unbedeutendes Unternehmen gewesen war, eines der größten und traditionsreichsten deutschen Flachglasunternehmen im Westen, die Glasfabrik Crengeldanz, und die moderne Glashütte der Gewerkschaft Kunzendorfer Werke im Osten Deutschlands. Die DETAG kontrollierte über eine 100prozentige Beteiligung an der Vereinigte Vopelius'sche und Wentzel'sche Glashütten GmbH, die ihrerseits die Anteile der Lautzentaler Glashütte GmbH besaß, auch die Tafelglasproduktion im Saargebiet und sicherte sich über die Flabeg einen Teil ihres Absatzes.

Das riskante Unterfangen Dr. Seelings, nur ein knappes Jahr vor Ablauf der Fourcault-Patente gegen den guten Rat vieler Freunde in Weiden eine Fourcault-Anlage in Betrieb zu nehmen, erwies sich somit im nachhinein als richtig. Denn während diejenigen Unternehmen, die erst nach 1929 Fourcault-Anlagen errichtet hatten, Anfang der 30er Jahre entweder schon wieder eingegangen waren oder als relativ bedeutungslose Außenseiter weiterexistierten, war die Tafel-Salin aufgrund ihrer verhältnismäßig soliden finanziellen Lage zu einem der bedeutendsten Unternehmen der deutschen Glasindustrie, der DETAG, aufgestiegen.

Ende des Jahres 1932 dominierten nur noch drei Unternehmen auf dem deutschen Tafelglasmarkt: die DELOG in Gelsenkirchen, die DETAG in Fürth und die REZAG in Porz. Der Konzentrationsprozeß in der deutschen Tafelglasindustrie hatte nun seinen Abschluß gefunden.

SIGLA-Werk in Wernberg.

DELOG UND DETAG 1933 BIS 1945

Die Fusion zur DETAG als Reaktion auf die Weltwirtschaftskrise war zu einem Zeitpunkt erfolgt, als die Krise in Deutschland auf ihrem Höhepunkt war. Während den der Fusion vorausgehenden Transaktionen wurden wegen des schlechten Absatzes von April bis Juli 1932 umfangreiche Reparaturen am Weidener Werk vorgenommen. Die Produktion ruhte in dieser Zeit. Durch zu hohe Selbstkosten und außerordentlich hohe Lagerbestände mußte auch die Glasfabrik Crengeldanz stillgelegt werden. Im Herbst setzte jedoch eine Belebung der Nachfrage ein, der man allerdings zuerst mit Skepsis begegnete.

Die Zahl der gemeldeten Arbeitslosen lag im Winter 1932/33 wie im Jahr zuvor bei etwas über 6 Millionen. Die politische Situation war durch eine zunehmende Polarisierung der politischen Parteien gekennzeichnet, so daß keine regierungsfähigen demokratischen Mehrheiten gebildet werden konnten. Die beiden letzten Reichskanzler vor Hitler, von Papen und Schleicher, mußten wie ihr Vorgänger Brüning mit Notverordnungen regieren.

Die Machtübernahme durch die Nationalsozialisten, deren erstem Kabinett nur drei Mitglieder der NSDAP und mit dem Deutschnationalen Hugenberg ein Reichswirtschaftsminister aus Kreisen der Industrie angehörten[51], wurde deshalb von Teilen der Wirtschaft zunächst wohlwollend aufgenommen. Allgemein erhoffte man sich eine Stabilisierung der politischen und wirtschaftlichen Si-

Glasfabrik Weiden, 1935.

Auf dem neu gebauten Autobahnstück Darmstadt—Frankfurt a. Main fuhr Rudolf Caracciola mit dem Mercedes-Benz-W-125-Rennwagen am 28. 1. 1938 den bis heute nicht gebrochenen Rekord auf Verkehrsstraßen. Foto: Daimler-Benz AG

tuation. Die Nationalsozialisten wurden zunächst zweifellos unterschätzt, die politischen Konsequenzen der Machtübernahme übersehen oder verdrängt. Letzteres fiel um so leichter, als 1933 ein wirtschaftlicher Aufschwung einsetzte, der nicht ganz zu Unrecht mit den ersten Maßnahmen der neuen Regierung in Verbindung gebracht wurde.

Zu diesen ersten Maßnahmen gehörten unter anderem auch Steuererleichterungen für die Bauindustrie, Ehestandsdarlehen und eine großzügige Förderung des Automobilwesens, z. B. durch den — allerdings schon vor 1933 geplanten — Bau der ersten Autobahnen[52]. Vor allem die Ehestandsdarlehen hatten einen günstigen Einfluß auf den Baumarkt und die Möbelindustrie, die ihrerseits Spiegel und Glasplatten benötigte. Daher begrüßten sowohl die DELOG als auch die DETAG, die 1933 bereits beide wieder Gewinne erwirtschaften konnten, in ihren Geschäftsberichten die Wirtschaftspolitik der neuen Regierung[53].

Sehr bald zeigte sich jedoch, daß der wirtschaftliche Aufschwung seinen Preis hatte, denn der Staat griff besonders seit 1936 immer stärker in die Unternehmens- und Verbandspolitik ein. Die Wirtschaftspolitik des nationalsozialistischen Deutschlands wurde von Anfang an stark von außenpolitischen Zielen bestimmt. Durch Expansion in den Osten und Südosten Europas sollte dem deutschen Volk „Lebensraum" verschafft werden. Auf friedlichem Wege war dieses Ziel nicht zu erreichen und so wurde eine kriegsvorbereitende Rüstungsindustrie gefördert. Zudem sollte die Wirtschaft autark sein, um im Kriegsfalle nicht auf Importe angewiesen zu sein.

Es kam deshalb zu noch stärkeren Eingriffen in die Wirtschaft als in der Wirtschaftskrise, die der Machtübernahme vorangegangen war. Eine wichtige Funktion spielten dabei die Kartelle, die in vielen Branchen seit den 1880er Jahren errichtet worden waren und auch in der Weimarer Republik fortbestanden. Stark kartellisierte Branchen waren aus Sicht des Staates leichter zu steuern, da der Staat es so mit weniger Ansprechpartnern zu tun hatte. Kartell-Mitglieder unterwarfen sich sogar ja freiwillig einer Organisation und traten ihr bestimmte Rechte, etwa die Freiheit der Preisgestaltung und die Höhe der Produktion, ab. Das Kartell ersparte es dem Staat außerdem, eine eigene Zwangsorganisation zu errichten[54].

Insofern hätte die Organisation der deutschen Tafelglasindustrie, die durch den VDT, den VDS und einige weitere Syndikate für Spezialprodukte einen hohen Kartellisierungsgrad aufwies, den Vorstellungen des Reichswirtschaftsministeriums entsprechen müssen. Sehr zum Leidwesen des Reichswirtschaftsministerium wurden jedoch sowohl der VDT als auch ganz besonders der VDS von ausländischem Kapital kontrolliert. Die drei führenden deutschen Tafelglasunternehmen und fast alle Unternehmen der Spiegelglasindustrie wurden mehrheitlich von belgischen und französischen Unternehmen beherrscht. Die DELOG war über die Mécaniver und Dahlbusch zu ca. 90 Prozent in Händen der belgischen Mutuelle Solvay. An der DETAG waren St. Gobain mit 42 Prozent und über die Beteiligung der DELOG wiederum der Solvay-Konzern mit einem Drittel beteiligt. Die REZAG schließlich war als Gründung des VDS, in dem St. Gobain und der mit ihr verbundene belgische St. Roch-Konzern dominierten, sogar zu 95 Prozent in ausländischer Hand[55].

Im Mai 1933 kam es zur ersten Auseinandersetzung zwischen dem VDT und der NSDAP bzw. der Nationalsozialistischen Betriebszellenorganisation (NSBO), die nach der Zerschlagung der Gewerkschaften Anfang Mai für kurze Zeit deren Rolle, allerdings im Sinne der NSDAP, übernommen hatte. Mitte Mai 1933 wurde diese Aufgabe von der Deutschen Arbeitsfront (DAF) übernommen, in der Arbeitnehmer und Arbeitgeber zwangsweise vereinigt wurden[56].

Das Werk in Crengeldanz war im Juni 1932 stillgelegt worden, weil es, verglichen mit Weiden und Kunzendorf, mit zu hohen Selbstkosten arbeitete. Außerdem hatte Gebr. Müllensiefen in falscher Einschätzung des Marktes das Glas in Maße schneiden lassen, die nicht mehr gefragt waren und daher gelagert werden mußten.

Anfang Mai 1933 sollten einige während des Produktionsstillstands nicht benötigten Instrumente in andere Werke gebracht und ein Teil des nicht mehr verkaufsfähigen Glases zerschlagen werden, um Lagerkosten zu vermeiden. Dies nahmen die NSDAP und die NSBO, die sich als Ersatz für die freien Gewerkschaften bei den Arbeitern zu profilieren versuchte, zum Anlaß, von Sabotage und Demontierung des Wittener Werks zu sprechen und das Werk vorübergehend zu besetzen. In den folgenden Wochen entspann sich eine von den Nationalsozialisten sehr emotional geführte Diskussion, die teilweise mit Gewaltandrohung geführt wurde. Im Laufe der Auseinandersetzung wurde der DETAG und dem VDT deutlich klargemacht, daß es nicht nur um die geforderte Wiederinbetriebnahme von Crengeldanz ging, sondern vielmehr auch um die Beherrschung der deutschen Flachglasindustrie durch ausländische „Trusts".

Nach langen Diskussionen im VDT, dessen Mitglieder von der gleichgeschalteten Presse stark angegriffen wurden und vom Reichswirtschaftsministerium keinerlei Unterstützung erwarten durften, sah sich der VDT ge-

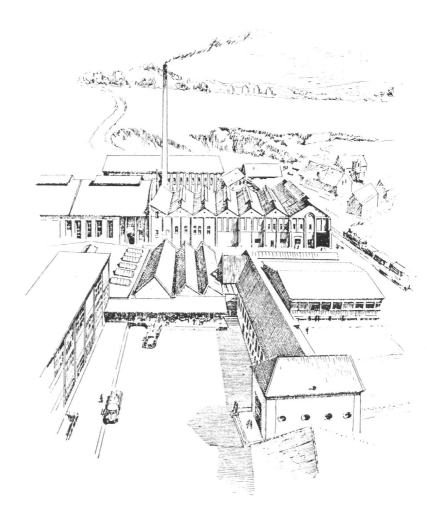

Werk Witten-Crengeldanz, 1936.

Urkunde über den Abschluß eines neuen Gesellschaftsvertrags des Verein Deutscher Tafelglashütten GmbH (VDT), Frankfurt a. Main, am 14. 10. 1937. Für die DELOG unterzeichnete Dr. H. Lüthgen, für die DETAG Dr. O. Seeling, für die REZAG Dir. E. Schmit und für die Vereinigte Vopelius'sche und Wentzel'sche Glashütten GmbH Leo Wentzel zu Amerland (Bild unten). Zugleich wurde eine Straf- und Schiedsgericht-Ordnung vereinbart, die außer den bereits genannten von Dr. Richard Steiner und Assessor Karl Holstein unterzeichnet wurden.

zwungen, das Werk Witten entgegen allen wirtschaftlichen Überlegungen bereits im September 1933 — lange bevor der Fensterglasmarkt das hierfür erforderliche Volumen erreicht hatte — wieder in Betrieb zu nehmen. Ermöglicht wurde dies der DETAG nur, weil die anderen Mitglieder des VDT sich bereit erklärten, Teile ihrer Quoten zeitweise an die DETAG zu verpachten. Man sah sich zu dieser Lösung gezwungen, um noch stärkeren Eingriffen in die Politik des VDT bzw. dem Ersatz desselben durch ein Zwangskartell vorzubeugen[57].

Die Wiederinbetriebnahme des Werks in Witten und die damit verbundenen Probleme um die Neuaufteilung der Quoten im VDT machten deutlich, daß auch der Export stärker koordiniert werden mußte. Der VDT war schließlich nur für den Inlandsabsatz zuständig, während der Export bis dahin bei den einzelnen Unternehmen gelegen hatte. Mit Ausnahme der Inflationszeit hatte der Export nie eine besonders große Rolle in der deutschen Tafelglasindustrie gespielt, da die Kostenvorteile der belgischen und tschechischen Konkurrenz zu groß waren.

Durch die Mechanisierung seit 1925 hatten die Tafelglashütten fast jeglichen Spielraum in bezug auf die vorhandenen Kapazitäten verloren. Während man beim arbeitsintensiven Mundblasverfahren und den frühen Gußglasverfahren die Beschäftigung je nach Auftragslage innerhalb eines bestimmten Rahmens variieren konnte, so war dies für die neuen Ziehglashütten nicht mehr so kostengünstig möglich. Es bestand allenfalls der Ausweg, einzelne Wannen stillzulegen oder die Anzahl der Ziehmaschinen pro Wanne zu verändern. Ansonsten blieb nur die Möglichkeit, das überschüssige Glas auf den Auslandsmärkten abzusetzen.

Dem Reichswirtschaftsministerium kamen diese Bestrebungen sehr entgegen, war man doch im Zuge der Devisenzwangsbewirtschaftung auf ausländische Währungen angewiesen, mit denen das Reich die Einfuhr strategisch wichtiger Rohstoffe bezahlen konnte, die Vorrang vor allen anderen Importen hatten. 1935 gründeten deshalb die DETAG, die Vereinigte Vopelius'sche und Wentzel'sche Glashütten GmbH und die REZAG die Deutsche Fensterglas Ausfuhr GmbH in Frankfurt/Main (DEFAG). Die DELOG beteiligte sich aufgrund ihres Exportverbots, das Teil der Libbey-Owens-Unterlizenz war, zunächst nicht. Die Exportziffern konnten in der Folgezeit durch koordiniertes Vorgehen auf den Auslandsmärkten sowohl absolut als auch im Vergleich zum Inlandsabsatz gesteigert werden[58].

Da die deutschen Hütten ihren Roh- und Brennstoffbedarf im Inland decken konnten und somit keine Devisen benötigten, drängte das Reichswirtschaftsministerium unter Bezugnahme auf den zweiten Vierjahresplan von 1936 auf noch stärkere Exportaktivitäten der deutschen Tafelglasindustrie. Mit Erfolg wurde solange Druck auf die DELOG ausgeübt, bis sie im Sommer 1937 das seit 1931 stilliegende Werk Torgau von der Torgauer Glashütten-AG kaufte. Diese löste sich daraufhin auf. Das Werk Torgau wurde von der DELOG, nunmehr alleiniger Besitzer, in die am 2. September 1937 gegründete Glashütte Torgau GmbH mit Sitz in Torgau eingebracht.

Der DELOG ebenso der DETAG und der REZAG, die sich ursprünglich auch an der Wiederinbetriebnahme der Torgauer Hütte hatten beteiligen sollen, war von Anfang an klar, daß Torgau unwirtschaftlich arbeiten würde. Die Errichtung eines neuen Werks, das letztlich billiger gewesen wäre, war aber vom Reichswirtschaftsministerium abgelehnt worden. Im August 1938 begann in Torgau die Produktion von Fensterglas für den Export auf sechs Fourcault-Maschinen. Mit Ausnahme des Jahres 1943 konnte die Torgauer Hütte — wie erwartet — im Gegensatz zu den meisten anderen Tafelglashütten im Reich keine nennenswerten Gewinne erzielen[59].

Auch die DETAG übernahm ein neues Werk im Osten. 1938 erwarb sie von der Gesellschaft für industrielle Anlagen GmbH (Gesina) in Frankfurt/Main, die eine Treuhandgesellschaft des VDT war, die Glashütte Hermannsthal AG in Hermannsthal (Oberschlesien). Die Glashütte Hermannsthal, die drei Fourcault-Maschinen umfaßte, wurde 1939 in eine GmbH umgewandelt, an der die DETAG mit etwa 43 Prozent beteiligt war[60].

Die Jahre seit 1933 entwickelten sich, vom wirtschaftlichen Standpunkt gesehen, relativ günstig für die deutsche Flachglasindustrie. Nur die Flachglasveredelung litt unter starkem Konkurrenzdruck; ein für diese Branche geschaffenes „Kartell der Deutschen Flachglasveredlung" scheiterte 1938[61], da sich die unterschiedlichen Produkte für eine Kartellisierung nicht eigneten.

Angesichts der zufriedenstellenden geschäftlichen Situation waren die Unternehmen in der Lage, die sozialen Einrichtungen in den Betrieben zu verbessern. Von den 1930er bis in die frühen 1940er Jahre hinein wurden sowohl bei der DELOG als auch bei der DETAG die freiwilligen sozialen Leistungen ausgeweitet.

Betriebskrankenkassen hatte es bei den Vorgängern der DETAG schon früh gegeben. In Witten war bereits kurz nach der Gründung eine „Arbeiter-Unterstützungkasse" ins Leben gerufen worden, die ein Jahr nach dem Krankenversicherungsgesetz 1884 in eine Betriebskrankenkasse nach dem neuen Recht umge-

Schnelltriebwagen „Fliegender Hamburger" und „Fliegender Lübecker" im Hauptbahnhof Hamburg, 1934. „Schienenzepp" mit Propellerantrieb — 600 PS, 230 km/h.

Rheingoldsalonwagen S A 4ü I. Kl. Restauriert und Eigentum: Freundeskreis Eisenbahn Köln e. V. Foto: E. Bündgen, Köln.

CUDO

Am 23. November 1934 wurde der Sicherheitsglas GmbH in Kunzendorf/Niederlausitz das Deutsche Reichspatent Nr. 634 922 für das Herstellungsverfahren einer „Doppelglasscheibe mit zwischen den Scheiben eingelegten klebfähigen Randleisten" erteilt. Die Doppelscheibe erhielt den Markennamen „KU-DO" — Kunzendorfer Doppelglas. Dr. Helmut Mertens,

der bereits in den Zwanziger Jahren in der Bunzlauer Minnahütte Versuche zur Herstellung von wärmedämmenden Isolierglas-Doppelscheiben veranlaßt hatte, was zur Entwicklung von „BU-DO-Glas" — Bunzlauer Doppelglas — führte, wurde 1930 Geschäftsführer der Sicherheitsglas GmbH in Kunzendorf. In der „Glaswelt", Heft 3/1971, berichtete er aus dieser Zeit:

„Professor Krukenberg, der Schöpfer des Schienenzepp, gab die Veranlassung zur Wiederaufnahme der Weiterentwicklung des Doppelglases in Kunzendorf. Anläßlich der Automobilausstellung 1934 besuchte er unseren Sigla-Stand. Aus unserer langen Unterredung wurde dann ein Auftrag auf Doppelscheiben für den Schienenzepp. Seit Mai 1933 war uns ein neuer Kleber

zugänglich geworden auf Acrylbasis. Mit dessen Hilfe gelang uns eine Verbesserung der Qualität der Bunzlauer Doppelscheiben in Kunzendorf. Wir nannten von nun an dieses Glas ‚Kudo-Glas', also Kunzendorfer Doppelglas. Es kam die Zeit, in welcher der geniale Reichsbahn-Oberrat Dr. Otto Putze die Schnelltriebwagen entwickelte, die unter Namen wie ‚Rasender Tünnes', ‚Fliegender Hamburger', ‚Fliegender Breslauer' sehr bekannt wurden. Diese Schnelltriebwagen wurden mit Kudo-Glas ausgerüstet." An anderer Stelle schrieb Dr. Mertens 1952: „In Wernberg/

Opf., wo das inzwischen der DETAG angeschlossene Werk „Sigla-Kunzendorf" wieder aufgebaut wurde, war man nicht untätig geblieben. Techniker und Wissenschaftler haben in langer Versuchsarbeit das System der CUDO-Doppelscheibe wesentlich verbessert. Die ‚neue' CUDO-Doppelscheibe (sie bekam auch den neuen Namen) wurde bei der Bundesbahn in der Praxis den härtesten Prüfungen unterworfen. Heute bewährt sich CUDO nicht nur im Fahrzeugbau für Waggon- und Busverglasungen, sondern auch, seit 1951, im Bauwesen.

AUS DER GESCHICHTE DES CUDO-MEHRSCHEIBEN-ISOLIERGLASES

wandelt wurde. Auch E. & A. Kupfer richteten schon 1878 eine Kasse für ihr — verglichen mit Crengeldanz — viel kleineres Werk in Frankenreuth ein, die 1898 auch für die Weidener Glasfabrik zuständig wurde. Mit der Teilung der Werke wurde die Weidener Kasse 1899 selbständig. 1936 gründete die DETAG die „Unterstützungskasse der DETAG e. V.", für die Belegschaftsmitglieder ihrer Werke und der Fürther Zentrale.

Die DELOG richtete 1928 eine „Werkspflege" ein, die zunächst wesentliche Funktionen einer Krankenkasse erfüllte und eine Nähstube, eine Mütterberatung, eine Bibliothek und seit 1940 auch einen Kinderhort umfaßte. Eine Betriebskrankenkasse, die „Unterstützungskasse für die Belegschaft der Delog e. V.", wurde 1935 gegründet[62].

Die freiwilligen sozialen Leistungen der DELOG, der DETAG und ihrer Vorgängerfirmen standen auf einem vergleichsweise hohen Niveau. Hierbei spielten alte Hüttentraditionen und allgemeine soziale Motive eine Rolle, vor allem versuchten die Unternehmen damit, ihre zum Teil hochqualifizierten Mitarbeiter langfristig an das Unternehmen zu binden. Dies war nach Erreichen der Vollbeschäftigung 1938 nicht einfach, da nach dem Lohnstopp die Rüstungsindustrie bessere Lohnnebenleistungen bot als rüstungswirtschaftlich weniger bedeutende Unternehmen wie die der Flachglasindustrie. Deshalb förderten DELOG und DETAG intensiv den Bau von Wohnungen und Eigenheimen für ihre Werksangehörigen. Die sozialen Leistungen hatten außerdem den Zweck, den Angriffen der Nationalsozialisten und der gleichgeschalteten Presse gegen die „überfremdete" Tafelglasindustrie entgegenzuwirken.

Die Eingriffe des Reichswirtschaftsministeriums in die Tafelglasindustrie wurden jedoch immer stärker, je mehr die Rüstung in den Vordergrund trat. Die DELOG wurde 1937 vom Reichswirtschaftsministerium gezwungen, ihre 33prozentige Beteiligung an der DETAG zu verkaufen Auch St. Gobain verkaufte 1937 ihre DETAG-Aktien[63]. Einen Großteil der Aktien übernahm die Gruppe Vopelius-Wentzel. Dadurch befand sich die Mehrheit des Aktienkapitals der DETAG wieder in

deutschen Händen, nachdem das Saargebiet 1935 durch eine Volksabstimmung erneut dem Reich angeschlossen wurde. Seitdem zog das Reichswirtschaftsministerium die DETAG als deutsches Unternehmen der weiterhin von belgischem Kapital kontrollierten DELOG vor. Die Bevorzugung der DETAG zeigte sich bei der Übernahme von Teilen der österreichischen und tschechischen Flachglasindustrie.

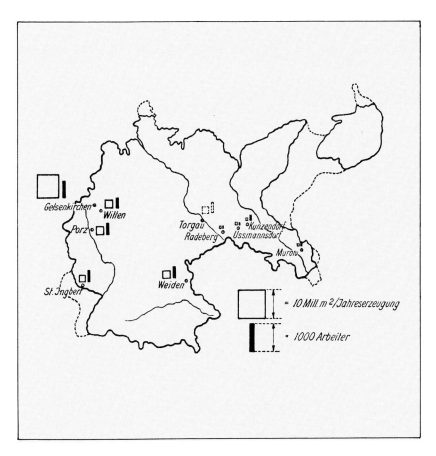

Standorte der deutschen Tafelglasindustrie, 1934.
Quelle: Deutsche Glastechnische Gesellschaft, Frankfurt a. M.

1+2 Deutscher Pavillon auf der Internationalen Ausstellung, in Barcelona 1929, von Mies van der Rohe. Wiederaufgebaut 1986.

3+4 Hochhausmodelle von Mies van der Rohe. Skelettkonstruktion mit verglasten Fassaden, 1920/21.

2

3

1

ARCHITEKTUR IN DEN JAHREN VON 1918 BIS 1945

Die Entwicklung der Architektur nach dem ersten Weltkrieg wurde von den Ideen zu einem neuen Bauen geprägt, das auf Funktion und Sachlichkeit ausgerichtet war. Walter Gropius (1883—1969) und nach ihm Ludwig Mies van der Rohe (1886—1959) leiteten das Bauhaus, das als Hochschule für künstlerische Gestaltung für die Verwirklichung einer Modernen Architektur eintrat. Hatte Walter Gropius bei den Faguswerken die neue Glaskonstruktion der vorgehängten Fassade entwickelt, so war es Mies van der Rohe, der mit dem Deutschen Pavillon auf der Internationalen Ausstellung in Barcelona, 1929, als erster ein wesentliches Prinzip des neuen Bauens

4

5

6

5 Reihenhäuser von J. J. P. Oud in der Weißenhof-Siedlung, 1927.

6 Haus Tugendhat in Brünn, Mies van der Rohe, 1930.

verwirklichte: die klare Trennung tragender und nicht tragender Elemente. Stahlstützen tragen das Dach, unter dem der Raum nun frei durch nicht tragende Wände unterteilt werden konnte. Dadurch wurden raumhohe Glaswände als trennende und doch transparente Elemente möglich. Diesem Prinzip folgte der Entwurf für das Haus Tugendhat, 1930, in Brünn.

In dem vielbeachteten Entwurf für ein völlig verglastes Hochhaus — ein Projekt für den Berliner Bahnhof Friedrichstraße — sah Mies van der Rohe 1920 eine Stahlskelettkonstruktion vor. In Bruno Tauts Zeitschrift „Frühlicht" (1921/22, Heft 4) schrieb Mies: „Das

neuartige dieser Bauten tritt dann klar hervor, wenn man für die nun nicht mehr tragenden Außenwände Glas verwendet."

Auch im Wohnungsbau suchten die Architekten des neuen Bauens andere Wege. Zur Werkbundausstellung in Stuttgart auf dem Weißenhof, 1927, baute die damalige Avantgarde Wohnhäuser ihrer Vorstellung in zum Teil neuen Bautechniken, Konzeptionen und Formen. Le Corbusier errichtete hier zwei Wohnbauten mit Alfred Roth als Bauleiter. Für das Haus Bruckmannweg 2, einem Einfamilienhaus, entwarf Le Corbusier eine zwei Stockwerk hohe doppelte Fensterwand mit einem beheizten und begehbaren Zwischenraum. Die

8+9 Wohnhäuser in der Weißenhofsiedlung in Stuttgart, 1927. Architekt Le Corbusier.

7 Erstes modernes Haus der passiven Solararchitektur. Martin Wagner, 1932.

Skizze eines Innenraums von Le Corbusier.

8

7

9

Holzschiebefenster der Außenverglasung waren als sogenannte Panzerverglasung mit zwei festverglasten Scheiben, die mit Zwischenraum angeordnet waren, ausgeführt.

Im Zusammenhang der Grundlagen einer rationellen Architektur beschäftigte sich Le Corbusier von jeher mit dem Problem des Fensters und des Sonnenschutzes. Er führte das Prinzip der vorgezogenen Sonnenblenden, der „Brise Soleil" ein, die große Glasflächen, bei gleichzeitigem Schutz vor sommerlicher Sonneneinstrahlung, ermöglichen. In der Wiener Werkbundsiedlung, 1932, baute Adolf Loos (1870—1933), der streitbare Pionier einer modernen Architektur, zwei Wohnhäuser mit großer Wohnraumverglasung. Martin Wagner (1885—1957) baute in Berlin, 1932, das erste Haus im Sinne heutiger Solararchitektur. Doch nicht nur Funktionalität und Konstruktion wurden zu einem Thema der Glasanwendung am Bau in der Zeit zwischen beiden Weltkriegen, sondern auch die Gestaltung mit Glas. Erich Mendelsohn (1887—1953) machte das durchgehende waagerechte Lichtband geradezu zu einem Leitmotiv seines Schaffens. Sein Kaufhaus Schocken (später Merkur) in Stuttgart, 1926, war eines der schönsten Beispiele. Bedauerlicherweise wurde es aus nicht zu tolerierenden Gründen 1960 wegen eines nichtssagenden Neubaus abgebrochen.

10

11

12

10 Kaufhaus Schocken (später Merkur) in Stuttgart. Erich Mendelsohn, 1927. Abgerissen 1960.

11 Häuser in der Werkbundausstellung, 1932, von Adolf Loos.

12 Das „Haus in der Wüste", das Richard J. Neutra, 1945 in den USA entworfen hat, war Glasarchitektur in Vollendung.

Bis Anfang 1930 war Deutschland wesentlicher Schauplatz der modernen Architektur. Durch das „Dritte Reich" und den Zweiten Weltkrieg wurde diese Entwicklung des neuen Bauens in Deutschland und dann in ganz Europa unterbrochen.

1933 schlossen die Nationalsozialisten das 1932 nach Berlin übergewechselte Bauhaus. Walter Gropius wurde 1936 als Architekturprofessor an die Harvard University nach Boston berufen. Ludwig Mies van der Rohe wanderte in die Vereinigten Staaten aus, wo ihm die Leitung der Architekturabteilung des Armour Instituts (seit 1940 Illinois Institute of Technology) in Chicago übertragen wurde. Martin Wagner, bis 1933 Stadtbaurat in Berlin, lehrte von 1936—1950 an der Havard University. Erich Mendelsohn emigrierte 1933 über England und Palästina in die USA. Dieser kurze Überblick über eine dynamische Zeit der Entwicklung in der Modernen Architektur beschränkt sich bewußt nur auf einige der wesentlichen Architekten, die hier für eine Vielzahl weiterer stellvertretend genannt sind. Viele der führenden Architekten der Avantgarde setzten ihre Arbeit in den USA fort und brachten so die Moderne Architektur in die Neue Welt und zu internationaler Geltung.

DIE GRÜNDUNG
OSTDEUTSCHE GLASWERKE AG

Nach dem „Anschluß" Österreichs im März 1938 wurde die Erste Österreichische Maschinglasindustrie AG (EOMAG) mit Sitz in Wien einem kommissarischem Verwalter unterstellt. Dieses Unternehmen war 1927 von der Ersten Böhmischen Glasindustrie AG, Bleistadt, die sich in jüdischen Händen befand, gegründet worden und besaß zu diesem Zeitpunkt eine kleine Fourcault-Hütte in Brunn am Gebirge bei Wien. Die Brunner Hütte war seit der Weltwirtschaftskrise für den kleinen österreichischen Markt überdimensioniert. Das Werk stellte daher alternierend entweder Fenster-, Guß- oder Opakglas her. Bei Bedarf wurde das Glas zu Spiegelglas oder Verbundsicherheitsglas weiterveredelt. Es ist nicht verwunderlich, daß die Brunner Hütte bei dieser unrationellen Arbeitsweise mit vergleichsweise hohen Selbstkosten arbeiten mußtc. Sie wäre nicht konkurrenzfähig gewesen, wenn nicht Österreich — wie die meisten anderen Staaten auch — die Inlandsproduktion durch Zölle geschützt hätte.

Die EOMAG wurde nun deutschen Glasunternehmen angeboten. Das zum Carl-Zeiss-Konzern gehörende Unternehmen Jenaer Glaswerke Schott & Gen. lehnte eine Übernahme aus rechtlichen Bedenken ab. Deshalb übernahm die DETAG gemeinsam mit der Süddeutschen Treuhand AG im August 1939 „auf Veranlassung des Reichswirtschaftsministeriums" die Brunner Hütte[64].
Da am 1. April 1939 die Preise für Fenster- und Gußglas in der „Ostmark", so hieß Österreich jetzt, denen des „Altreichs" angepaßt wurden, sah sich die DETAG zu einer vollständigen technischen und organisatorischen Umgestaltung des Brunner Werks veranlaßt. Die EOMAG trat außerdem dem VDT und der DEFAG Deutsche Fensterglas-Ausfuhrgesellschaft, Frankfurt/Main bei, die am 1. Januar 1939 dem VDT angeschlossen worden war[65]. Mit Wirkung vom 27. September 1939 wurde die EOMAG in Ostdeutsche Glaswerke Aktiengesellschaft (Ostglas) mit Sitz in Wien umbenannt[66].

Glashütte Brunn am Gebirge (EOMAG) im Bau, um 1926.

Im Oktober 1938 wurde die Tschechoslowakei infolge der vorangegangenen Münchner Konferenz gezwungen, das Sudetenland an das Deutsche Reich abzutreten. Im März 1939 besetzten deutsche Truppen die „Rest-Tschechei". Damit wurde die gesamte böhmische Glasindustrie in den deutschen Wirtschaftsraum überführt. Seit der Weltwirtschaftskrise hatte die tschechische Tafelglasindustrie, die wie die belgische vorwiegend auf den Export ausgerichtet war, mit Absatzschwierigkeiten zu kämpfen. Im Gegensatz zur deutschen Konkurrenz hatte sie sich jedoch nicht schnell erholen können und deshalb auch nicht mehr ihre frühere Bedeutung erlangt. Die Kapazitäten der tschechischen Fensterglasindustrie waren jedoch nach wie vor sehr groß.

Das kapitalmäßig größte Unternehmen der tschechischen Glasindustrie war zu diesem Zeitpunkt die Erste Böhmische Glasindustrie AG. Dieses Unternehmen war Ende 1892 unter Mitwirkung von Karl Vopelius gegründet worden und hatte sich im Laufe der Jahre zu einem der bedeutendsten Unternehmen der europäischen Flachglasindustrie entwickelt. 1928 liefen im Werk Bleistadt/Böhmen bereits 27 — später nur noch 21 — Fourcault-Maschinen, womit das Bleistädter Werk die größte Fensterglasfabrik Europas war. Bei der Umstellung des Weidener Werks der Tafel-Salin auf das Fourcault-Verfahren waren Fachkräfte aus Bleistadt beteiligt gewesen[67]. Da sich die Aktienmehrheit überwiegend in jüdischem Besitz befand, wurde das Vermögen nach der Angliederung an das Reich eingezogen und durch einen Treuhänder verwaltet[68]. Am 28. September 1939 schloß die Ostglas mit der Ersten Böhmischen einen Pachtvertrag für die Bleistädter Hütte ab, den das Reichswirtschaftsministerium eine Woche später genehmigte.

Am 14. Juni 1940 kam „auf Veranlassung des

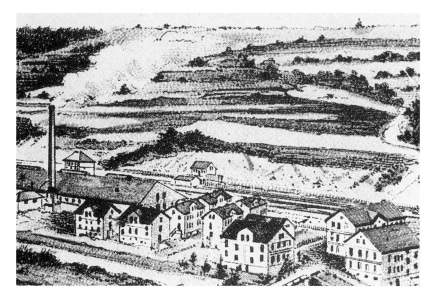

Oben: Glashütte in Bleistadt vor 1897 Unten: Glasfabrik Bleistadt um 1930 Aus: „Bleistadt, einst königlich freie Bergstadt 1523—1973".

Heimatverband der Falkenauer e. V. Schwandorf (Hrsg.), 1973.

Reichswirtschaftsministeriums"[69] ein Veräußerungsvertrag zwischen der Ostglas und der Ersten Böhmischen zustande, wonach die Ostglas die Bleistädter Hütte erwarb. Die Erste Böhmische war außerdem maßgeblich an der schon lange stillgelegten Helmstedter Glashütten AG beteiligt gewesen, die nach Ablauf der Fourcault-Patente 1929 die Produktion aufgenommen hatte. Somit ging die Quote der Helmstedter Glashütten AG ebenfalls auf die Ostglas über. Die Kaufsumme für das Werk in Bleistadt von knapp über 1,8 Millionen RM war durch ein Gutachten festgelegt worden, das der Treuhänder erstellt hatte. Vom Reichswirtschaftsministerium erhielt die Ostglas die Auflage, so schnell als möglich die ehemaligen Beteiligungen der Ersten Böhmischen an einer serbischen und einer ungarischen Glashütte wiederherzustellen. Nachdem der Ostglas vom Reichswirtschaftsministerium 1943 vorgeworfen worden war, sie würde den geforderten Kauf verschleppen, versuchte sie, im April 1944 die Erste Mechanische Fensterglasfabrik in Pančeva (Serbien) zu kaufen. Dies wurde ihr jedoch — wahrscheinlich wegen Devisenmangel — verweigert[70].

Neben der Bleistädter Hütte übernahm die Ostglas eine Opakglasanlage in Chodau (Chodov) bei Karlsbad und die DETAG 1942 die Oberschlesische Bauglasfabrik in Schakowa (Oberschlesien). Dort wurde seit 1943 Fensterglas auf sechs Fourcault-Maschinen und Gußglas hergestellt. Außerdem war die Ostglas an der Spiegelglas-Union AG in Fürth beteiligt[71].

Damit gehörte der DETAG ein großer Teil der böhmischen Flachglasindustrie, von der die deutschen Hütten in den 1920er Jahren unter so starken Preisdruck gesetzt wurden. Einschließlich ihrer Tochtergesellschaften verfügte die DETAG somit Anfang der 1940er Jahre über 67 Ziehmaschinen — gegenüber 31 bei der Gründung 1932[72] — und war damit der größte Flachglasproduzent in Mitteleuropa[73].

Die Flachglashütten der DETAG und der von ihr kontrollierten Unternehmen 1943/44

Werk	Beschäftigte	Fourcault-Maschinen	Eigentümer	DETAG-Beteiligung
Weiden	351	9	DETAG	—
Witten	398	9	DETAG	—
Kunzendorf	255	4	DETAG	—
St. Ingbert	384	9	Vopelius-Wentzel	100,00%
Schakowa	492	6	Oberschl. Bauglasfabr. GmbH	100,00%
Hermannsthal	173	3	Glashütte Hermannsthal GmbH	43,16%
Bleistadt	638	21	Ostglas	93,75%
Brunn a. Geb.	113	6	Ostglas	93,75%
Chodau	131	0	Ostglas	93,75%

Weitere Beteiligungen (u. a.): FLABEG GmbH, Spiegelglas-Union AG

Quellen: Beschäftigtenstatistik Flachglasindustrie zum 31. 5. 1944, BA R13X vorl. 283; Aktennotiz „Wanneninhalt der Tafelglashütten 1936", FLAG FÜ; Handbuch der Aktiengesellschaften 1943, S. 2528, 2641f.; Rede von Dr. Kilian anläßlich des 25jährigen Bestehens der DETAG am 28. 11. 1957, FLAG FÜ.

DELOG UND DETAG
WÄHREND DES ZWEITEN WELTKRIEGS

Im Gegensatz zum Ersten Weltkrieg brachte der Zweite Weltkrieg zunächst keinen Umsatzrückgang mit sich. Die Nachfrage nach Fensterglas stieg sogar noch an. Dies lag an der gesteigerten Nachfrage der Rüstungsindustrie, die für Flug- und Fahrzeuge Glas benötigte. Außerdem wurden durch die Bombenangriffe Tausende von Fensterglasscheiben zerstört, die — sofern dies die Verhältnisse zuließen — ersetzt werden mußten.

Für die DELOG bedeutete der Kriegsausbruch eine weitere Verschärfung der Lage. Am 29. Juli 1940 erließ das Oberlandesgericht Hamm einen Beschluß, der das Unternehmen unter die Kontrolle des Reichskommissars für feindliches Vermögen stellte, da sich das Gesellschaftsvermögen ja nach wie vor in überwiegend belgischer Hand befand. Als Verwalter wurden Wilhelm Kesten und Dr. Helmut Lüthgen eingesetzt, die bis dahin

gemeinsam mit dem Belgier Josef Verreet den Vorstand der DELOG gebildet hatten[74].

Im Gegensatz zu den meisten anderen Industriezweigen verzeichnete die Tafelglasindustrie erst gegen Ende des Krieges Rohstoffmangel in größerem Ausmaß, denn die wichtigsten Rohstoffe (Quarzsande, Soda und Dolomit) wurden entweder nicht in großem Ausmaß von anderen Industriezweigen benötigt oder konnten durch andere Stoffe teilweise ersetzt werden (z. B. Sulfate anstelle von Soda).

Welchen Wert die DETAG der glastechnischen Forschung beimaß, macht die Gründung der Glasforschungs-Institut GmbH mit Sitz in Berlin im zweiten Kriegsjahr 1940 deutlich. Neben der DETAG, deren direkte Beteiligung 80 Prozent betrug, waren die Ostglas und Vopelius-Wentzel an der Gründung beteiligt[75].

Links: Wilhelm Kesten. Vorstandsmitglied der DELOG 1925/26—1940 und 1945/46.
Rechts: Dr. Helmut Lüthgen. Im Vorstand der DELOG von 1937/38—1940 und 1945/46—1948/49.

Schon früh machte sich in der Industrie ein Mangel an Facharbeitern bemerkbar, da viele Belegschaftsmitglieder eingezogen worden waren. Dies galt vor allem für die Flachglasindustrie, deren Unternehmen meist als nicht vordringlich für die Rüstungsindustrie eingestuft wurden. Im Laufe des Krieges forderten daher immer mehr Unternehmen Fremdarbeiter und Kriegsgefangene an, so auch in der Tafelglasindustrie. Die DETAG und die Ostglas setzten schon 1940 „fremdstämmige Arbeitskräfte" ein[76]. Besonders begehrt waren Fachkräfte aus Frankreich und Belgien. Für die einfacheren Arbeiten und die Beseitigung von Bombenschäden wurden Zwangsarbeiter aus Osteuropa herangezogen.

In Torgau war Ende Februar 1945 der Anteil der Kriegsgefangenen und zivilen Ausländer mit fast 46 Prozent verglichen mit anderen Unternehmen der Flachglasindustrie recht groß. Im März 1945 setzte sich die Belegschaft der DELOG zur Hälfte aus männlichen deutschen Arbeitern zusammen. Die Ostglas beschäftigte Ende Februar 1945 in Bleistadt 759 Menschen, darunter 638 „Inländer" und nur 121 zivile Ausländer, Juden, Häftlinge und russische Kriegsgefangene (insgesamt 16 Prozent)[77]. In Brunn mußten bei der Ostglas neben französischen Kriegsgefangenen Arbeiter aus fast allen Ländern des Balkans und russische Frauen arbeiten. Es

kam jedoch, so Dr. Kilian, der von 1939 bis 1945 im Vorstand der Ostglas und Werksleiter in Brunn war, „trotz dieses Völkergemischs, seiner großen Überzahl, der miserablen Ernährung und Unterbringung nie zu Unstimmigkeiten" gekommen. Bestätigt werde dies dadurch, daß in der immerhin zehnjährigen Zeit sowjetischer Besatzung nach Kriegsende keine entsprechenden Vorwürfe erhoben worden seien[78].

Neben dem Arbeitskräftemangel und den gelegentlichen Engpässen in der Materialversorgung und im Transport gab es mit Beginn des Bombenkrieges 1940 auch direkte Kriegseinwirkungen. Die Werke in Gelsenkirchen und Witten wurden seit 1943 mehrmals schwer beschädigt, konnten jedoch jedes Mal wieder in Betrieb gesetzt werden. Schwere Luftangriffe im Februar und März 1945 brachten die Produktion schließlich in beiden Werken zum Erliegen. Schakowa und St. Ingbert hatten schon Ende 1944 die Produktion einstellen müssen. Hermannsthal wurde im Januar 1945 von sowjetischen Truppen besetzt, die im April auch Kunzendorf und Brunn besetzten. Weiden und Fürth fielen im April in die Hände der US-Armee[79]. Am 25. April 1945 trafen sich erstmals US-amerikanische und sowjetische Truppen auf deutschem Boden, als sie Torgau an der Elbe einnahmen.

*Links im Bild
Dr. Georg Kilian,
Vorsitzender des
Vorstandes der
Deutschen Tafelglas AG
(DETAG) mit
seinem Vorstands-
kollegen Mario
Mazzarovich in
San Francisco.*

*Bild unten: Grün-
dungsversammlung
erweiterter VDT
(Verein Deutscher
Tafelglashütten) in
Frankfurt/Main im
November 1938.*

**VON 1945
BIS IN DIE SECHZIGER JAHRE**

*Die gesamte Vergla-
sung der „Rheingold“
und „Rheinpfeil“Züge
der Deutschen
Bundesbahn wurde
mit INFRASTOP-
Sonnenschutz-Isolier-
glas ausgeführt.*

*Blick in den
Aussichtsraum des
Rheingolddomecar,
1962.
Foto: Eduard
Bündgen, Köln.*

VON 1945 BIS ZUR EINFÜHRUNG DES FLOATVERFAHRENS

DIE JAHRE BIS 1948

Zum Kriegsende 1945 lagen alle Hütten der DELOG und der DETAG sowie ihrer Tochter- und Beteiligungsgesellschaften still. Durch die Gebietsverluste des Deutschen Reichs, die neben den seit 1938 annektierten Gebieten auch Ostdeutschland betrafen, gingen für die DETAG die Ostglas mit ihren Werken in Brunn a. Geb., Bleistadt und Chodau sowie die Hütte in Kunzendorf und die Beteiligungen an Hermannsthal und Schakowa verloren. Der DETAG blieben lediglich ihre Hütten in Weiden und Witten sowie die Vereinigte Vopelius'sche und Wentzel'sche Glashütten GmbH, deren Hütte in St. Ingbert lag. Nach Kriegsende hatte sich also die Zahl der ehemals von der DETAG kontrollierten Glashütten um mehr als die Hälfte reduziert.

Etwas anders gestalteten sich zunächst die Verhältnisse im Torgauer Werk, das seit 1937 der DELOG gehört hatte. Obwohl aufgrund der unübersichtlichen Verhältnisse nach der Kapitulation jegliche Kontakte zur Muttergesellschaft in Gelsenkirchen verlorengegangen waren, baute die Belegschaft die im Krieg zu etwa einem Drittel zerstörte Hütte wieder auf, ohne dabei auf außerbetriebliche finanzielle Mittel zurückgreifen zu müssen. Neben der schon im Oktober 1945 wieder in Betrieb genommenen ersten Wanne mit vier Fourcault-Maschinen wurde unter größten Schwierigkeiten sogar noch eine zweite mit sechs Ziehmaschinen errichtet. Damit wurde die

Torgauer Hütte zur führenden Glasfabrik in der sowjetischen Besatzungszone. Da sich ihr Vermögen über die DELOG zu 100 Prozent in den Händen von Alliierten (Belgier, aber auch Amerikanern und Franzosen) befand, wurde das Werk selbst nach Gründung der DDR 1949 noch nicht verstaatlicht, sondern von Treuhändern geleitet. Torgau stellte deshalb eine bemerkenswerte Ausnahme im Gebiet der DDR dar. Die DELOG konnte jedoch durch die weitere politische Entwicklung die Verfügungsgewalt über ihr Torgauer Werk nicht mehr zurückerlangen[1].

Bei der DETAG mußte der Vorstand wie bei allen anderen größeren deutschen Unternehmen ein Entnazifizierungsverfahren durchlaufen. Am 28. Juni 1945 wurden über 100 bayerische Industrielle, darunter Dr. Seeling, verhaftet. Zwei weitere Vorstandsmitglieder, Dr. Kilian und Mazzarovich, wurden inhaftiert, nachdem ein Angestellter einige unbrauchbare Negative von Photokopien vernichtet hatte. Obwohl die Originale noch vorhanden waren, hatte er damit gegen das Verbot der Militärbehörden, Dokumente jedweder Art zu vernichten, verstoßen, wofür der Vorstand verantwortlich gemacht wurde. Während Dr. Kilian und Mazzarovich gegen eine Geldstrafe bald wieder freigelassen wurden, blieb Dr. Seeling zunächst in Haft.

In der Zwischenzeit wurde von ehemaligen und weiterhin beschäftigten Mitarbeitern so-

wie Außenstehenden, zum Teil auch von der Konkurrenz, versichert, daß sowohl Dr. Seeling als auch Dr. Kilian (als Betriebsleiter in Brunn a. Geb.) den Einfluß der NSDAP auf ihre Betriebe so gering wie möglich gehalten hätten. Dr. Seeling hatte seit 1933 eine Reihe von führenden Positionen in verschiedenen Verbänden innegehabt: Leiter der Fachgruppe Flachglasindustrie, stellvertretender Leiter der Wirtschaftsgruppe Glasindustrie, Mitglied des Außenhandelsrates, Vorsitzender der Hüttentechnischen Vereinigung der Deutschen Glasindustrie und der Deutschen Glastechnischen Gesellschaft. 1941 war er jedoch von allen wirtschaftspolitischen Ämtern zurückgetreten und hatte sich nur noch seinem Unternehmen gewidmet. Ob er für diesen Schritt politische Gründe hatte, ist aus den erhaltenen Unterlagen nicht mehr belegbar. Dr. Seeling durchlief das Entnazifizierungsverfahren dann recht schnell und wurde Anfang Dezember 1945 wieder freigelassen[2].

Durch den Bombenkrieg waren über 20 Prozent des Wohnraumbestands im Deutschen Reich zerstört worden. Deshalb setzte schon bald nach Kriegsende eine lebhafte Nachfrage nach Fensterglas ein. Für die Unternehmen der Flachglasindustrie hieß nun die vordringliche Aufgabe, ihre Hütten wieder instandzusetzen. Dabei kam ihnen zugute, daß die Betriebe der deutschen Glasindustrie weniger stark durch Bombenschäden gelitten hatten als die Werke anderer Branchen und daß sie in der britischen und der amerikanischen Zone unter Demontageschutz standen[3].

In Witten lief die Produktion bereits im Juli, in Weiden im September 1945 wieder an. Mitte Dezember ging die erste Wanne in Gelsenkirchen wieder in Betrieb. Die Beseitigung der Kriegsschäden zog sich bei der DELOG aufgrund der schweren Schäden und des Materialmangels bis 1947 hin.

Ende 1945 begann auch die Hütte der Vereinigte Vopelius'sche und Wentzel'sche Glashütten GmbH in St. Ingbert wieder mit der Produktion von Fensterglas. Da das Saargebiet im Juli 1945 erneut unter französische Verwaltung gestellt worden war, befürchtete die DETAG, daß das Werk ihrer Tochtergesellschaft entschädigungslos enteignet werden könnte. Hierbei spielte auch die Tatsache eine Rolle, daß das französische Unternehmen St. Gobain 1937 seine Anteile an der DETAG auf Druck des Reichswirtschaftsministeriums hatte veräußern müssen. Die DETAG verkaufte deshalb im Juni 1946 knapp 68 Prozent der Geschäftsanteile der Vereinigte Vopelius'sche und Wentzel'sche Glashütten GmbH an die Vereinigte Glaswerke AG (VEGLA) in Aachen, eine hundertprozentige Tochter von St. Gobain. Angesichts der guten wirtschaftlichen Ergebnisse, die das Unternehmen an der Saar in den darauffolgenden Jahre vorzuweisen hatte, bedeutete dies einen weiteren Substanzverlust für die DETAG. Im Juli 1959 erfolgte anläßlich einer Kapitalerhöhung der Vereinigte Vopelius'sche und Wentzel'sche Glashütten GmbH eine geringe Aufstockung des Anteils der DETAG auf ein Drittel[4].

In den ersten Nachkriegsjahren hatten die Unternehmen der Tafelglasindustrie mit großen Schwierigkeiten zu kämpfen. Das erneut um große Gebiete reduzierte Deutschland war von den Alliierten in vier Besatzungszonen aufgeteilt worden, zwischen denen der Austausch von Informationen oder gar Gütern zunächst schwierig, zum Teil unmöglich war. Das Werk Witten in der britischen Besatzungszone war von der Fürther Zentrale der DETAG, die in der amerikanischen Zone lag, abgeschnitten und mußte die erforderlichen Reparaturen aus eigener Kraft vornehmen[5].

Ein großes Problem war für alle Werke der deutschen Glasindustrie die Rohstoffbeschaffung. Da die Solvay-Werke in Bernburg (sowjetische Besatzungszone), die bis dahin den Großteil der Glasindustrie mit Soda beliefert hatten, demontiert wurden und neben der Soda auch andere wichtige Stoffe nicht oder nur in unregelmäßigen Abständen zu erhalten waren, mußten Ersatzstoffe, z. B. Sulfate eingesetzt werden. Dies führte jedoch einerseits zu einer Verschlechterung der Glasqualität und andererseits zu erhöhtem Verschleiß

Karte der Besatzungszonen in Deutschland und Österreich 1945—49. Aus F. W. Putzger, „Historischer Weltatlas" (Cornelsen — Velhagen & Klasing, Berlin).

153

der Ofenwannen, deren feuerfeste Steine von den minderwertigeren Ersatzstoffen stärker angegriffen wurden[6].

Da der Verein Deutscher Tafelglashütten (VDT), Frankfurt/Main, seine Tätigkeit hatte einstellen müssen, verkauften die Hüttcn ihr Glas nun wieder selbst. Der Markt wurde allerdings angesichts des allgemeinen Warenmangels stark reglementiert. In Zusammenarbeit mit den zuständigen deutschen Behörden gab die Militärregierung Glasschecks aus, gegen die von den Hütten Fensterglas zu liefern war. Die öffentliche Zwangsbewirtschaftung der Fensterglasproduktion bewährte sich relativ gut — im Unterschied zu den meisten anderen Wirtschaftsbereichen[7].

Erschwerend auf die Glaslieferungen wirkten sich die Zonengrenzen aus. Die DELOG, die sich auf den Inlandsmarkt eingestellt und über die Quote im VDT den größten inländischen Marktanteil gehalten hatte, wurde von dieser Beschränkung anders betroffen, weil nun langjährige Kunden aus den anderen Zonen verlorenzugehen drohten[8].

Problematisch war außerdem die Versorgungslage der Bevölkerung und damit auch der Arbeiter mit Lebensmitteln. Hatte die Kalorienversorgung pro Kopf noch im Früh-

jahr 1945 bei knapp über 2000 Kalorien täglich gelegen, so sank sie bis zum Frühjahr 1947 stellenweise auf 650 ab. Im Winter 1947/48 erreichte die Unterversorgung mit Nahrungsmitteln trotz alliierter, vor allem amerikanischer Hilfe, ihren Höhepunkt[9].

Dr. Seeling, der als Vertreter Bayerns seit 1947 im Zweizonenwirtschaftsrat saß, schrieb am 14. Mai 1948 an den Präsidenten des Wirtschaftsrats in einem offenen Brief, daß er die Ernährungslage als das vordringlichste Problem des Wirtschaftsrats ansehe. Die bevorstehende Geldreform sei zum Scheitern verurteilt, solange die Menschen kurz vor dem Verhungern stünden. Kurz vorher hatte Dr. Seeling einen Betrieb der DETAG besucht und bei seinen Arbeitern nicht nur Unterernährung, sondern auch tiefe Resignation festgestellt. Da sich die Ernährungslage kaum besserte, legte Dr. Seeling am 11. Juni 1948 sein Mandat als Mitglied des Wirtschaftsrates nieder. Diese Vorgänge zeigen das ausgeprägte Verantwortungsgefühl Dr. Seelings für die Bevölkerung und besonders für seine Mitarbeiter[10].

Die Währungsreform, die mit Wirkung vom 21. Juni 1948 die Deutsche Mark einführte, reduzierte den Bestand der umlaufenden

Kalksteinbruch bei Bernburg der Deutschen Solvay-Werke Actiengesellschaft.

Geldmittel und paßte somit die Geldmenge der tatsächlichen Wirtschaftskraft an. Jedem Deutschen wurden nur 40 DM als „Kopfgeld" zugestanden. Die Währungsreform war mit Bestimmungen gekoppelt, die den Übergang zur freien Marktwirtschaft gewährleisteten. Die neue Währung wurde von der Bevölkerung sofort akzeptiert. Die Folge war, daß Güter, die lange Zeit nicht oder nur zu horrenden Preisen auf dem Schwarzmarkt erhältlich gewesen waren, nun in den Geschäften auftauchten. Die Ernährungslage besserte sich daher schnell[11].

Die Währungsreform traf die DELOG und besonders die DETAG hart. Beide Unternehmen hatten bewußt bis zur Währungsumstellung unter Zurückstellung unternehmerischer Überlegungen weiter Glas verkauft, also darauf verzichtet, die Läger in spekulativer Erwartung aufzufüllen. Am 21. Juni 1948 verfügten daher beide Unternehmen über hohe Bestände an liquiden Mitteln, die nun entwertet wurden, nicht jedoch über größere Warenvorräte. Auch die Guthaben der Unterstützungskassen für die Belegschaften gingen fast völlig verloren[12].

Überfüllte Züge und „Hamsterfahrten" zur Beschaffung von Lebensmitteln auf dem Land waren eine tägliche Erscheinung der schwierigen Versorgungslage nach dem Kriege.

WIEDERAUFBAU UND „WIRTSCHAFTSWUNDER", 1949 BIS 1959: INNOVATIONEN

Die Verluste der DELOG und der DETAG durch die Währungsreform wurden durch den boomartigen Anstieg der Nachfrage nach dem Übergang zur Marktwirtschaft schnell wieder ausgeglichen. Stand zunächst die Beseitigung der Kriegsschäden im Vordergrund, so sorgte später auch der anhaltende Zustrom von Flüchtlingen und Vertriebenen für einen enormen Bedarf an Wohnungsneubauten und damit an Fensterglas. Da zudem das Exportgeschäft gut anlief, wurden die verbliebenen Kapazitäten voll genutzt und später neue geschaffen[13].

Die fünfziger Jahre waren jedoch nicht nur durch eine quantitative, sondern auch durch eine qualitative Ausweitung des Angebots der Flachglasindustrie gekennzeichnet. Fensterglas hatte sich seit etwa dem zweiten Drittel des 19. Jahrhunderts zu einem weitgehend homogenen Produkt entwickelt. Die ehemals großen Unterschiede hinsichtlich der Qualität der Scheiben waren weitgehend abgebaut worden. Seit den 1920er Jahren hatten die Unternehmen der Flachglasveredelung jedoch weltweit neue Produkte entwickelt, die

zu einer Differenzierung des Angebots geführt hatten. Die langwierige und durch viele Rückschläge gekennzeichnete technische Entwicklung dieser Spezialprodukte war allerdings durch den Krieg gebremst worden.

Die DETAG bzw. ihr Rechtsvorgänger, die Tafel-Salin und Spiegelglasfabriken AG, hatte seit dem Verkauf des Mitterteicher Werkes (1930) nur Fenster- und Dickglas hergestellt und sich — im Gegensatz zu ihren Tochterunternehmen, z. B. der Flabeg — an der Entwicklung und Herstellung neuer Produkte zunächst nicht beteiligt. Über die Zusammenarbeit mit der auf Sicherheits- und Panzerglas spezialisierten Sigla-GmbH und den Tochter- und Beteiligungsgesellschaften der DETAG in Österreich, Böhmen und Schlesien kamen die Mitarbeiter der DETAG jedoch in Kontakt mit der Herstellung von Gußglas, Opakglas, Ein- und Zweischeibensicherheitsglas sowie in Chodau mit Opakglas[14]. Nach der Besetzung dieser Regionen durch sowjetische Truppen flohen viele Fachkräfte aus Chodau, Kunzendorf/Niederlausitz und Schakowa in den Westen und fanden bei der DETAG eine neue Wirkungsstätte. Es waren vor allem diese Fachkräfte, die das erforderliche technische Know-how für Spezialprodukte mitbrachten. Für die Erweiterung des Produktsortiments waren noch andere Gründe ausschlaggebend. Die Preise für Glas waren im Verhältnis zum Preisniveau vor dem Krieg geringer gestiegen als die Preise aller anderen wichtigen Baustoffe. Produkte der Flachglasveredelung wurden deshalb nicht mehr ausschließlich für die Fensterverglasung eingesetzt, sondern jetzt auch verstärkt für Türen, Zwischenwände oder als Fliesen und Wandplatten[15]. Dazu kam, daß in der Architektur aus ästhetischen und hygienischen Überlegungen, vor allem aber aus Gründen der Lebensqualität, der Anteil der Fensterflächen an der Fassade

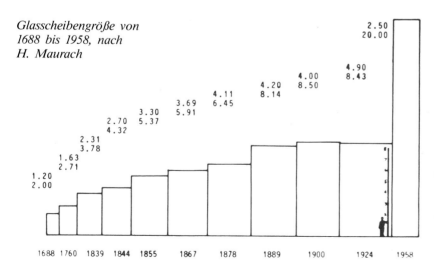

Glasscheibengröße von 1688 bis 1958, nach H. Maurach

der Bauobjekte immer größer wurde. Die Außenmauern der Gebäude hatten im Laufe der bautechnischen Entwicklung ihre tragende Funktion verloren. Statt dessen brachte der Skelettbau Raum für große Glaswandflächen. Die großflächige Verglasung erforderte außerdem größere Glasdicken, was die Nutzung höherer Schmelztonnagen ermöglichte. Schließlich war die Entwicklung der Automobilindustrie von Bedeutung. Die Produktion stieg von 61 000 Einheiten (1948) auf 374 000 (1951) und 909 000 (1955)[16]. Gleichzeitig vergrößerte sich die durchschnittliche Glasfläche pro Auto, weil nun mehr größere Scheiben eingesetzt wurden. Außerdem wurde einfaches Fenster- oder Spiegelglas nach und nach durch Einscheiben- und Verbund-Sicherheitsglas verdrängt, was die Verletzungsgefahr durch Glassplitter erheblich reduzierte.

Durch die Erweiterung des Produktsortiments konnte die DETAG rechtzeitig den gegenüber der Vorkriegszeit veränderten und gehobenen Ansprüchen entgegenkommen. Grundsätzlich verfolgte sie nach dem Kriege die Produktpolitik, vorhandene Produkte zu verbessern und neue zu entwickeln. Dieser risikoreiche und kostenintensive, letztlich aber zukunftsweisende Weg erwies sich später als richtig. Neben Wissenschaftlern und Ingenieuren für die Produktentwicklung wurden eine Reihe von jungen Mitarbeitern für Vertrieb, Marketing, Öffentlichkeitsarbeit und Werbung/Verkaufsförderung eingestellt und laufend weiter ausgebildet. Dadurch wurde es möglich, Verkaufsbüros in allen Teilen der Bundesrepublik einzurichten und mit anwendungstechnisch ausgebildeten Mitarbeitern zu besetzen. Mit dieser Strategie stellte sich das Unternehmen frühzeitig auf eine neue Marktsituation ein, denn der Verteilermarkt der ersten Nachkriegsjahre begann sich seit Ende der fünfziger Jahre zu einem Käufermarkt zu entwickeln, der kundenorientiertes Handeln erforderte.

1946 erweiterte die DETAG erstmals ihr Produktionsprogramm mit einem Produkt der Flachglasveredelung, Verbundsicherheitsglas „Sigla". Die Kunzendorfer Sigla-GmbH hatte 1938 in Wernberg ein Zweigwerk zur Fertigung von Sicherheitsglas errichtet. Ausschlaggebend für den Standort Oberpfalz war damals die Nähe zu den dortigen Schleif- und Polierwerken gewesen. Es waren auch genügend Arbeitskräfte vorhanden, die allerdings erst für die Sigla-Produktion angelernt werden mußten. Zudem lag Wernberg verkehrsmäßig günstig, da sich dort zwei Fernstraßen kreuzten. Zunächst wurden in Wernberg plane Windschutzscheiben für die Automobilindustrie hergestellt; mit Kriegsbeginn wurde die Produktion jedoch auf Mehrscheiben-Verbundsicherheitsglas und beschußsicheres Panzerglas umgestellt.

Nachdem Kunzendorf, Sitz und Hauptfertigungsstätte der Sigla-GmbH, von sowjetischen Truppen besetzt und das Gebiet östlich

Maximilian v. Vopelius. Er setzte sich als Vorstandsmitglied der DETAG (1950—1970) für ein modernes Marketing in Vertrieb, Öffentlichkeitsarbeit und Werbung ein.

157

der Oder-Neiße-Linie unter polnische Verwaltung gestellt worden war, floh ein großer Teil der Belegschaft nach Wernberg. Im Werk Wernberg befanden sich damit sowohl erfahrene Ingenieure als auch ein gut ausgebildeter Stamm an Facharbeitern. Da der Vorstand der DETAG das Marktpotential des Produktes Sigla erkannte, pachtete die DETAG 1946 das Werk Wernberg. Im selben Jahr wurde dort die Produktion von planem Sigla wieder aufgenommen. Später wurden auch gebogene Windschutzscheiben, die im Wittener Werk vorgefertigt wurden, in Wernberg zu Sicherheitsglas verbunden. Sigla fand nicht nur in der Automobilindustrie, sondern nun auch verstärkt auf dem Baumarkt Verwendung, zum Beispiel für Türen und Trennwände.

1949 kaufte die DETAG das Wernberger Werk. Kurz darauf entstanden mit Hilfe des Unternehmens eine Wohnsiedlung und Anlagen für die Freizeitgestaltung.

Sigla wurde nach dem Kriege zunächst nur farblos und in planer Ausführung hergestellt. 1950 begann man jedoch in Wernberg mit der Produktion von Sigla mit eingefärbter Folie. 1951 konnte vom Wittener Werk auch gebogenes Sigla - vor allem für die Automobilindustrie — angeboten werden. Sigla fand außerdem einige Jahre als Vorsatzscheibe mit Spezialeinfärbung in Fernsehapparaten Verwendung, bis die Hersteller von Fernsehgeräten Anfang der sechziger Jahre auf Kunststoffscheiben übergingen.

Etwas später als die DETAG, im Herbst 1949, begann auch die DELOG mit der Produktion von Verbundsicherheitsglas. Ihr — im Prinzip gleichartiges — Produkt hieß „Delog-Verbund" und fand im Hausbau, als Windschutzscheibe und als Fernsehvorsatzscheibe Verwendung. Zur gleichen Zeit wurde auch mit der Produktion von Matt- und Eisblumenglas begonnen, das die DETAG früher aufgenommen hat ebenfalls in ihr Sortiment aufnahm[17].

Im Oktober 1946 beteiligte sich die DELOG mit 75 Prozent an der Gründung der Spinnglas GmbH in Gelsenkirchen-Rotthausen. Die Herstellung von Spinnglas erfüllte jedoch nicht die Erwartungen, so daß das Unternehmen 1950 in Liquidation ging.

Mit „Detopak" — DETAG-Opakglas — begann 1949 die Produktion eines weiteren Spezialprodukts. Opakglas ist ein in der Masse gefärbtes, undurchsichtiges („opakes") Gußglas, 5—7 mm dick und mit einer feuerpolierten Sichtfläche sowie einer gerillten Unterseite versehen. Detopak wurde in schwarz, weiß und in Pastelltönen hergestellt. Im Unterschied zur Keramik konnten größere Flächen in einem Stück erzeugt werden. Detopak trat daher in Form von Glasfliesen und Glaswandplatten in Konkurrenz zu Produkten der keramischen Industrie. Aufgrund der niedrigen Preise keramischer Produkte, der nicht einfach zu handhabenden Verlegung von Detopak und wegen Änderungen im Ge-

CUDO-Fertigung in Wernberg, 1956.

Fertigung von CUDO-Isolierglasscheiben im DETAG-Werk Wernberg.

schmack der Architekten und Bauherren setzte sich jedoch die Keramik durch. Deshalb gab die DETAG 1969 als letztes westeuropäisches Großunternehmen der Flachglasindustrie die Fertigung von Opakglas auf[18].

Schon 1934 hatte die Sigla-GmbH ein Reichspatent auf die Doppelscheibe „Ku-Do-Glas" (Kunzendorfer Doppelglasscheibe) erteilt bekommen. Der Patentierung war ein Jahrzehnt intensiver Entwicklungsbemühungen verschiedener Unternehmen vorausgegangen, die allerdings nicht zu marktfähigen Produkten geführt. hatten. Ku-Do-Glas bestand aus zwei Scheiben, zwischen deren Rändern sich eine luftundurchlässige Schicht aus Kunstharz befand. So entstand ein Zwischenraum zwischen den beiden Scheiben, der nach außen hin vollkommen dicht sein und im Innern eine extrem niedrige Luftfeuchtigkeit aufweisen mußte. Der trockene Zwischenraum bewirkte eine gute thermische Isolierung, so daß sich die dem zugewandte Scheibe auf einem höhern Temperaturniveau hielt als bei einer einfachen Fensterglasscheibe. Ku-Do-Glas fand vor dem Krieg bei der Reichsbahn Verwendung.

Nach dem Krieg hatte die Deutsche Bundesbahn weiterhin großes Interesse an der Doppelscheibe. Nach langjährigen Entwicklungsarbeiten brachte die DETAG 1952 das stark verbesserte „Cudo" auf den Markt. Der Zwischensteg bestand nun aus einem mit

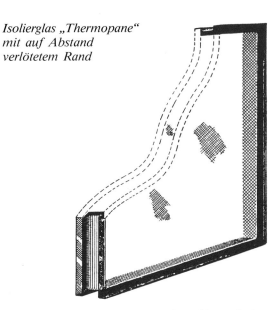

Links: Thermopane-Anzeige, 1958.
Rechts: Schema-Schnitt: Isolierglas „Thermopane" mit verlötetem Rand.
Unten: Thermopane-Einheiten werden mit extrem trockener Luft gespült. Bild aus dem Thermopane-Betrieb der DELOG in Gelsenkirchen.

Isolierglas „Thermopane" mit auf Abstand verlötetem Rand

Trockenmittel gefülltem Bleiprofil, auf das die beiden Scheiben geklebt waren. Cudo wurde sofort und nach anfänglichen Schwierigkeiten mit großem Erfolg bei der Bundesbahn, etwas später auch für die Fensterverglasung verwendet. Cudo konnte, wie auch die anderen Isoliergläser, mit Sicherheitsglas kombiniert werden[19].

Die DELOG erwarb als zweites deutsches Unternehmen von der amerikanischen Libbey-Owens-Ford Company eine Lizenz zur Herstellung des schon 1938 in den USA patentierten Isolierglases „Thermopane", das sie 1954 in Konkurrenz zu Cudo auf den deutschen Markt brachte. Der Abstandhalter der zwei oder mehr Scheiben bestand aus einem Bleibandsteg. Die Scheiben wurden jedoch nicht durch Klebstoff mit dem Metall verbunden, sondern direkt angelötet und der Zwischenraum mit getrockneter Luft ausgefüllt. Gemeinsam mit dem anderen deutschen Lizenznehmer für Thermopane, der Glas- und Spiegelmanufactur AG in Gelsenkirchen-Schalke, vertrieb die DELOG Thermopane in der Thermopane-Verkaufs-Gesellschaft (TVG). Nach der Einführung im Bausektor, auch in Kombination mit Guß- oder Sicherheitsgläsern, wurde Thermopane ebenfalls mit Erfolg bei der Deutschen Bundesbahn eingesetzt[20].

Neben Cudo trat bei der DETAG 1955 „Gado" (Ganzglas-Doppelscheibe". Im Gegensatz zu Cudo bestand Gado aus zwei zur

Links:
GADO-Ganzglas-
Isolierscheiben werden
im DETAG-Werk
Witten mit trockener
Luft gespült.

GADO-Fertigung
in Witten.

Erhaltung des Luftzwischenraumes an den
Rändern etwas gebogenen, miteinander ver-
schweißten Scheiben. Das Verfahren war von
der DETAG entwickelt worden und wurde
patentiert. Durch Serienfertigung konnten die
Stückkosten gering gehalten werden, so daß
mit Gado eine preisgünstige Isolierglasschei-
be für den Kleinwohnungsbau, den sozialen
Wohnungsbau und für Fertighäuser angeboten wurde[21].

Mit Einführung von Isoliergläsern auf dem
deutschen Markt begann der Ersatz von einfachen Fensterglasscheiben durch anspruchs-
vollere Produkte. Thermopane, Cudo und
Gado sowie deren Nachfolgeprodukte dräng-
ten den Anteil des Fensterglases an der Bau-
verglasung in den folgenden Jahrzehnten
stark zurück. In der Anwendung boten die
Spezialgläser erhebliche Vorteile bezüglich
der Energieeinsparung und der Wohnquali-
tät: Räume konnten in Hinsicht auf Temperaturen und Schall besser isoliert und die Fensterflächen dadurch vergrößert werden.

Für die Unternehmen der Flachglasindustrie
bedeutete der Ersatz von Fensterglas durch
Spezialprodukte eine willkommene Steigerung der Wertschöpfung und bestärkte ihre
qualitätsorientierte Produktpolitik. Allerdings vergrößerte sich damit auch die Abhängigkeit der Unternehmen von den Lohnkosten, da die Herstellung der genannten Spezialprodukte trotz ständiger Rationalisierungsmaßnahmen erheblich lohnintensiver

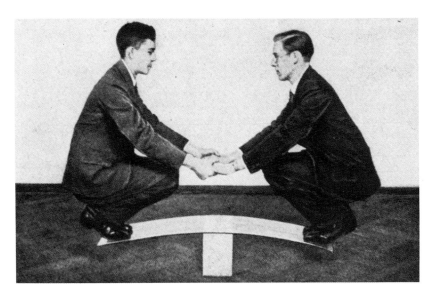 

Links: Demonstration der Biegefähigkeit von vorgespanntem Einscheiben-Sicherheitsglas.
Rechts: Prof. Dr. H. Jebsen-Marwedel. Vorstandsmitglied der DELOG 1947/48 bis 1957/58.

als die Herstellung von einfachem Ziehglas war.

1958 rundeten DELOG und DETAG ihr Sicherheitsglasprogramm mit Einscheiben-Sicherheitsglas ab, das von der DETAG als „Durvit" für den Bausektor und von der DELOG als „Delog-Hartglas", seit 1962 als „Delodur", für den Bau- und Automobilsektor angeboten wurde. Zur Herstellung von Einscheiben-Sicherheitsglas wird eine normale Glasscheibe noch einmal bis auf über 600 Grad Celsius erwärmt und dann sehr schnell abgekühlt. Durch das plötzliche Erkalten entsteht in der Oberflächenschicht eine Druckspannung und im Innern eine Zugspannung. Das Glas erhält dadurch eine hohe Biegebruchfestigkeit. Wird die Oberfläche des Glases durch einen scharfkantigen Gegenstand oder einen sehr energiereichen Stoß verletzt oder durchbrochen, zerfällt die Scheibe aufgrund der Spannungsverhältnisse in viele kleine Glaskrümel, die in der Regel ungefährlich sind[22].

Die DELOG wurde ein bedeutender Zulieferer der Automobilindustrie an planen und gebogenen Windschutz-, Seiten- und Heckscheiben, letztere zum Teil auch beheizbar.

Der Verkauf der Kfz-Scheiben lief über die Sekurit-Glasunion, eine Tochtergesellschaft der Vereinigte Glaswerke, Aachen. Delodur und Delogcolor, ein farbemailliertes Einscheiben-Sicherheitsglas für den Bausektor, verkaufte die DELOG selbst.

Dadurch, daß sich die Unternehmen der Glasindustrie besonders seit der Zeit nach dem Ersten Weltkrieg bei der Rohglasherstellung und der Produktentwicklung immer stärker auf naturwissenschaftliche Erkenntnisse stützten, befand sich eine Reihe von Chemikern und Physikern nicht nur in den Forschungs- und Entwicklungsabteilungen, sondern auch in den obersten Managementpositionen der Glasindustrie. Neben vielen anderen sind hier vor allem die Chemiker Dr. Hans Jebsen-Marwedel aus dem Vorstand der DELOG und Dr. Georg Kilian, der 1955 nach dem frühen Tode Dr. Seelings den Vorstandsvorsitz der DETAG übernahm, zu nennen.

Sowohl die DELOG als auch die DETAG versuchten im Zuge des wirtschaftlichen Aufschwungs nach der Währungsreform in einen neuen, zukunftträchtigen Geschäftsbereich einzusteigen: die Kunststoffverarbeitung.

Vom wirtschaftlichen Standpunkt bedeutete der Aufbau einer Produktionssparte Kunststoffe zunächst ein gewisses Risiko, da Anlaufschwierigkeiten nicht zu vermeiden waren. Andererseits erschien es wünschenswert, sich an einem schnell wachsenden Markt zu beteiligen. Zudem mußte die Flachglasindustrie im Bereich Kunststoffe die technische Entwicklung verfolgen, um rechtzeitig auf eine eventuell drohende Substitution von Glas durch Kunststoffe reagieren zu können. Schließlich bedeutete die Produktion und

Durodet-Fertigung in Weiden/Opf.

Weiterverarbeitung von Kunststoffen eine Diversifizierung der bis dahin ziemlich einseitig auf Flachglasherstellung und -veredelung fixierten Unternehmen. Auch die neuen Produkte zielten jedoch zum Teil auf den Bedarf des Baugewerbes ab, womit die DETAG weiterhin vom Konjunkturverlauf ihres größten Abnehmers abhängig blieb.

Im Herbst 1953 gründete die DELOG gemeinsam mit der amerikanischen Plax Corporation und der belgischen SIDAC die Deutsche Plax GmbH. Sie wurde auf dem Werksgelände der DELOG untergebracht und stellte von kleinen Flaschen bis zu Fässern Hohlkörper, auch bedruckt, her, weiterhin Verpackungsschlauchfolien und Beutel, ebenfalls bedruckt, und ein- oder zweiachsig orientierte Polyesterfolien. Die wirtschaftlichen Ergebnisse der Deutschen Plax blieben jedoch unter den Erwartungen, so daß die DELOG 1959 ihren Anteil gewinnbringend abstieß[23].

Die DETAG begann erst im März 1956 mit der Kunststoffverarbeitung. Unter der Marke „Polydet" bot sie glasfaserverstärkte Polyesterplatten an, die vor allem auf dem Baumarkt Absatz fanden. Im folgenden Jahr wurde die Kunststoffverarbeitung durch eine neue Sparte ergänzt, als die DETAG mit der Produktion von „Campco", Platten und Folien aus plastischem Kunststoff, begann. Die Campco-Produkte wurden aufgrund einer von der Chicago Molded Plastics Corpora-

tion erworbenen Lizenz in verschiedenen Härte- und Zähigkeitsgraden hergestellt und als Halbzeug vertrieben. Als Kunde kam für dieses Produkt in erster Linie die Verpackungsindustrie in Frage. Wie bei der Glasherstellung und -veredelung betrieb die DETAG auch in der Sparte Kunststoffe eigene Forschungs- und Entwicklungsarbeiten, so daß schon bald Lizenzen vergeben werden konnten.

Nach einigen Jahren — schon 1959 stellten die Kunststoffe 7 Prozent des Gesamtumsatzes der DETAG — verlangsamte sich das Wachstum wegen starken Konkurrenzdrucks. 1969 waren die Kunststoffsparten immerhin mit insgesamt 15 Prozent am Umsatz der DETAG beteiligt. Zu diesem Zeitpunkt wurden neben Polydet Lichtkuppeln, Durodet-Harzmatten, plane Platten und Formteile aus Glasfaserkunststoffen und „Thermodet" (früher Campco) hergestellt[24].

INVESTITIONEN UND BETEILIGUNGEN

Die Ausweitung und Differenzierung des Produktangebots der DELOG und der DETAG wurde nur durch ein rasches Marktwachstum ermöglicht, das den Unternehmen über eine angemessene Gewinnspanne genügend Mittel für Forschung und Entwicklung ermöglichte. Seit der Weltwirtschaftskrise Anfang der 1930er Jahre hatten weder die DELOG noch die DETAG neue Wannen oder gar Werke errichtet. In den dreißiger Jahren waren nur zwischenzeitlich stillgelegte oder enteignete Werke wieder in Betrieb genommen worden — davon zwei, Witten und Torgau, nur auf staatlichen Druck hin. Durch die Gebietsverluste nach dem Zweiten Weltkrieg hatten DELOG und besonders die DETAG einen Teil ihrer Produktionskapazität verloren. Die DETAG hatte darüber hinaus zwei Drittel der Vereinigte Vopelius'sche und Wentzel'sche Glashütten GmbH abgestoßen und dadurch einen weiteren Substanzverlust erlitten. Die verlorengegangenen Kapazitäten mußten nun ersetzt werden.

Pacht und Kauf des Wernberger Veredelungsbetriebs 1946 bzw. 1949 entwickelten sich als Glücksfall. Die DETAG hatte nun neben der FLABEG als flachglasverarbeitendem Unternehmen ein Standbein in der Flachglasveredelung. Neben der 1946 angelaufenen Produktion von Sigla wurde seit 1952 Cudo in Wernberg hergestellt. Im Laufe der Zeit kamen weitere Spezialprodukte wie Panzerglas, heizbare Heckscheiben, Draht-Sigla etc. hinzu.

Die große Nachfrage nach Fensterglas veranlaßte die DETAG Ende der vierziger Jahre, den Bau einer neuen Fourcault-Anlage in Angriff zu nehmen. Weiden kam dafür nicht in Frage, weil der Braunkohlebezug aus Böhmen nach der Umwandlung der Tschechoslowakei in eine sozialistische Volksrepublik (1948) drastisch verteuert und zudem unzuverlässiger geworden war. Auch durch die wirtschaftliche und politische Abtrennung der sowjetischen Besatzungszone und späteren DDR verlor Weiden als Standort an Attraktivität. Statt einer neuen Fourcault-

Detopak-Fertigung in Weiden. Schöpfen der Glasschmelze mit der Kelle und Gießen auf den Tisch.

Anlage baute die DETAG 1949 in Weiden eine Tageswanne mit Gußtisch und Kühlkanal für die Herstellung von Detopak, an der wiederum sudetendeutsche Facharbeiter beschäftigt werden konnten. Sie kamen vor allem aus Chodau, wo sie an der dortigen Opakglasanlage gearbeitet hatten[25].

Die neue Fourcault-Anlage kam schließlich nach Witten/Ruhr. Mit der Fertigstellung der neun Fourcault-Maschinen umfassenden Anlage 1950 wurde Witten zum wichtigsten Werk der DETAG. Einige Jahre vorher, 1947, hatte man in Witten außerdem mit der Produktion von Sigla versuchsweise begonnen. Da die Versuche erfolgreich verliefen, begann die DETAG nun auch in Witten mit der Serienproduktion von planem Sigla. Schon nach kurzer Zeit mußte der Sigla-Betrieb für die Herstellung von gebogenen Gläsern erweitert werden. Auch die anderen Produkte der Flachglasveredelung wurden in den nächsten Jahren in Witten angesiedelt: Neben Sigla traten Detopak, Cudo, Gado und Durvit[26].

Oben: DETAG-Werk Witten.
Luftaufnahme Aero-Lux, Frankfurt/M.
(Freigegeben Reg.Präs. Darmstadt Nr. 1478/71)

Sigla-Windschutz-scheiben-Fertigung in Witten: Biegeofen.

Einlegen der Folie.

Im Autoklaven.

Einen Monat, nachdem die DETAG ihre zweite Wanne in Witten in Betrieb genommen hatte, begann die DELOG mit dem Bau ihrer vierten Wanne auf ihrem Werksgelände in Gelsenkirchen-Rotthausen. Die Anlage vom Typ Fourcault hatte sieben Ziehmaschinen und konnte sowohl mit Koksofengas als auch mit Heizöl gefeuert werden. Die DELOG hatte das Fourcault-Verfahren gewählt, weil die Anlage als Ersatz für die Torgauer Hütte für den Export produzieren sollte, da auch nach Kriegsende der DELOG durch die Lizenzvereinbarung mit der Mécaniver untersagt blieb, auf Libbey-Owens-Maschinen gezogenes Glas zu exportieren. Die Fourcault-Anlage wurde aber nach ihrer Fertigstellung im Februar 1952 auch für die Inlandsproduktion herangezogen, da der Export 1952 während der Koreakrise für kurze Zeit um fast die Hälfte zurückging. Entgegen ersten Befürchtungen zeigte sich jedoch, daß die Erweiterung der Kapazität kein Fehler gewesen war. Die Nachfrage nach Fensterglas stieg in den folgenden Jahren so stark an, daß die DELOG noch eine weitere Anlage errichten mußte[27].

Ursprünglich war für diese neue Anlage wiederum Gelsenkirchen vorgesehen worden, zumal die Stadt großes Entgegenkommen zeigte. Wegen der vielen Steinkohlezechen in und um Gelsenkirchen war es jedoch nicht möglich, ein Grundstück zu finden, das völlig frei von möglichen späteren Bergschäden war. Dies war besonders im Hinblick auf die vorgesehene Herstellung von optisch einwandfreiem Spiegelglas eine unabdingbare Forderung. Daraufhin entschloß sich die DELOG, ein ganz neues Werk in Wesel, ca. 50 Straßenkilometer nordwestlich von Gelsenkirchen, am Zusammenfluß des Lippe-Seiten-Kanals mit dem Rhein, zu errichten. Der Standort lag somit auch verkehrsmäßig sehr günstig[28].

Zur Anwendung kamen hier weder das Libbey-Owens- noch das Fourcault-Verfahren. Man gab statt dessen dem Pittsburgh-Verfahren den Vorzug. Dieses Verfahren war von der amerikanischen Pittsburgh Plate Glass Company entwickelt und 1931 von der Rheinischen Ziehglas AG (REZAG) in

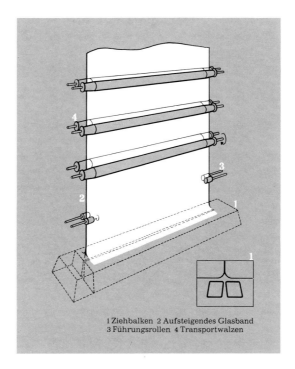

Schema des Ziehvorgangs.

1 Ziehbalken 2 Aufsteigendes Glasband
3 Führungsrollen 4 Transportwalzen

Grundriß-Schema der Anlage der DELOG im Werk Wesel.

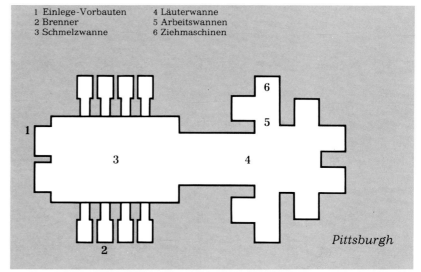

1 Einlege-Vorbauten 4 Läuterwanne
2 Brenner 5 Arbeitswannen
3 Schmelzwanne 6 Ziehmaschinen

Pittsburgh

Ein drittes Verfahren, nach dem Fourcault- und Libbey-Owens-Verfahren, entwickelte die Pittsburgh Plate Glass Company. Es vereinigte Vorteile der beiden ersten und wurde seit 1928 angewandt. Das Glas umströmt einen feuerfesten Ziehbalken. Den Transport des mit dem Fangeisen zu Beginn des Ziehvorgangs hochgeführten Glasbandes übernehmen zunächst je zwei wassergekühlte Führungsrollen und dann Walzenpaare. Am Ende des 10—12 m hohen Kühlschachts wird das Glasband automatisch abgebrochen. Die Tagesleistung einer Glashütte mit 6 Ziehmaschinen kommt etwa der Jahresleistung von 8 mittelalterlichen Hütten gleich.

DAS PITTSBURGH-VERFAHREN

Werk Wesel. Luftaufnahme Kardas, Oberhausen.
(Freigegeben Reg.Präs. Düsseldorf Nr. 20 B 361), 1971.

Deutschland erstmals eingesetzt worden: Es kombinierte teilweise die Vorteile des Fourcault- und des Libbey-Owens-Verfahrens. Das Pittsburgh-Verfahren eignete sich besonders gut für Dickglas bis acht Millimeter und wies eine sehr gute optische Qualität auf. Ein weiterer Vorteil bestand in der Möglichkeit, relativ schnell auf andere Glasdicken umstellen zu können. Andererseits war das Pittsburgh-Verfahren nicht einfach zu handhaben und erforderte gut geschulte Mitarbeiter[29].

Anfang 1957 lief die Produktion in Wesel an. Die neue Anlage arbeitete mit vier Ziehmaschinen und wurde mit Öl befeuert. Nach anfänglichen Schwierigkeiten konnte auch dort gutes Glas gezogen werden. Die DELOG betrieb jetzt insgesamt fünf Wannen in zwei Werken und verwendete alle drei damals existierenden Ziehverfahren.

Zur Ausweitung ihres Lieferprogramms beschloß die DELOG unter Nutzung eines alten „Quotenrechts" Mitte der fünfziger Jahre die Herstellung von Spiegelglas wieder aufzunehmen, das zudem die Basis für die Herstellung von Einscheiben-Sicherheitsglas war. Vor dem Krieg hatte die DELOG maschinengezogenes Dickglas in einer eigenen Schleif- und Polieranlage zu Spiegelglas weiterveredelt. Als die DELOG 1940 unter Feindvermögenskontrolle gestellt worden war, hatte sie diese Anlage stillegen müssen. Die im Krieg stark beschädigte Anlage war inzwischen veraltet.

Um den technischen Aufwand gering zu halten, bezog die DELOG daher von dem französischen Unternehmen S. A. Glaces de Boussois geschliffenes Spiegelrohglas als Vorprodukt, das sie in einer 1957 im Werk Wesel neu errichteten Polieranlage zu Spiegelglas weiterverarbeitete. Das Spiegelglas kam teilweise direkt auf den Markt oder wurde zu Einscheiben-Sicherheitsglas, dessen Produktion 1958 ebenfalls in Wesel anlief, weiterveredelt[30].

1954 erwarb die DELOG 75 Prozent des Aktienkapitals des wirtschaftlich angeschlagenen Spiegelglasherstellers Unionglas AG in Fürth/Bayern und damit eine weitere Spiegelglasquote. Die Unionglas war vor der Übernahme grundlegend saniert worden.

Im Besitz des Rechtsvorgängers der Unionglas AG war neben anderen Hütten zwei Jahrzehnte lang die Spiegelglashütte Frankenreuth gewesen. Nach der Aufteilung der Firma E. & A. Kupfer, die 1899 zur Gründung der Tafel-Salin geführt hatte, führte Alois Kupfer die Glashütte Frankenreuth alleine weiter. Am 9. Januar 1905 übernahm die Firma Eduard Kupfer & Söhne, die auch nach Gründung der Tafel-Salin noch weiterbestanden hatte, die Frankenreuther Spiegelglashütte. Eduard Kupfer & Söhne fusionierte im März 1905 mit W. Bechmann zur Bayerische Spiegelglasfabriken AG (Bechmann-Kupfer) mit Sitz in Fürth und brachte Frankenreuth in das Unternehmen ein. Auch Bechmann-Kupfer litt unter den Auswirkungen der Strukturkrise in den zwanziger Jahren. Die Spiegelglas produzierende Hütte Frankenreuth wurde 1923 stillgelegt und zu einer Tafelglashütte mit Mundblasverfahren umgebaut, was angesichts der aufkommenden mechanischen Verfahren und der schlechten Verkehrslage der Hütte eine eindeutige Fehlinvestition war. 1926 mußte die Hütte für immer stillgelegt werden.

Dennoch überlebte Bechmann-Kupfer als einziges bayerisches Unternehmen der Spiegelglasindustrie den Kampf gegen den übermächtigen Verein Deutscher Spiegelglasfabriken (VDS). 1934 kam eine Einigung zustande, indem der VDS eine Beteiligung an der Bayerische Spiegelglasfabriken AG erwarb.

Dennoch blieb das Unternehmen selbständig und gründete 1939 mit regionalen Schleif- und Polierwerksbesitzern ein eigenes Syndikat, die Spiegelglas-Union-GmbH, das gleichberechtigt neben den VDS trat. 1940 fusionierten beide Syndikate.

1942 benannte sich die Bayerische Spiegelglasfabriken AG in Spiegelglas-Union AG, 1952 in Unionglas AG um. Hauptproduktionsstätte war seit 1919 eben jenes Werk in Furth i. W., das Kupfer & Glaser 1882 errichtet hatte. Neben Spiegelglas, das auch in Bayern seit den 1920er Jahren nicht mehr durch Veredelung von geblasenem Fensterglas, sondern durch Guß hergestellt wurde, stellte die Unionglas eine Reihe von Spezialprodukten im Flach- und Hohlglasbereich her. Durch die Übernahme der Unionglas AG war die DELOG nun — wie die DETAG mit der FLABEG — in die Flachglasverarbeitung vorgedrungen[31].

Anfang der 1950er Jahre mußte die DETAG eine Entscheidung über das Werk in Weiden treffen. Weiden war durch die Folgen des Zweiten Weltkriegs in eine schwierige Situation geraten. Durch den Übergang der DDR, der CSSR und der osteuropäischen Staaten zur Planwirtschaft ging der DETAG damit nicht nur ein großer potentieller Absatzraum verloren. Viel weitreichendere Konsequenzen hatte die schon erwähnte drastische Erhöhung der Preise für böhmische Braunkohle, die jetzt nur noch knapp unter denen der rheinischen Braunkohle lagen. Die Braunkohlenlieferungen aus der Tschechoslowakei waren unzuverlässig und gefährdeten so den Wannenbetrieb in Weiden. Deshalb mußte die DETAG Braunkohle aus dem über 500 Kilometer entfernten Rheinland beziehen, wobei die enorme Frachtkostenbelastung durch die Grenzland-Kohlenfrachthilfe etwas gesenkt werden konnte.

Wegen der äußerst ungünstigen Frachtlage Weidens hatte die DETAG den Schwerpunkt der Fensterglaserzeugung nach Witten verlegt und in Weiden zunächst nur die notwendigen Ersatzinvestitionen durchgeführt. Da die Produktivität unter diesen Bedingungen litt, mußte 1953 eine Entscheidung darüber getroffen werden, ob der Fensterglasbetrieb in Weiden umfassend modernisiert oder stillgelegt und an anderer Stelle ein neues Werk aufgebaut werden sollte.

Nach langen Überlegungen entschloß sich die DETAG zu einer gründlichen Modernisierung des Weidener Werks. Ausschlaggebend war dabei nicht nur die Tatsache, daß Weiden die letzte Fensterglashütte in Süddeutschland war, so daß es für die Belieferung dieser Region immer noch Frachtvorteile gegenüber den drei westdeutschen Hütten (Gelsenkirchen, Witten, Porz) hatte. Die DETAG zeigte damit auch ihre Verbundenheit mit den — vielfach schon in dritter und vierter Generation — in der „Hütte" tätigen Werksangehö-

Fensterglas-Wanne (II) im Werk Weiden/Opf. Blick auf die Ziehschächte der Fourcault-Ziehanlage.

Oben: Gemenge-
einfüllung. Wanne II
in Weiden/Opf.
Mitte: Gemenge-
bearbeitung
Rechts: Arbeiter an
der Gemengeeinfahrt.
Wanne II,
Werk Weiden/Opf.

Profilit-Anzeige, 1958.

EOMAG, Werk Brunn am Gebirge, um 1965.

rigen. Insgesamt waren 700 Mitarbeiter in der Fensterglashütte und an der Tageswanne für die Opakglasfabrikation beschäftigt. In Weiden wurde außerdem mit der Kunststoffverarbeitung 1956 eine zukunftsversprechende Produktionssparte aufgenommen.

Trotz intensiver Rationalisierungsmaßnahmen konnten die ständig steigenden Brennstoffkosten in den folgenden Jahren nicht aufgefangen werden. Deshalb wurde im Werk Weiden 1959 die Feuerung von Generatorengas auf Öl umgestellt, das nach dem Bau der Pipeline von Genua nach Bayern aus Ingolstadt bezogen werden konnte[32].

Obwohl die DELOG und die DETAG Konkurrenten waren mit einem Marktanteil an Fensterglas von damals je etwa 40 Prozent — die REZAG hatte 20 Prozent —, kam es doch auf bestimmten Gebieten zur Zusammenarbeit[33].

Bei der Übernahme der Ersten Österreichischen Maschinglas AG (EOMAG) Ende 1956 arbeiteten DELOG und DETAG zusammen. Österreich war nach der Niederlage des Deutschen Reichs ebenso wie Deutschland in vier Besatzungszonen aufgeteilt worden. Die Ostdeutsche Glaswerke AG wurde aufgelöst und das Werk in Brunn a. Geb. wie die anderen ehemals deutschen Industrieunternehmen in der sowjetischen Zone als USIA-Betrieb (russisch für: sowjetisches Eigentum in Österreich) weitergeführt. In dieser Zeit wurden nur die dringendsten Ersatzinvestitionen vorgenommen. Eine wichtige Änderung ergab sich bei der Deckung des Brennstoffbedarfs:

Etwa 30 Kilometer von Brunn entfernt war Erdgas gefunden worden, mit dem das Brunner Werk über eine Stichleitung versorgt werden konnte. Da das Erdgas erheblich billiger als Erdöl und die bis dahin verwendete Braunkohle war, verringerten sich die Kosten für den Brennstoffbezug erheblich.

Nachdem die Sowjetunion 1955 dem österreichischen Staatsvertrag zustimmte, erhielt Österreich seine staatliche Souveränität zurück. Die EOMAG kam wieder in die Hände der ursprünglichen Besitzer. Diese scheuten die hohen Investitionen, die notwendig waren, das Werk auf den neuesten technischen Stand zu bringen und boten der DETAG den Rückkauf des Brunner Werks an. Da ihr eine alleinige Übernahme zu riskant erschien, übernahmen DETAG und DELOG Ende 1956 gemeinsam die Erste Österreichische Maschinglas AG zu je 50 Prozent.

Mit der EOMAG hatten DELOG und DETAG das führende Unternehmen der österreichischen Flachglasindustrie erworben. Neben Fensterglas stellte die EOMAG Gußglas, Opakglas und Einscheiben-Sicherheitsglas her. Die veralteten Anlagen wurden in den folgenden Jahren unter Einsatz hoher Investitionsmittel modernisiert. Unter anderem wurde 1957/58 eine moderne Gußglas-Continu-Anlage errichtet. Beim Bau erhielt die EOMAG technische Unterstützung von der französischen Glaces de Boussois, durch die Vermittlung der DELOG[34].

Das in den 1920er Jahren eingeführte Continu-Verfahren wurde konsequent für die Spiegel- und Gußglasherstellung weiterentwickelt. Die Glasschmelze floß aus der Wanne direkt in ein Walzwerk, das die Dicke und die Planparallelität bestimmte.

Die EOMAG beteiligte sich 1962 maßgeblich an der Mitterberger Glashütten GmbH und 1963 zu fast 100 Prozent an der Moosbrunner Glasfabrik AG, in der das Profilgußglas „Profilit" entwickelt worden war. Im Mitterberger Werk, das 1978 von der EOMAG vollständig übernommen wurde, lief eine Fourcault-Wanne, in Moosbrunn produzierten zwei Gußglaswannen Profilit. Damit war die EOMAG der alleinige Hersteller von Flachglas in Österreich[35].

DIE SECHZIGER JAHRE:
DELOG, DETAG UND DAS FLOATVERFAHREN

Die fünziger Jahre waren seit dem Kriegsausbruch 1914 für die deutsche Flachglasindustrie das erste Jahrzehnt, das einen durchgehend zufriedenstellenden geschäftlichen Verlauf nahm. Die beiden Weltkriege, die Inflation 1922/23, der tiefgreifende Strukturwandel als Folge der Mechanisierung in der zweiten Hälfte der 1920er Jahre und die Weltwirtschaftskrise hatten immer wieder zu Überkapazitäten, Preisverfall und Betriebsstillegungen geführt.

Getragen von einer anhaltend guten Nachfrage nach Produkten der Flachglas- und flachglasveredelnden Industrie, die sich von einfachem Fensterglas immer mehr zu den hochwertigen Spezialerzeugnissen verschob, hatten die Unternehmen in den fünfziger Jahren den Ausbau ihrer Kapazitäten ebenso wie die erforderlichen Kapitalerhöhungen weitgehend mit eigenen Mitteln finanzieren können. Die DELOG betrieb in den fünfziger Jahren eine zurückhaltende Dividendenpolitik und

thesaurierte den größten Teil ihrer Gewinne, während die DETAG vorrangig die Interessen ihrer Aktionäre berücksichtigte und einen größeren Anteil der erzielten Gewinne ausschüttete. Beide Unternehmen, besonders die DELOG, verfügten dennoch über hohe Rücklagen.

Auch den Mitarbeitern kam dies zugute. Den Unterstützungskassen der DELOG und der DETAG, deren Guthaben durch die Währungsreform fast völlig entwertet worden waren, führten beide Unternehmen seit Beginn der fünfziger Jahre wieder finanzielle Mittel zu. Die Anzahl der Mitarbeiter stieg rapide an. Für den großen Zuwachs der Beschäftigten war allerdings weniger die Steigerung der Fensterglasproduktion, sondern vielmehr die Aufnahme der Produktion von lohnintensiven Spezialerzeugnissen verantwortlich. Da in der Bundesrepublik 1960 die Vollbeschäftigung wieder erreicht wurde, die Industrie jedoch weiterhin Arbeitskräfte benötigte, be-

Links: Maurice Hulin. Aufsichtsratsvorsitzender der DELOG 1945—1959.

Rechts: Konsul Karl Holstein, im Vorstand der DELOG von 1950—1968, Aufsichtsratsvorsitzender der DELOG 1969—70, im Gespräch mit Dr. Hermann Josef Abs (Deutsche Bank), Aufsichtsratsvorsitzender der DELOG 1960—69. Beide wurden 1970 Ehrenvorsitzende des Aufsichtsrats der FLACHGLAS AG.

Links: Alte Abbrech-
bühne an einer
Fourcault-Anlage.
Handarbeit.
Rechts: Automatische
Abbrechanlage in
Weiden.

gannen auch DELOG und DETAG Anfang der sechziger Jahre ausländische Mitarbeiter einzustellen[36].

Die Lohnerhöhungen konnten in den fünfziger Jahren durch erhebliche Steigerungen der Produktivität vornehmlich im technischen Bereich aufgefangen werden. Fortschritte wurden sowohl bei der Mechanisierung der Flachglasveredelung und -verarbeitung als auch bei den Ziehanlagen erreicht. In diesem Zusammenhang ist besonders die Vergrößerung der Wannen und die Verbesserungen beim Abbrechen und Schneiden des Glases zu erwähnen. Hatte die Ausbringung einer Ziehmaschinen umfassenden Fourcault-Anlage 1930 noch bei 9000 Quadratmeter am Tag gelegen, so konnten auf der gleichen, aber erheblich verbesserten Anlage 1960 bereits 30000 Quadratmeter täglich bezogen werden[37].

Nicht nur der mengenmäßige Ausstoß der Fourcault- und Libbey-Owens-Anlagen war verbessert worden, sondern auch die Qualität des Ziehglases. Die optischen Unzulänglichkeiten, die in den 1920er Jahren als unvermeidlich hingenommen wurden, konnten weitgehend behoben werden. Die DETAG hatte die optische Qualität des Fourcaultglases durch eine patentgeschützte Weiterentwicklung erheblich verbessert. Von diesen Patenten wurden auch Lizenzen ins Ausland, z. B. nach Japan, Brasilien, Türkei, Dänemark, Österreich und anderen Ländern vergeben. Durch diese Verbesserungen war es der DETAG möglich, der anspruchsvollen Automobilindustrie Sigla-Windschutzscheiben aus maschinengezogenem Glas anstatt aus Spiegelglas zur Verfügung zu stellen.

Die drei existierenden mechanischen Ziehverfahren arbeiteten so gut, daß man sich eine Verbesserung durch ein grundlegend neues System nicht vorstellen konnte[38].

In dieser Situation überraschte die englische Pilkington Brothers Ltd. im Januar 1959 die Flachglasindustrie mit der Ankündigung, mit dem Floatverfahren eine völlig neue Methode

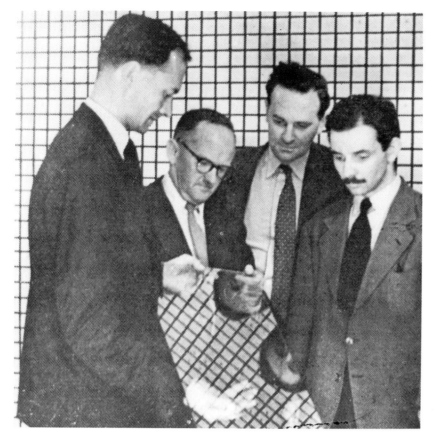

Alistair Pilkington
(links im Bild) prüft
im Januar 1955 ein
Floatglasmuster gegen
den Rasterfond.

*Sir Alistair Pilkington
entwickelte das Float-
glasverfahren zur
Produktionsreife.
Chairman of Pilkington
Brothers plc,
1973 bis 1980.*

zur Herstellung von Spiegelglas entwickelt zu haben. Das neue Produkt, Floatglas, sollte in den nächsten Jahren das gegossene, beidseitig geschliffene und polierte Spiegelglas substituieren[39].

Pilkington geht auf die 1826 gegründete „St. Helen's Crown Glass Company" in St. Helens, England, zurück, ist also genauso alt wie das westfälische Unternehmen Gebr. Müllensiefen. Neben das Hauptprodukt Tafelglas trat im Laufe der Zeit auch Spiegelglas, bei dessen Herstellung Pilkington in der Zeit zwischen den beiden Weltkriegen durch Entwicklung des kontinuierlichen Schleifverfahrens und des daraus entwickelten Twin-Verfahrens (beidseitig maschinelles Schleifen und Polieren von Rohspiegelglas) führend geworden war.

Beim Floatverfahren läuft das aus dem Schmelzofen kommende flüssige Glas über einen regulierbaren Überlauf auf ein „Bad" aus geschmolzenem Zinn. Unter den herrschenden physikalischen Gegebenheiten bil-

det sich eine auf dem Zinn schwimmende ca. sechs Millimeter dicke Glasschicht mit planparalleler Oberfläche. Diese Schicht in Form eines Bandes wird noch auf dem geschmolzenen Zinn weitgehend abgekühlt und kommt somit ohne Verletzung der Unterseite in den Kühlkanal. Da die Oberfläche des geschmolzenen Zinns absolut eben ist, wird auch das Glasband vollkommen eben. Die Geschwindigkeit des auslaufenden Bandes ist fünf- bis zehnmal höher als bei den herkömmlichen Ziehverfahren zur Tafelglasherstellung[40].

Von der Idee, ein Glasband über ein Metallbad laufen zu lassen, bis zur kontrollierten Produktion von marktfähigem Glas hatte Pilkington fast ein Jahrzehnt gebraucht. In diesem Zeitraum hatte das Entwicklungsteam von Pilkington über 100 000 Tonnen Scherben bis zum ersten verkaufsfähigen Glas produziert. Lizenzen wollte Pilkington erst vergeben, wenn das Verfahren vollständig ausgereift sein würde[41].

Die Bekanntgabe des neuen Verfahrens sorgte

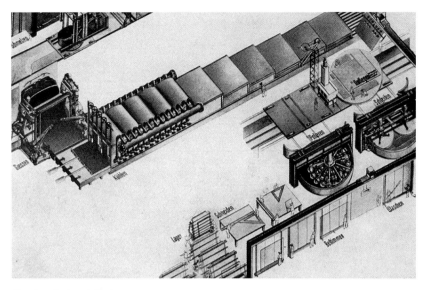

In der Spiegelglashütte
wurde gegossenes und
gewalztes Rohglas
geschliffen und poliert.
Oben: Anlage einer
Spiegelglashütte.
Unten: Poliermaschine.

weltweit für Unruhe in der Branche. Es war anfangs nicht sofort abzusehen, welche Qualität zu welchen Kosten das Floatglas aufweisen würde. Nachdem Pilkington 1962 mit der ersten Floatanlage offiziell die Produktion für den Markt aufnahm, wurde klar, daß das Floatglas die Qualität von Spiegelglas erreichte, jedoch zu Kosten, die später — nach einigen verfahrenstechnischen Verbesserungen — sogar unter denen der Fensterglasherstellung liegen könnten. Als mehrere Jahre später Floatglas auch in Dicken unter vier Millimeter erzeugt werden konnte, war die seit Jahrhunderten bestehende Trennung von billigem Tafelglas und höherwertigerem, dafür aber auch wesentlich teurerem Spiegelglas aufgehoben. Seitdem spricht man neben Float- auch von Basisglas anstelle von Tafel- oder Spiegelglas[42].

Nachdem Pilkington seit 1962 Lizenzen vergab — allerdings nur an Unternehmen der Spiegelglasindustrie —, bedeutete dies für die vier Unternehmen der deutschen Fensterglasindustrie — DETAG, DELOG, REZAG und die Vereinigte Vopelius'sche und Wentzel'sche Glashütten GmbH[43] —, daß auf dem Markt für Basisglas mittelfristig mit der Konkurrenz der deutschen Spiegelglasindustrie zu rechnen sein würde, jedenfalls zumindest im Bereich des Dickglases (über vier Millimeter). Das größte Unternehmen der deutschen Spiegelglasindustrie — und damit potentieller Erzeuger von Floatglas — war die Vereinigte Glaswerke GmbH (VEGLA) in Aachen, die auch die REZAG und die Vereinigte Vopelius'sche und Wentzel'sche Glashütten GmbH kontrollierte. Mit der VEGLA und ihren deutschen Tochterunternehmen stand die DELOG mit ihrem kostengünstigen Dickglas in Konkurrenz zum Spiegelglas. Auch im Bereich der Flachglasveredelung befanden sich DELOG und DETAG vor allem auf dem Markt für Sicherheitsgläser schon seit den fünfziger Jahren in Wettbewerb mit der VEGLA-Gruppe[44].

Für einen Konzern, der im Inland oder auch weltweit mehrere große Flachglasanlagen betrieb, war es lohnender, die teure Float-Lizenz zu erwerben, als für ein unabhängiges kleineres Unternehmen, das die Lizenz nur für wenige Anlagen ausnutzen konnte. Vor einem solchen Problem stand auch die DETAG, die als einziges größeres Unternehmen der deutschen Flachglasindustrie nicht an einen internationalen Konzern gebunden war. Außerdem stellte die DETAG kein Spiegelglas her und erhielt deswegen keine Float-Lizenz, obwohl sie in großem Umfang Spiegelglas von anderen Herstellern bezog und weiterverarbeitete[45].

Die Situation in den sechziger Jahren war somit der der 1920er Jahre nicht unähnlich. Wie damals drohte ein neues technisches Verfahren die Struktur der Flachglasindustrie durchgreifend zu verändern. Die Bedeutung des Floatverfahrens wurde jedoch diesmal schneller erkannt als damals die der mechanischen Ziehverfahren. Ein wichtiger Unterschied zu den zwanziger Jahren bestand außerdem darin, daß das Floatglas das herkömmliche Tafelglas nicht sofort, sondern nur in dem Maße verdrängen konnte, wie die Dicke des Glasbands beim Floatprozeß durch technische Verbesserungen verringert werden konnte. Die Unternehmen hatten deshalb etwas mehr Zeit, auf den technischen Fortschritt zu reagieren. Es war dennoch abzusehen, daß sich diejenigen Unternehmen der Fensterglasindustrie, die auf lange Sicht weiterexistieren wollten, an einen der Lizenznehmer anlehnen mußten, um eine Floatanlage errichten zu können.

Ungeachtet dieser die langfristigen Unternehmensstrategie betreffenden Probleme standen Anfang der sechziger Jahre wichtige Entscheidungen an, weil sich der Anstieg der Nachfrage nach Basisglas und Spezialgläsern fortsetzte, so daß DETAG und DELOG ihre Kapazitäten weiter ausbauen mußten.

Die DETAG stand vor der Entscheidung, entweder eine vierte Fourcault-Anlage zu bauen, oder — wie die REZAG und die DELOG — eine Pittsburgh-Anlage zu errichten. Das Pittsburgh-Verfahren schien zu dieser Zeit den anderen beiden Verfahren etwas überlegen zu sein, vor allem bei der Herstellung von Dickglas[46]. Dennoch beschloß die DETAG, weiter auf das Fourcault-Verfahren zu setzen, mit dem Ingenieure und Techniker der DETAG ausgezeichnet vertraut war. Die DETAG

fürchtete außerdem, sich bei der Errichtung einer Pittsburgh-Anlage in Abhängigkeit von anderen Unternehmen zu begeben, da ihre Ingenieure mit diesem Verfahren keine Erfahrungen hatten[47].

Die neue Fourcault-Anlage wurde in Weiden gebaut, da sich die Kostensituation nach dem Übergang auf Öl als Brennstoff wesentlich gebessert hatte. Maßgeblich für die Entscheidung war auch, daß sich in Westdeutschland alle Kapazitäten für Basisglas konzentrierten. Von Weiden aus hatte die DETAG Frachtvorteile für den süddeutschen Raum. Die neue Anlage, die eine andere Ofenkonzeption aufwies, wurde im November 1963 in Betrieb genommen. Im Jahr darauf wurde die alte Weidener Wanne stillgelegt. Erst 1969 wurde sie wieder angefahren, als in der Hochkonjunktur Lieferengpässe aufzutreten drohten[48].

Die DELOG dagegen setzte nach den ersten Erfahrungen mit ihrer 1957 in Betrieb genommenen Pittsburgh-Anlage weiter auf dieses Verfahren. 1964/65 baute sie deshalb in Wesel eine zweite, wesentlich größere Pittsburgh-Anlage mit acht Ziehmaschinen. Mit der im Oktober 1965 erfolgten Inbetriebnahme dieser Anlage, die aus der damals größten Fensterglaswanne Deutschlands gespeist wurde, legte die DELOG die alte Pittsburgh-Anlage still. Die Fremdbezüge von Fensterglas, die die DELOG während des Baus zur Deckung des Bedarfs ihrer Kunden und ihrer eigenen Flachglasveredelung benötigt hatte, konnten zunächst wieder eingestellt werden. 1969 nahm die DELOG ihre alte und inzwischen modernisierte Pittsburgh-Anlage wieder in Betrieb, um der gestiegenen Nachfrage nachkommen zu können. Zu diesem Zeitpunkt lagen die Betriebskosten noch unter denen der Floatanlagen, deren Produkt jedoch eine bessere Qualität aufwies[49].

Die Libbey-Owens-Wannen im Gelsenkirchener Stammwerk waren vier Jahrzehnte lang von der Zeche Dahlbusch mit Kokereigas versorgt worden. Erst in den letzten Jahren wurde teilweise auch Heizöl verwendet. Dahlbusch litt jedoch seit Ende des Zweiten Weltkriegs an der Strukturkrise des deutschen Steinkohlebergbaus. Am 31. März 1966 stellte die Zeche die Arbeit ein. Aus der Bergwerks-

gesellschaft Dahlbusch wurde die Dahlbusch Verwaltungs AG, die sich nur noch auf die Verwaltung ihrer Vermögenswerte beschränkte. Die Libbey-Owens-Wannen wurden deshalb seit April 1966 vollständig mit Heizöl befeuert[50].

Die Entwicklung des Energiebezugs bei der Glasindustrie ist typisch für die gesamte deutsche Industrie: Im 18. und in der ersten Hälfte des 19. Jahrhunderts hatten die Hütten Holz durch Kohle ersetzt. In den 1920er Jahren stellten Crengeldanz und die DELOG auf Kokereigas um. Seit den 1950er Jahren wurden in der Glasindustrie — wie auch in anderen Industriezweigen mit hohem Brennstoffverbrauch — die Kohle und das Kokereigas zunehmend durch Erdöl verdrängt[51]. Damit wurde die deutsche Flachglasindustrie erstmals in ihrer Geschichte in größerem Maße von einem Brennstoff abhängig, der im eigenen Land nicht ausreichend gefördert werden konnte.

In der zweiten Hälfte der sechziger Jahre

konzentrierten sich die Investitionen bei der DELOG und der DETAG weniger auf die Ziehanlagen, deren Ersatz durch Floatanlagen schon abzusehen war, sondern auf die Rationalisierung der Veredelung und Neueinführung von Spezialgläsern.

Die Position beider Unternehmen hatte sich in diesen Jahren auf dem Markt gravierend verändert. Die jahrzehntelang respektierte Aufgabenteilung zwischen der Glasindustrie, die das Glas herstellte, dem Glashandel, der das Glas lagerte, zuschnitt, transportierte und finanzierte, sowie dem Handwerk, als Verarbeiter des Glases, löste sich langsam auf. Einfache Isoliergläser wurden nun auch zunehmend von kleinen Unternehmen gefertigt, die Kunden im regionalen Einzugsbereich versorgten. Nur auf die hochwertigeren Produkte, etwa die seit Ende der sechziger Jahre angebotenen Sonnenschutz-Isoliergläser Cudo-Infrastop (DETAG) und Stopray (DELOG) schlug diese Entwicklung noch nicht durch, da diese Produkte vor allem bei großen, an-

spruchsvollen Bauprojekten (Bank-, Versiche-
rungs-, Industrieverwaltungsgebäude, Bauten
der öffentlichen Hand etc.) verwendet wurden, für die kleine Anbieter nicht in Frage kamen. Insgesamt verloren jedoch DELOG mit
Thermopane und DETAG mit Cudo bei Isolierglas Marktanteile.
Der hohe Kurs der Deutschen Mark und die
zunehmende Liberalisierung des europäischen Marktes (EWG 1958, EFTA 1960) er-
leichterte zudem die Importe. Vor 1945 war
durch den Gegenseitigkeitsvertrag zwischen
dem Verein deutscher Tafelglashütten und
dem Flachglas-Großhandel der deutsche
Markt gegen Importe weitgehend abgeschot-
tet worden. Nach 1945 ließen sich solche
Maßnahmen — unter anderem aus wettbe-
werbsrechtlichen Gründen — nicht mehr
durchsetzen.
Seit 1965 wurden in Kontinentaleuropa Floatanlagen in Betrieb genommen, zuerst in Belgien (Glaverbel) und Italien (St. Gobain). Da
die Kapazität einer Floatanlage um ein Mehrfaches größer ist als die einer herkömmlichen
Anlage, entstehen nach Inbetriebnahme einer
neuen Floatanlage gewaltige Überkapazitäten, wenn nicht entsprechend alte Betriebe
stillgelegt werden. Die belgische Glaverbel,
die im März 1965 in Moustier eine Floatanlage in Betrieb genommen hatte und amerikanische Unternehmen, die Anlagen in Italien
kontrollierten, verfolgten eine aggressive Un-
ternehmenspolitik. Besonders St. Gobain
wurde von der Glaverbel bekämpft, indem
diese ihr Floatglas auf den europäischen Bin-
nenmarkt für Flachglas, die Bundesrepbulik
Deutschland, brachte[52].

Importe der Bundesrepublik an
maschinengezogenem Glas, Marktanteil der
Importe 1966—1969

Jahr	Menge (in Mio m² ED)	Marktanteil der Importe
1966	1,6	—
1967	3,6	7,3%
1968	8,0	15,9%
1969	11,2	21,3%

(Quellen: Geschäftsbericht DELOG 1969,
FLACHGLAS AG 1970)

Haus der Deutschen Glastechnischen Gesellschaft in Frankfurt/M. Brüstungsplatten aus Sigla-Verbundsicherheitsglas in Dunkelgrau. Maximale Einbaumaße der Sigla-Brüstungsplatten damals Breite 120 cm, Länge 200 cm. Architekt Prof. J. Krahn. Aus „Allgemeine Glaserzeitung St. Lucas"; 1960, Heft 17.

Der führende deutsche Spiegelglashersteller,
die VEGLA, reagierte schnell auf diese Situation. Ihre kapitalkräftige Muttergesellschaft
St. Gobain hatte 1963 eine Floatlizenz erworben. St. Gobain arbeitete schon seit den
1920er Jahren mit dem belgischen St. Roch-
Konzern zusammen[53]. Die beiden Töchter
dieser Unternehmen, die VEGLA (St. Gobain) und die Spiegelglaswerke Germania in
Porz-Urbach (St. Roch) errichteten daraufhin gemeinsam unter der Führung der VEGLA
die erste deutsche Floatglasanlage in Porz bei
Köln, die im Februar 1966 in Betrieb genommen wurde. 1971 folgte eine zweite Anlage in
Herzogenrath bei Aachen. Die dritte Floatanlage der VEGLA wurde im April 1974 in
Stolberg, ebenfalls bei Aachen, in Betrieb
genommen[54].
Mittlerweile waren die Betriebskosten der
Floatanlagen so weit herabgesunken, daß nun
auch einfaches Fensterglas durch das höher-
wertige Floatglas ersetzt werden konnte. Es
lag auf der Hand, daß DELOG und DETAG
handeln mußten, wenn sie sich auf dem
Markt halten wollten.

1 Deutscher Pavillon auf der Weltausstellung in Brüssel, 1958. Architekten Egon Eiermann und Sep Ruf.

2 Fernsehturm in Stuttgart, 1956, von Prof. F. Leonhardt. Der erste Turm dieser Art mit verglastem Korb fand viele Nachfolger.

1

2

GLAS IN DER ARCHITEKTUR NACH 1945

Thyssen-Haus in Düsseldorf, 1957—60. Architekten Hentrich & Petschnigg.

Mit dem Wiederaufbau in Deutschland knüpften die Architekten wieder an die Moderne Architektur vor 1933 an, deren Pioniere im Ausland weitergearbeitet hatten.

Im Hansaviertel am Berliner Tiergarten bauten zur Interbau 1957 vierunddreißig Architekten ihre Vorstellung von einem neuen Wohnungsbau. Unter ihnen war Alvar Aalto, Walter Gropius, Egon Eiermann, Oscar Niemeyer und Pierre Vago.

Auf der Weltausstellung in Brüssel, 1958, demonstrierte der Deutsche Pavillon grazile Glasarchitektur.

In Stuttgart entstand, 1956, nach dem Entwurf von Prof. F. Leonhardt der erste Fernsehturm aus Spannbeton mit verglaster Aus-

3

sichtskanzel. Nachfolger wurden in aller Welt errichtet.

1957—60 bauten die Architekten Hentrich und Petschnigg in Düsseldorf das 94,66 m hohe Thyssen-Haus, eine Stahl-Glas-Konstruktion. Mit der Nationalgalerie in Berlin führte Mies van der Rohe seine Glasarchitektur in Deutschland fort. Auch im Wohnungsbau setzten sich große Verglasungen durch. Schließlich wurden die Glaspassage, der Wintergarten und das große Glasdach — Themen des 19. Jahrhunderts — wiederentdeckt.

Die Solararchitektur brachte neue Aufgaben für das Glas am Bau. Heute übernehmen moderne Funktionsgläser Wärme-, Schall-, Sonnen- und Brandschutz, aber auch Schutz vor Verletzung und sie geben Sicherheit gegen Ein- und Durchbruch.

Dieser Entwicklung der Glastechnologie ist es zu danken, daß Glas in der Architektur auch bei immer höheren Anforderungen seinen eigentlichen Zweck, die Bauten dem Licht zu öffnen, Ausblick zu gewähren, ihnen Leichtigkeit und Eleganz zu verleihen, gewährleisten kann.

Im Diplomatischen Club in der saudiarabischen Wüste bei Riyadh schuf Prof. Frei Otto 1986 erstmals eine Glaszeltdach-Konstruktion, die sowohl technisch als auch ästhetisch gleich wohl beeindruckt.

Eleganz vereint mit technischer Präzision kennzeichnet die modernen Glasfassadenkonstruktionen. Gebäude der Firma BMW-Stapelmann in Düsseldorf, verglast mit INFRASTOP-Sonnenschutz-Isolierglas.

DIE FLACHGLAS AG

DIE FLACHGLAS AG

DER ZUSAMMENSCHLUSS
VON DELOG UND DETAG 1970

Die DETAG hatte frühzeitig die Bedeutung des Floatverfahrens erkannt und nahm Anfang der sechziger Jahre Kontakt mit Pilkington auf, um den Erwerb einer Float-Lizenz zu prüfen. Lizenzen wurden aber nur an Hersteller von Spiegelglas vergeben, so daß die DETAG in dieser Frage zunächst nicht weiterkam[55].

Durch die Errichtung einer Floatanlage wäre die DETAG allerdings vor gravierende Absatzprobleme gestellt worden, da das Floatglas zunächst das Spiegelglas ersetzte und die DETAG im Spiegelglasmarkt als Anbieter überhaupt nicht tätig war. Die DETAG war allerdings der zweitgrößte deutsche Abnehmer von Spiegelglas, das sie für ihre Veredelungsbetriebe benötigte[56].

Die DELOG hatte den Vorteil, daß ihre Muttergesellschaft S. A. Glaces de Boussois, die 1960 die Aktienmehrheit der DELOG übernommen hatte, für Frankreich, die Bundesrepublik Deutschland, Belgien, die Niederlande und Luxemburg bereits 1962 die Float-Lizenz erworben hatte. Boussois war aus der Cies Réunies des Glaces et Verres Spéciaux du Nord de la France hervorgegangen, die schon sehr früh an der DELOG beteiligt gewesen war[57].

Die DELOG hatte also aufgrund ihrer Konzernzugehörigkeit zu Boussois und ihrem — wenn auch geringen — Anteil am Markt für Spiegelglas schon früh Zugang zu einer Floatunterlizenz. Ein Alleingang der DELOG beim Bau einer Floatanlage hätte aber die DETAG möglicherweise gezwungen, sich an einen Konkurrenten von Boussois/DELOG anzulehnen[53].

Da die DETAG schon lange mit der DELOG und diese wiederum auf einigen Gebieten mit Boussois zusammenarbeitete, erschien es der DETAG als vernünftigste Lösung, mit diesen beiden Unternehmen zusammenzuarbeiten. Erste Gespräche darüber fanden bereits im Januar 1962 statt. Nach langen Verhandlungen kam es im Dezember 1966 zu einer Einigung zwischen der DETAG, der DELOG und Boussois. In einem Vertrag wurde eine weitgehende Kooperation beschlossen. Außerdem sollte zu einem späteren Zeitpunkt über eine gemeinsame Gesellschaft eine Floatanlage gebaut und betrieben werden. Bis zur Fertigstellung lieferte Boussois aus ihrem französischen Werk Floatglas an die beiden deutschen Partner, die damit den Spiegelglasbedarf ihrer Veredelungsbetriebe decken konnten. Die Verwendung des optisch hervorragenden und mit äußerst geringen Dickenabweichungen aus dem Kühlkanal kommenden Floatglas schuf außerdem die Voraussetzungen für eine weitergehende Automatisierung im Veredelungsbereich, die das herkömmliche Fensterglas mit seinen größeren Ungleichmäßigkeiten nicht erlaubte.

Nach der 1966 vollzogenen Fusion von Boussois mit einem Konzern aus der Verpackungsindustrie, der Souchon-Neuvesel S. A. (Hohlglas und Kunststoffverarbeitung), übernahm die neugeschaffene Boussois-Souchon-Neuvesel S. A. (BSN) 1968 über ihre deutsche Holding Dahlbusch durch einen Tausch von

Aktienpaketen ca. 11 Prozent des Aktienkapitals der DETAG, die ihrerseits eine Beteiligung an BSN erhielt. Zu diesem Zeitpunkt hielt die DELOG weitere 13 Prozent der DETAG-Aktien, die sie seit den fünfziger Jahren gekauft hatte, so daß BSN nun direkt und indirekt über ein knappes Viertel der DETAG-Aktien verfügte[53].

Für den Bau der Floatanlage gründeten BSN (35 Prozent), DELOG und DETAG (je 32,5 Prozent) am 10. Februar 1970 die Floatglas GmbH, deren Geschäftsführung sich DELOG und DETAG teilten[60]. Diese Lösung hatte jedoch den Nachteil, daß das gemeinsam erzeugte Floatglas dann in den Betrieben der beiden deutschen Teilhaberunternehmen getrennt verarbeitet und in Konkurrenz auf den Markt gebracht worden wäre.

Es zeigte sich bald, daß auch aus weiteren Gründen eine Fusion der DELOG mit der DETAG die beste Lösung für beide Unternehmen war.

Seit Kriegsende hatte sich — wie bereits dargestellt — die Nachfrage vom einfachen Basisglas zu den Spezialgläsern verschoben. Die einfacheren Spezialgläser — Isolierglasscheiben für den Bau — konnten von kleinen Unternehmen unter Umständen kostengünstiger hergestellt werden, weil diese nicht in Forschung und Entwicklung investieren mußten und sowohl kürzere Anfahrwege als auch kürzere Lieferfristen hatten. DETAG und DELOG sahen ihre Chance daher in den forschungsintensiven Marktsegmenten. Dies hatte sich zum Beispiel im guten Absatz der

Dr. Hermann Josef Abs, Ehrenvorsitzender im Aufsichtsrat der FLACHGLAS AG, im Gespräch mit Josef P. Freudorfer, Vorstandsvorsitzender der FLACHGLAS AG von 1969—1976.

Links: Dr. Walter Griese, 1969—1970 im Vorstand der DELOG, Vorstandsvorsitzender der FLACHGLAS AG 1976—1981. Rechts: Dr. Otto Stehl, im Vorstand der DELOG 1965—1970, im Vorstand der FLACHGLAS AG 1979—1980.

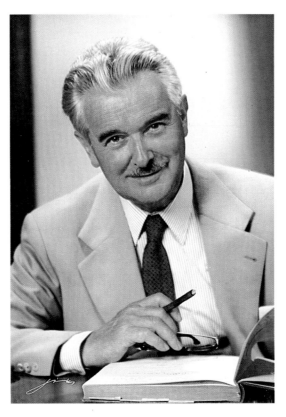

Josef P. Freudorfer, Vorstandsvorsitzender der FLACHGLAS AG von 1969 bis 1976, plante und verwirklichte den gemeinsamen Weg und sicherte so den Erfolg der Fusion.

*Zu Seite 187:
Bild für den ersten Vorsitzenden der FLACHGLAS AG zur Erinnerung an den Vorstand und die Führungskräfte des Unternehmens. März 1976.*

„Infrastop"-Sonnenschutz-Isoliergläser gezeigt. Um bei hochwertigen Spezialerzeugnissen führend zu bleiben, würde es vorteilhaft sein, die Forschungsaktivitäten in einem Unternehmen und im Konzernverbund mit BSN zu konzentrieren und zu koordinieren.

Ein weiterer Grund für eine Fusion war der Konzentrationseffekt, der einerseits intern durch Rationalisierung und andererseits nach außen — z. B. bei Marketing, Vertrieb und Fremdfinanzierung — zum Tragen kommen würde[61].

Wettbewerbsrechtliche Bedenken, die das Bundeskartellamt gegen die geplante Fusion geltend machte, konnten ausgeräumt werden. Wegen der starken ausländischen Konkurrenz konnte die fusionierte Gesellschaft keine beherrschende Marktstellung einnehmen. Neben Pilkington produzierten mittlerweile im Bereich der EWG vier Floatanlagen, eine in Spanien (St. Gobain) und eine in der Tschechoslowakei. In Belgien und der Sowjetunion standen Anfang 1970 je eine weitere Floatanlage kurz vor der Fertigstellung[62]. Die oligopolartige Stellung der deutschen Tafelglasunternehmen in den fünfziger und zu Anfang

der sechziger Jahre auf dem deutschen Markt[63] wurde vor allem durch die Floatglasimporte aus dem EWG-Raum — begünstigt durch die Beseitigung der Zollschranken — aufgehoben.

Am 26. Mai 1970 wurde von Vertretern der DELOG und der DETAG ein Verschmelzungsvertrag unterzeichnet, wonach — vorbehaltlich der Zustimmung der Hauptversammlungen beider Unternehmen — die DELOG auf die DETAG übertragen wurde. Die Aktionäre der DETAG beschlossen daraufhin in der Hauptversammlung von 22. Juli 1970 eine Erhöhung des Grundkapitals von 44 auf 123,2 Millionen DM. Die Kapitalerhöhung erfolgte durch Übernahme des Vermögens der DELOG als Sacheinlage im Wege der Verschmelzung. Für ihre eingebrachten Vermögenswerte erhielten die Aktionäre der DELOG die neugeschaffenen Aktien in Höhe von 79,2 Millionen DM. Die DETAG änderte ihren Namen in FLACHGLAS AG DELOG-DETAG[64].

Die Übertragung des Vermögens der DELOG auf die DETAG wurde gewählt, weil die DETAG-Aktien im Gegensatz zu den DELOG-Aktien an der Börse notiert und viel gehandelt worden waren. Das von der Deutschen Treuhandgesellschaft vorgeschlagene Umtauschverhältnis von zwei DELOG-Aktien für drei DETAG-Aktien hing damit zusammen, daß die DELOG über beachtliche Beteiligungen verfügte, die in der Bilanz jedoch mit sehr geringen Buchwerten angesetzt waren. Besonders die Schachtelbeteiligung der DELOG an Dahlbusch war eine wertvolle Anlage. Der Name FLACHGLAS AG DELOG-DETAG hatte zwei Funktionen. Zum einen sollte er signalisieren, daß das neue Unternehmen im gesamten Flachglasbereich tätig war, zum anderen sollten zur besseren Orientierung der Kunden die alten Namen zumindest eine zeitlang beibehalten werden[65].

Die größte Beteiligung an der FLACHGLAS AG hielt nun BSN, die über ihre deutsche Holding Dahlbusch und ihre belgische Tochter Mécaniver über 90 Prozent des Kapitals der DELOG gehalten hatte. Ebenfalls über Dahlbusch war BSN an der DETAG mit

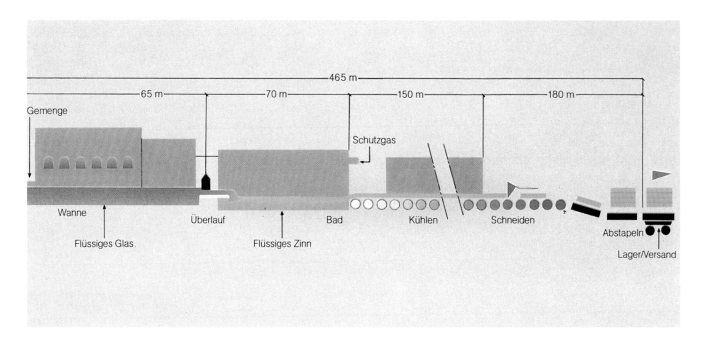

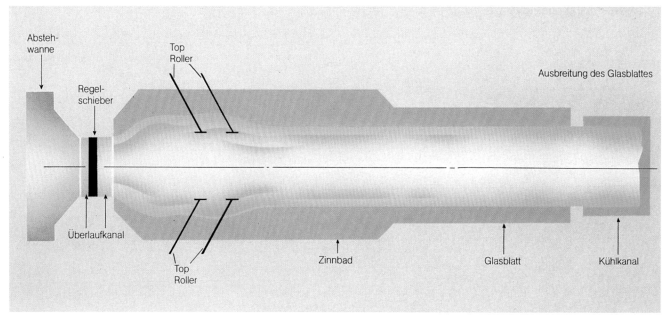

Floatglas-Herstellung.
Schematische
Darstellung.

etwa 27 Prozent beteiligt gewesen. Nach der Fusion, die nach Zustimmung der Hauptversammlungen beider Gesellschaften und dem Eintrag ins Handelsregister am 27. August 1970 vollzogen war, hielt BSN direkt und indirekt rund 72 Prozent des Aktienkapitals der FLACHGLAS AG. Es war jedoch durch verschiedene Satzungsbestimmungen sichergestellt, daß die Interessen der freien Aktionäre gewahrt blieben[66].

Wie in der zweiten Hälfte der 1920er Jahre

war die deutsche Tafelglasindustrie somit erneut in internationale Konzerne eingebunden worden. Diesmal war jedoch weniger der enorme Kapitalbedarf für die Einführung des neuen Verfahrens ausschlaggebend gewesen — DELOG und DETAG wären unter Umständen finanziell in der Lage gewesen, je eine eigene Floatanlage zu bauen — sondern die Tatsache, daß die DETAG keine bessere Möglichkeit sah, an die ihr verwehrte Floatlizenz zu kommen.

DIE ENTWICKLUNG
DER FLACHGLAS AG BIS 1986

Die FLACHGLAS AG war nach der Fusion 1970 für die vor ihr liegenden Aufgaben gut gerüstet. Zwar hatte das Unternehmen noch keine Floatanlage und — bei steigenden Umsätzen — außerdem in den letzten Jahren Marktanteile verloren. Andererseits beschäftigte die FLACHGLAS AG hochqualifizierte Mitarbeiter, die über das technische Knowhow für den Ofenbau, für alle drei Ziehverfahren und alle Sparten der Flachglasveredelung verfügten. Zudem hatte man in BSN einen Partner, der die FLACHGLAS AG bis zur Fertigstellung ihrer eigenen Floatanlage mit Floatglas versorgte. Auch die finanzielle Situation war ausgezeichnet. Ein hoher Bestand an freien flüssigen Mitteln und das Fehlen langfristiger Verbindlichkeiten boten genügend Spielraum für den Bau einer Floatanlage und die notwendigen Rationalisierungsinvestitionen in den Veredelungsbereichen[67].

Das vorrangige Ziel der nächsten Jahre war, Marktanteile wiederzugewinnen oder doch zumindest zu halten, damit die FLACHGLAS AG die mit der Fusion gesetzten Ziele erreichen würde. Die wichtigsten Aufgaben nach der Fusion waren deshalb zunächst der Bau einer Floatanlage und die organisatorische Neugestaltung des Unternehmens.

Die Floatanlage sollte in Gelsenkirchen-Feldmark errichtet werden. Die Wahl dieses Standorts lag nahe, da sich der Großteil der industriellen Aktivitäten der FLACHGLAS AG im Ruhrgebiet befand. Es war geplant, das Basisglas zum großen Teil in Gelsenkirchen-Rotthausen und den umliegenden Werken in Wesel und Witten zu Spezialgläsern zu veredeln. Da mit Inbetriebnahme der Floatanlage einige alte Ziehanlagen stillgelegt worden wären, hätten auch Fachkräfte vor Ort zur Verfügung gestanden.

Werk Gladbeck.

Zu Seite 191: Spezielle Schutzkleidung ist notwendig für die Arbeit vor dem Glasschmelzofen.

Die Stadt Gelsenkirchen, die sehr daran interessiert war, einen gesunden Wirtschaftszweig in ihrem Gebiet zu halten, zeigte großes Entgegenkommen und sicherte der FLACHGLAS AG größtmögliche Unterstützung zu. Der für die Floatanlage vorzusehende Standort war von der Stadt Gelsenkirchen bis 1970 nicht verbindlich im Bebauungsplan festgelegt. Vorhandene Pläne sahen eine eventuelle Nutzung als Grünfläche, Kleingarten- und Siedlungsbereich vor. Im Zusammenhang mit der geplanten Investition der FLACHGLAS AG wurde der Bebauungsplan von der Stadt Gelsenkirchen geändert und wies das Gelände nun überwiegend als Industriegebiet aus.

Infolgedessen begann die FLACHGLAS AG im Januar 1971 nach Erteilung einer vorläufigen Baugenehmigung mit dem Bau. Mit der Fertigstellung wurde für Ende 1972 gerechnet. Der Bau wurde jedoch im Juli 1971 durch das Verwaltungsgericht Gelsenkirchen gestoppt, indem es die vorläufige Baugenehmigung aufhob und damit einer Klage von fünf Bürgern gegen die Rechtmäßigkeit der Bau- und Gewerbegenehmigung vorläufig stattgab. Wegen der unklaren Rechtslage sah sich die FLACHGLAS AG daraufhin veranlaßt, den Bau einzustellen und die Floatanlage an einem anderen Standort zu errichten,

da eine weitere Verzögerung wegen des Importdrucks auf dem Basisglasmarkt nicht tragbar war[63].

Die FLACHGLAS AG ging dennoch in die Berufung, wurde jedoch vom Bundesverwaltungsgericht im Juli 1974 endgültig abgewiesen, da der von der Stadt Gelsenkirchen erstellte Bebauungsplan — und damit auch die vorläufige Baugenehmigung — nichtig gewesen sei. Dieses Urteil war insofern von Bedeutung für die Rechtsgeschichte der Bundesrepublik, als erstmals die Grundsätze zur Ausübung planerischen Ermessens durch eine Kommune für den Bereich des Bauplanungsrechts klar herausgearbeitet wurden. Diese Auslegung des Rechts war 1970 weder von den Entscheidungsträgern der FLACHGLAS AG noch von den zuständigen Stellen der Stadt Gelsenkirchen vorauszusehen gewesen[69].

Als Alternative zu Feldmark standen zwei Standorte zur Auswahl, Weiden und Gladbeck, nur wenige Kilometer nordwestlich von Gelsenkirchen. Während es in Weiden wiederum aufgrund von Bürgerinitiativen Probleme gab, die einen schnellen Baubeginn gefährdet hätten, konnte in Gladbeck verhältnismäßig schnell mit dem Bau begonnen werden. Auch in Gladbeck gab es Bedenken von besorgten Bürgern, die jedoch — nach allerdings mühsamen Verhandlungen — behoben werden konnten.

Im September 1972 kaufte die FLACHGLAS AG das Grundstück in Gladbeck und begann kurze Zeit später mit dem Bau der Floatanlage. Während des Baus wurden Mitarbeiter der FLACHGLAS AG in Boussois sur Sambre, wo die französische Floatanlage der BSN stand, ausgebildet. Mitarbeiter von Pilkington halfen beim Bau des Zinnbads, das den kompliziertesten Teil der Floatanlage ausmacht. Am 26. März 1974 konnte endlich die erste Floatanlage der FLACHGLAS AG als eine der größten Anlagen der Welt angefahren werden. Das Glas wurde Optiglas, später Opti-Float genannt, um die besondere Qualität des Floatglases hervorzuheben. Einschließlich des der Floatanlage nachgeordneten Schneidbetriebs und der Lagerhallen waren 170 Millionen DM investiert worden[70].

Oben: Werk der FLABEG in Fürth.

Unten: Werk der FLABEG in Furth im Wald.

fangen werden konnten, die dem Unternehmen Schwierigkeiten bereiteten, sondern die Rezession, die über die Automobilindustrie und den Baubereich die Hauptabnehmer der FLACHGLAS AG besonders schwer traf.

Die Ölkrise und die gleichzeitig begonnene Umstellung von den herkömmlichen Ziehverfahren auf das weniger Personal benötigende Floatverfahren führte in den Jahren 1974 und 1975 zu einem verstärkten Personalabbau. Die Umstrukturierung war jedoch nicht mit so gravierenden Folgen verbunden wie in den zwanziger und zu Anfang der dreißiger Jahren, als das Mundblasverfahren durch die mechanischen Verfahren ersetzt worden war. Damals hatte es keine Sozialpläne gegeben und das soziale Netz war nicht so weit ausgebaut wie heute. Insgesamt hat die FLACHGLAS AG durch Rationalisierung seit 1970 knapp 40 Prozent der Arbeitsplätze abbauen müssen.

Die Neuorganisation des Unternehmens betraf auch die Tochterfirmen der FLACHGLAS AG. Schon 1955 hatte die DETAG der DELOG angeboten, die in der Spiegelherstellung (Glasverarbeitung) tätigen Tochterfirmen beider Unternehmen, die FLABEG GmbH und die Unionglas AG, zu fusionieren. Die DELOG war jedoch damals nicht darauf eingegangen[71].

Nachdem DELOG und DETAG fusioniert hatten, stand einer Zusammenlegung der Tochterfirmen nichts mehr im Wege. Am 9. Juni 1971 wurden die FLABEG GmbH in Fürth, die mittlerweile zur GmbH umgewandelte Unionglas in Furth mit einem Zweigwerk in Herford und die Westdeutsche Spiegelglasfabrik GmbH mit einem Werk in Sende/Westfalen in der Spiegelunion Flabeg GmbH mit Sitz in Fürth zusammengefaßt. Das Stammkapital betrug anfangs 4,2 Millionen DM und wurde bis 1986 auf 14 Millionen DM aufgestockt. Im Zuge der Rationalisierung wurden 1974 und 1986 die Werke in Herford und Sende geschlossen. Die Spiegelherstellung des Unternehmens, das seit 1978 wieder FLABEG GmbH heißt, konzentriert sich heute auf die süddeutschen Werke in Fürth und Furth i. W., dessen Standortproblem — schwierige Grenzlandlage — durch öffentli-

Parallel zum Bau der Floatanlage verlief die Rationalisierung und Neugestaltung innerhalb der FLACHGLAS AG. Die Verwaltung wurde nach Gelsenkirchen verlegt, der Sitz der Firma blieb im bayerischen Fürth. Um den betrieblichen Ablauf nicht zu sehr zu behindern und die Härten im personellen Bereich etwas zu mildern, erstreckte sich die Umstrukturierung des Unternehmens auf mehrere Jahre.

Die drastische Verteuerung des Ölpreises seit Ende 1973 traf die FLACHGLAS AG deshalb mitten in dieser Umstrukturierung. Es waren weniger die gestiegenen Brennstoffkosten, die durch einen fortschrittlichen, brennstoffsparenden Wannenbau teilweise aufge-

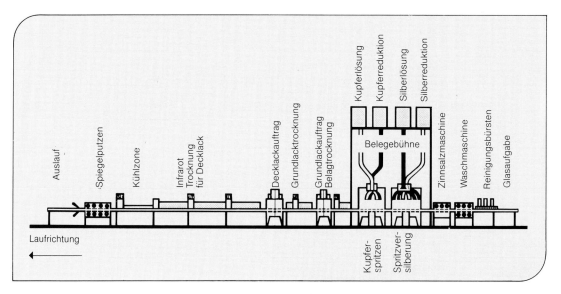

Auslauf

Spiegelputzen

Kühlzone

Infrarot Trocknung für Decklack

Decklackauftrag

Grundlacktrocknung

Grundlackauftrag Belagtrocknung

Kupferlösung

Kupferreduktion

Silberlösung

Silberreduktion

Belegebühne

Kupferspritzen

Spritzversilberung

Zinnsalzmaschine

Waschmaschine

Reinigungsbürsten

Glasaufgabe

Laufrichtung

Schema der Spiegel-
herstellung. Durch die
Einführung des Silber-
spritzverfahrens in den
USA, 1938, wurde es
möglich, Spiegel auf
dem Belegeband zu
fertigen. Seit 1948
wird das Verfahren in
der Bundesrepublik
Deutschland angewandt.

che Maßnahmen zur Förderung des Zonen-
randgebietes gemildert werden. Die FLABEG
GmbH ist heute der größte Spiegelhersteller
Europas und hat mit etwa 45 Prozent einen außerordentlich hohen Exportanteil. Neben den
herkömmlichen Anwendungsbereichen finden die Spiegel der FLABEG seit einigen Jahren auch in Sonnenkollektoren Verwendung[72].
Obwohl die FLACHGLAS AG von der Rezession stark betroffen wurde, mußte sie den
Bau der zweiten Floatanlage vorantreiben, da
das qualitativ bessere Floatglas das mit den
herkömmlichen Verfahren gezogene Glas immer weiter verdrängte. Neben der REZAG
war mittlerweile auch die St. Ingberter Hütte
der Vereinigte Vopelius'sche und Wentzel'sche

Spiegelbelegerei
in Wesel.

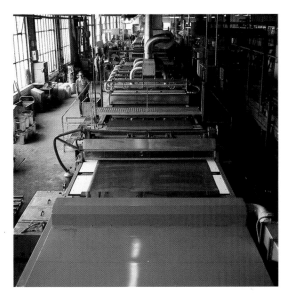

Links: Automatisches
Belegeband der
FLABEG in Fürth.
Rechts: Silber
zerstäuben
am Belegeband.

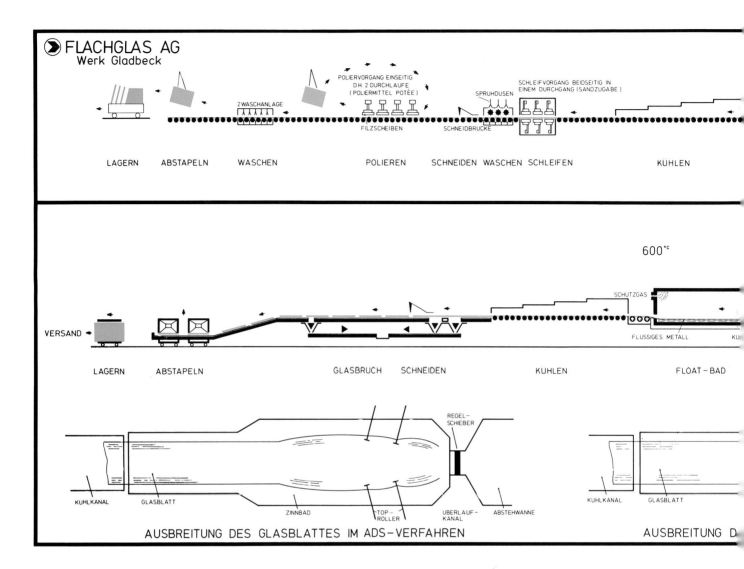

FLACHGLAS AG
Werk Gladbeck

POLIERVORGANG EINSEITIG
D.H. 2 DURCHLÄUFE
(POLIERMITTEL POTÉE)

SCHLEIFVORGANG BEIDSEITIG IN
EINEM DURCHGANG (SANDZUGABE)

2 WASCHANLAGE

SPRÜHDÜSEN

FILZSCHEIBEN

SCHNEIDBRÜCKE

LAGERN   ABSTAPELN   WASCHEN   POLIEREN   SCHNEIDEN WASCHEN SCHLEIFEN   KÜHLEN

600°C

SCHUTZGAS

VERSAND

FLÜSSIGES METALL   KÜ

LAGERN   ABSTAPELN   GLASBRUCH   SCHNEIDEN   KÜHLEN   FLOAT – BAD

REGEL-
SCHIEBER

KÜHLKANAL   GLASBLATT   ZINNBAD   TOP-   ÜBERLAUF-   ABSTEHWANNE   KÜHLKANAL   GLASBLATT
                                          ROLLER   KANAL

AUSBREITUNG DES GLASBLATTES IM ADS – VERFAHREN   AUSBREITUNG D

Glashütten GmbH ein Opfer des Substitutionsprozesses geworden. Anfang September 1975 wurde die älteste noch laufende Fourcault-Wanne Europas in St. Ingbert stillgelegt. Die über zweieinhalb Jahrhunderte betriebene Fensterglasproduktion an der Saar fand damit ein Ende[73].

Über den Standort der zweiten Floatanlage wurde im Unternehmen viel diskutiert. Bei der Fusion hatte man sich darauf geeinigt, daß neben dem Ruhrgebiet die Oberpfalz der zweite Schwerpunkt der Basisglaserzeugung bleiben sollte. Nachdem nun die erste Floatanlage in Gladbeck gebaut worden war, forderten viele Stimmen im Unternehmen, die zweite Anlage in der Oberpfalz zu errichten. Als Standort für eine Floatanlage war Weiherhammer, einige Kilometer südwestlich von

Weiden an der Eisenbahnstrecke Weiden—Nürnberg, im Gespräch.

Zum Zeitpunkt der Entscheidung, im Mai 1975, lagen die ersten Ergebnisse des vorhergehenden Geschäftsjahres vor. 1974 war — bedingt durch die Rezession — das bis heute mit Abstand schlechteste Geschäftsjahr der FLACHGLAS AG. Es wurde — durch Auflösung freier Rücklagen zum Ausgleich der Steuerbelastung der Aktionäre — nur eine eher symbolische Dividende von 3 Prozent ausgeschüttet. Für die erheblichen Investitionen zum Bau der ersten Floatanlage hatte man erstmals von dem Prinzip, alle Investitionen vollständig selbst zu finanzieren, Abstand nehmen müssen. Es erschien angesichts der ungewissen gesamtwirtschaftlichen Situation ratsam, die Ausgaben für die zweite

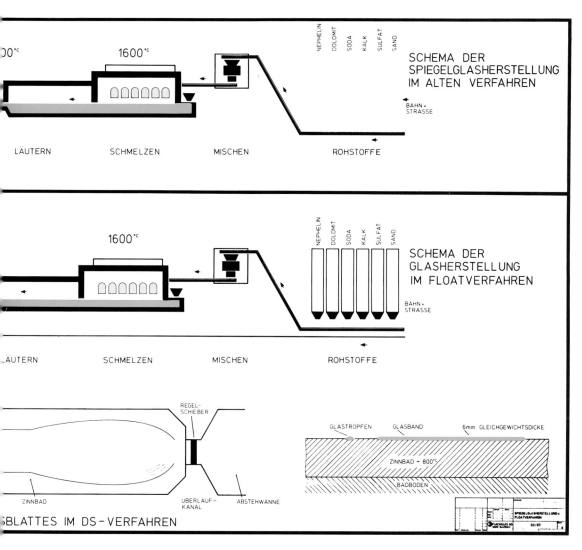

SCHEMA DER
SPIEGELGLASHERSTELLUNG
IM ALTEN VERFAHREN

00°C   1600°C

NEPHELIN DOLOMIT SODA KALK SULFAT SAND

BAHN+
STRASSE

LÄUTERN   SCHMELZEN   MISCHEN   ROHSTOFFE

SCHEMA DER
GLASHERSTELLUNG
IM FLOATVERFAHREN

1600°C

NEPHELIN DOLOMIT SODA KALK SULFAT SAND

BAHN+
STRASSE

LÄUTERN   SCHMELZEN   MISCHEN   ROHSTOFFE

REGEL-
SCHIEBER

GLASTROPFEN   GLASBAND   6mm GLEICHGEWICHTSDICKE

ZINNBAD ~ 800°C

BADBODEN

ZINNBAD   ÜBERLAUF-   ABSTEHWANNE
KANAL

BLATTES IM DS-VERFAHREN

Vergleich der Spiegelglasherstellung im alten Verfahren mit der Glasherstellung im Floatverfahren. Schematische Darstellung.

Floatanlage möglichst gering zu halten. Die FLACHGLAS AG entschied sich deshalb für die kostengünstigere und schneller zu realisierende Lösung, eine zweite Floatlinie in Gladbeck, wo die notwendige Infrastruktur bereits vorhanden war, zu errichten, statt ein komplettes Werk in Weiherhammer zu bauen. Die zweite Gladbecker Floatanlage wurde im Dezember 1976 in Betrieb genommen[74].

Gegen Ende 1975 belebte sich die Wirtschaft wieder. Die Hauptabsatzmärkte der deutschen Flachglasindustrie waren jedoch unterschiedlich betroffen. Während die Automobilindustrie aufgrund des großen Nachholbedarfs ihre Produktion ausweiten konnte, stagnierte der Baumarkt weiterhin. Dafür tat sich ein neuer Markt auf: Da die Altbausanierung durch steuerliche Vergünstigungen enorm an-

Zwillingswerksanlage der FLACHGLAS AG in Gladbeck. Erste Floatglas-Fabrikationslinie seit März 1976, zweite Floatglas-Fabrikationslinie seit Dezember 1976 in Betrieb.

Franz Zebisch setzte sich als ehemaliges Mitglied des Deutschen Bundestages über vier Legislaturperioden, langjähriger Gesamtbetriebsratsvorsitzender und stellvertretendes Aufsichtsratsmitglied der FLACHGLAS AG besonders für die Menschen und die Arbeitsplätze in der Region Oberpfalz ein.

Werk Weiherhammer/ Opf. der FLACHGLAS AG. Die Floatglasanlage nahm am 2. 10. 1979 die Glasproduktion auf.

geregt wurde, stieg auch der Bedarf nach Isoliergläsern auf dem Renovationsmarkt. Die Energieverteuerung machte nun den wirtschaftlichen Wert wärmeisolierender Gläser besonders deutlich. Der Renovationsmarkt ist seitdem ein wichtiger Teilmarkt der Flachglasindustrie, den sich die großen Unternehmen allerdings mit vielen kleinen Anbietern teilen müssen[75].

Boussois-Souchon-Neuvesel hatte 1968/69 vergeblich versucht, St. Gobain zu übernehmen. 1972 gelang es BSN jedoch, eine Mehrheitsbeteiligung an der belgischen Glaverbel S. A. zu erwerben. BSN brachte anschließend ihre französischen Flachglasinteressen in die Boussois S. A. ein, die daraufhin von der belgischen BSN-Holding Mécaniver, die indirekt auch die Mehrheit an der FLACHGLAS AG hielt, übernommen wurde. Dann fusionierte die Mécaniver mit der Glaverbel zur Glaverbel-Mécaniver, wodurch die Flachglasinteressen von BSN in einer Holding zusammengefaßt waren. Glaverbel-Mécaniver umfaßte nun die Unternehmen FLACH-GLAS AG, die Produktionsgesellschaft Glaverbel S. A. mit einer Floatanlage in Moustier und Boussois S. A. mit einer Floatanlage in Boussois. 1973 fusionierte BSN mit dem Nahrungsmittelkonzern Gervais-Danone, wodurch BSN zu einem diversifizierten Mischkonzern wurde, dessen Schwerpunkte in der Flachglasindustrie, der Verpackungsindustrie

und der Nahrungsmittel- und Getränkeindustrie lagen[76].

Der Verbund im Konzern machte eine internationale Koordination von Forschung und Produktion möglich. Boussois, die FLACH-GLAS AG und Glaverbel gründeten 1975 die BFG Glassgroup in Paris, um die Forschung gemeinsam betreiben zu können. Auch die Float-Kapazitäten konnten jetzt besser aufeinander abgestimmt werden. So wurden z. B. in Gladbeck Farbglaskampagnen[77] gefahren. Für ein einzelnes Unternehmen wäre dies aus Gründen der Wirtschaftlichkeit nicht sinnvoll gewesen, da der Bedarf an Farbglas nicht groß ist, die Stillstand- und Umrüstkosten einer Floatanlage jedoch sehr hoch sind[78].

Die wieder anziehende Konjunktur, vor allem aber die schnell fortschreitende Substitution des maschinengezogenen Glases durch Floatglas, führte zur Entscheidung, die dritte Floatanlage zu bauen. Eine so wichtige Investitionsentscheidung mußte innerhalb des BSN-Konzerns mit den anderen Flachglasunternehmen Boussois und Glaverbel abgestimmt werden. Neben Weiherhammer existierten Pläne für Floatanlagen in den Niederlanden und in Frankreich, letztlich konnte sich jedoch die FLACHGLAS AG durchsetzen, so daß die Entscheidung zugunsten der Oberpfalz ausfiel. Im Winter 1977/78 begann die FLACHGLAS AG mit dem Bau der Anlage, nachdem man die Formalitäten mit Hilfe der bayerischen Staatsregierung und der Oberpfälzer Behörden sehr schnell hatte abwickeln können. Im Oktober 1979 konnte die erste deutsche Floatanlage außerhalb Nordrhein-Westfalens mit dem Personal der kurz vorher stillgelegten, 1927 in Weiden/Opf. errichteten Fourcault-Anlage in Betrieb genommen werden. Die Tradition der alten Tafel- und Spiegelglashütten in der Oberpfalz wird nun von Weiherhammer fortgeführt[79].

Im Zusammenhang mit der Produktionsaufnahme in Weiherhammer konnten nun neben Weiden auch endlich die letzten Fourcaultwannen in Witten stillgelegt werden. Eine der beiden Wittener Fourcaultwannen wurde zu einer Spezialwanne umgebaut, aus der besonders dünnes Glas gezogen werden kann.

1

1 Landeszentralbank in Wittlich. Glaswände bilden einen Klimapuffer. Kombination von Sicherheitsverglasung außen und Isolierverglasung innen. Beheizte Fassadenkonstruktion (Patent Gartner)

Planung: Bauabteilung der Landeszentralbank Rheinland-Pfalz, Bundesbankdirektor Dipl.-Ing. E. Göpfert. Projektleiter: W. Nöhren. Foto: Jos. Gartner, Gundelfingen.

3

2

FUNKTIONSGLÄSER DER FLACHGLAS AG IN DER ANWENDUNG

2 Musikschule in Sindelfingen. Verglasung des Saales mit PHONSTOP-Schallschutz-Isolierglas 39/42. Architekten: Dipl.-Ing. M. Aichele, W. Fiedler, F. Weinmann, Stuttgart.

Projektleiter: E. Goeser, Stuttgart. Foto: Jos. Gartner, Gundelfingen.

3 Gewächshaus mit SEDO-Ganzglas-Isolierglas.

4

4 Planetarium
Mannheim.
Die Dachverglasung
aus Einscheiben-
Sicherheitsglas spiegelt
den Himmel und
bildet einen Klima-
puffer. Architekten:
W. Beck-Erlang +
Partner, Stuttgart.

5 Citycenter in Fürth.
Glas in Schaufenster
und Passagendach
gibt Licht, Sicht und
Sicherheit.

6 Blick aus der Kanzel
des Fernsehturms in
Düsseldorf, durch
INFRASTOP-Sonnen-
schutz-Isolierglas
kombiniert mit
Sicherheitsglas.

5

6

7 Rabobank in Utrecht.
Fassadenverglasung
mit INFRASTOP-
Sonnenschutz-
Isolierglas 48/48 und
farbangepaßten
Glaspaneelen aus
DELODUR.
Architekten: B. V.
Articon, Amersfort.

7

198

8 Glasanbau an einem Wohnhaus. Verglasung mit THERMOPLUS-Wärmeschutz-Isolierglas.

9 Deutsche Bank in Frankfurt am Main. Fassadenverglasung mit INFRASTOP-Sonnenschutz-Isolierglas. Architekten: W. Hanig, H. Scheid, J. Schmidt, Frankfurt/M.

8

9

10

10 Museum für Kunsthandwerk in Frankfurt am Main. Verglasung mit 2000 überwachten Alarm-glasscheiben, Typ SIGLA-Alarm (Dreifach-Isolierglas) mit Anschluß an Einbruchmeldeanlage. Architekten: Richard Meier & Partner, New York.

199

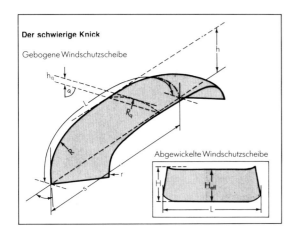

Der schwierige Knick

Gebogene Windschutzscheibe

Abgewickelte Windschutzscheibe

Glas erfüllt im Auto nicht nur optische, sondern auch konstruktive Forderungen.

„Sigla As 15, mit der die FLACHGLAS AG das Gesetz des asymmetrischen Aufbaues einer Windschutzscheibe aus Verbundsicherheitsglas begründete, bewirkte bei vielen Herstellen von Autoglas ein Umdenken. Inzwischen ist Sigla As 15 auf breiter Front in die Serienherstellung deutscher Automobilwerke eingerückt," schrieb Paul Simsa im Portrait des Mercedes-Benz 190 (Econ-Verlag, 1986). Sigla As 15 reduziert das Gewicht, erhöht die Sicherheit und senkt die Kosten. Das asymmetrische Prinzip: Verbund aus Außenscheibe 2,1 mm dick, Folie 0,76 mm PVB, Innenscheibe 1,5 mm dick.

Auch in Österreich, dessen gesamter Bedarf an Basisglas gerade einem Viertel der Kapazität einer Floatanlage entspricht, mußte die letzte Fourcaultanlage in Brunn a. Geb. stillgelegt werden. Die Wanne der Mitterberger Glashütten GmbH war bereits 1975 stillgelegt worden. In der weiteren Entwicklung wandelte sich die EOMAG von einem nur glaserzeugenden zu einem hauptsächlich glasveredelnden Unternehmen. Das Basisglas wird aus Weiherhammer geliefert. 1984 wurde die Moosbrunner Glasfabrik auf die EOMAG fusioniert[80].

Das Jahr 1979 bildet den Schlußpunkt der produktionstechnischen Umgestaltung der FLACHGLAS AG auf dem Basisglassektor. Das Unternehmen produzierte seitdem das Basisglas mit Ausnahme geringer Mengen an Dünn- und Spezialglas ausschließlich auf Floatanlagen. 1979 betrieb die FLACHGLAS AG somit wie die VEGLA drei Floatanlagen. Dadurch konnte der seit Mitte der sechziger Jahren bestehende Rückstand bei den Produktionskapazitäten wieder wettgemacht werden. 1985 errichtete die VEGLA in Porz eine moderne Floatanlage und legte dafür zwei ältere Floatanlagen still.

Etwa zur gleichen Zeit, fast genau zehn Jahre nach ihrer Gründung, vollzog sich ein bedeutsamer Wechsel in den Besitzverhältnissen der FLACHGLAS AG. BSN kündigte 1979 den Rückzug des Mischkonzerns aus dem Bereich Flachglas an. Die Mécaniver, in der die Flachglasinteressen der BSN zusammengefaßt waren, sollte vollständig an Pilkington verkauft werden. Dies hätte jedoch die Zusammenfassung der britischen und von Teilen der deutschen, belgischen und französischen Flachglasindustrie in einer Hand bedeutet.

Nach Einwänden des Bundeskartellamts kaufte Pilkington schließlich nur die von BSN gehaltenen Anteile an der FLACHGLAS AG (12,38 Prozent) und an Dahlbusch (56,4 Prozent), die ihrerseits mehr als die Hälfte des Grundkapitals der FLACHGLAS AG besaß. Ihre fünfundzwanzigprozentige Schachtelbeteiligung an Dahlbusch mußte die FLACHGLAS AG 1980 aus Gründen des geänderten Aktienrechts verkaufen. Pilkington erwarb diese Beteiligung und ver-

*Floatglasanlage
im Werk Gladbeck.*

Die Basisglas erzeugenden Werke der Flachglas AG,
Inbetriebnahme und Stillegung

Werk	Inbetriebnahme	Stillegung
● Gelsenkirchen		
Libbey-Owens I	1927	1974
Libbey-Owens II	1927	1975
Libbey-Owens III	1928	1974
Fourcault IV	1952	1972
● Gladbeck		
Float I	1974	—
Float II	1976	—
● Weiden		
Fourcault I	1928	1979
Fourcault II	1963	1975
● Weiherhammer		
Float I	1979	—
● Wesel		
Pittsburgh I	1957	1974
Pittsburgh II	1965	1975
● Witten		
Fourcault I	1925	1979
Fourcault II	1950	Spezialwanne

(Quelle: Aktennotiz „Stillegung der 10 Fensterglaswannen" vom November 1982, FLAG OEF; Geschäftsberichte DELOG 1927f., 1928, 1952, 1957, 1965; DETAG 1950, 1963; FLACHGLAS AG 1974, 1976; Tafel-Salin 1928)

größerte damit seinen Anteil an der FLACH-GLAS AG. Pilkington ist dadurch heute mit über 80 Prozent direkt und indirekt an der FLACHGLAS AG beteiligt. Nachdem Pilkington 1986 den Geschäftsbereich Glas der amerikanischen Libbey-Owens-Ford übernahm, ist die FLACHGLAS AG mit dem größten Flachglaskonzern der Welt verbunden[81].

Zur Internationalisierung der Flachglasproduktion gehört auch der Verkauf der anderen Flachglasunternehmen der BSN-Gruppe. Während die belgische Glaverbel an die japanische Asahi-Gruppe ging, übernahm die amerikanische Pittsburgh Plate Glass Industries die Aktienmehrheit der Boussois S. A. Zudem errichtete der US-Konzern Guardian, der Floatglas mit einer Sonderlizenz herstellt, 1981/82 in Luxemburg unter der Firma Luxguard eine Floatanlage[82].

Die FLACHGLAS AG ist heute ein Konzern, der Basisglasproduktion, Flachglasveredelung, Flachglasverarbeitung, Flachglashandel, Kunststoffverarbeitung und neuerdings auch Glasversicherung umfaßt. Tochter- und Beteiligungsgesellschaften der FLACH-GLAS AG finden sich in Österreich, der Schweiz, den Niederlanden, den USA und Brasilien[83].

Innerhalb der von der FLACHGLAS AG hergestellten Produkte hat Basisglas den größten Anteil am Umsatz. Floatglas wird in Gladbeck auf zwei Anlagen, in Weiherhammer auf einer hergestellt. Ein großer Teil des Floatglases wird in den Veredelungsbetrieben der FLACHGLAS AG — Gelsenkirchen, Weiherhammer, Wesel, Wernberg und Witten — sowie der spiegelerzeugenden Tochtergesellschaft FLABEG GmbH mit Werken in Fürth/Bayern und Furth im Wald weiterverarbeitet. Auf der kleinen Fourcault-Wanne in Witten wird sehr dünnes Flachglas für spezielle Zwecke hergestellt.

Um das bisher Erreichte und den Erfolg des Unternehmens auch für die Zukunft zu sichern, hat die FLACHGLAS AG 1986 ein Leitbild für das unternehmerische Handeln des Konzerns erarbeitet.

Hilmar Kopper,
Deutsche Bank AG.
Vorsitzender des
Aufsichtsrats der
FLACHGLAS AG
seit 1979.

Der Vorstand der
FLACHGLAS AG
im März 1987.

Sitzend v.l.n.r.:
Dipl.-Ing.
Wolf von Reis
(Forschung und
Entwicklung, Patente
und Lizenzen),
Dr. Walter Trux,
Vorsitzender des
Vorstandes (Planung,
Kontrolle, Recht,
Rechnungswesen,
Zentrales Marketing,
Public Relations,
Kunststoff),
Dipl.-Ing.
Günther Krüßmann
(Personal, Beschaffung).

Stehend v.l.n.r.:
Rolf Schaechterle
(Flachglasbearbeitungs-
gesellschaft mbH,
FLABEG, Unter-
nehmensverbindungen
Süddeutschland),
Walter Brückner
(Vertrieb, Marketing,
Services),
Dr. Gerhard Bach-
mann (Produktion,
Technik, Investitionen),
Dipl.-Kaufm.
Ernst Schneider
(Controlling, EDV,
Beteiligungen).

AUFSICHTSRATS-
VORSITZENDER UND VORSTAND
DER FLACHGLAS AG

DAS LEITBILD DER FLACHGLAS AG

Sechs Punkte umreißen und erläutern die Ziele des Leitbilds der FLACHGLAS AG.

I. Die FLACHGLAS AG strebt nach Fortschritt

Fortschritt heißt für uns, die Bedürfnisse und Interessen unserer Kunden, Mitarbeiter und Aktionäre in einer sich wandelnden Welt immer besser zu befriedigen. Dabei werden wir unsere Verantwortung gegenüber den sonstigen Betroffenen in aktiver Weise wahren.

1 Wir zeigen Verständnis für die Bedürfnisse und Probleme aller von unserer Arbeit Betroffenen.

2 Durch ständiges Lernen wollen wir unsere Fähigkeit zur Innovation und zum konstruktiven Lösen von Problemen entfalten.

3 Bei unseren Bemühungen um Konsens und faire Konfliktlösungen wollen wir moralische ebenso wie sachliche Argumente berücksichtigen.

4 Wir wollen unsere Handlungsfähigkeit weiter entwickeln. Ertragskraft und Finanzstärke sind hierzu wesentliche Voraussetzungen.

5 Wie bejahen ein Wachstum, sofern es uns zum Fortschritt in diesem Sinne befähigt.

II. Kundenorientierter Leistungswettbewerb mit Produkten hoher Qualität ist die Basis unseres unternehmerischen Handelns

Unseren geschäftlichen Schwerpunkt bilden das Flachglas, die daraus hergestellten Produkte und die Märkte, die wir damit erreichen können. Dies ist die Basis für unser Know-how in Technik und Marketing. Von diesem Schwerpunkt aus suchen wir nach neuen Erfolgspotentialen, die zu uns und unserer Gruppe passen.

1 Wir orientieren uns in allen Bereichen unseres Unternehmens an den Bedürfnissen und Erwartungen der Kunden. Dies entspricht der Grundhaltung unseres Marketings.

2 Wir bieten eine breite Palette von Flachglas-Produkten und ergänzenden Dienstleistungen hoher Qualität. Der Bedarf an umfassenden Problemlösungen bestimmt unser Angebot.

3 Wir sind ein Unternehmen mit dem Vertriebsschwerpunkt Deutschland. Über Exporte und Beteiligungsgesellschaften bedienen wir auch europäische und außereuropäische Märkte.

4 Wir wollen „FLACHGLAS" zur ersten Glasmarke machen, die sich als Gütebegriff für unsere Produktpalette im Bewußtsein der Endabnehmer festsetzt.

5 Unser Verhalten auf den Märkten ist durch ein wohlverstandenes Eigeninteresse geprägt. Dies schließt die Aufrechterhaltung eines fairen Wettbewerbs mit ein.

III. Die Technik ist die treibende Kraft unserer Geschäftsentwicklung

Kreative technische Kompetenz leitet uns bei der Suche nach weiteren Möglichkeiten, unseren Erfolg zu sichern und durch Innovation auszubauen. Wir bemühen uns dabei um die Erzielung von Vorteilen im kundenorientierten Leistungswettbewerb.

1 Auf dem Gebiet der Technik wollen wir zur Spitze gehören.

2 Intensive eigene Forschungs- und Entwicklungsbemühungen sollen unsere technologische Position stützen und Innovationen fördern.

3 Wir wollen auch weiterhin neue Techniken entwickeln und umsetzen: dabei sind wir bereit, kalkulierte Risiken einzugehen.

4 Unsere technischen Lösungen zeichnen sich durch hohe Qualität und Wirtschaftlichkeit aus. Die Nähe zum Markt wird dabei durch eine enge Zusammenarbeit mit dem Vertrieb und den Beteiligungsgesellschaften gewährleistet.

5 Neue Produkt- und Prozeßtechniken greifen wir ebenso auf wie die Entwicklungen der modernen Informations- und Kommunikationstechnik, um im Markt Wettbewerbsvorteile zu erlangen.

IV. Wir respektieren die Identität unserer Beteiligungsgesellschaften

Wir bemühen uns um Marktnähe, Innovation und differenzierte Leistungen gegenüber dem Wettbewerb. Die heutigen und künftigen Beteiligungsgesellschaften sollen wesentlich dazu beitragen, indem sie
— durch nationale und internationale Präsenz in Verarbeitung und Distribution möglichst große Kundennähe gewährleisten.
— durch delegierte Verantwortung die Qualität und Schnelligkeit von Entwicklungen erhöhen,
— Schrittmacher- und Schlüsseltechnologien unseres Geschäftes unter unseren Einfluß nehmen und
— die Wertschöpfungsstruktur in unserer Unternehmensgruppe erhöhen.
Diese Aufgaben können unsere Beteiligungsgesellschaften nur dann erfüllen, wenn wir ihre Identität weitestgehend wahren.

1 Wir streben in der Regel eine Mehrheitsbeteiligung an. Wenn wir uns den Zugang zu einem neuen Markt oder Produktbereich erschließen wollen, kann auch eine qualifizierte Minderheitsbeteiligung ausreichend sein.

2 Die Beteiligungsgesellschaften sollen über ein gesichertes Markt- und Ertragspotential und eine qualifizierte Führungsmannschaft verfügen.

3 Durch aktiven Austausch von Informationen und Know-how unterstützen sich die FLACHGLAS AG und ihre Beteiligungsgesellschaften gegenseitig.

4 Die Beteiligungsgesellschaften werden grundsätzlich als eigenständige und eigenverantwortliche Gesellschaften geführt. Unter Wahrung ihrer Identität werden die Zielsetzungen gemeinsam mit der FLACHGLAS AG erarbeitet und festgelegt.

5 Die Achtung vor der Identität der Beteiligungsgesellschaften findet dort ihre Grenze, wo das Gesamtinteresse der FLACHGLAS-Gruppe betroffen ist. Die dann zu treffenden Entscheidungen sollen partnerschaftlich erarbeitet werden.

V. Die Fortentwicklung von Organisation und Führungssystemen stärkt unsere Position im Wettbewerb

Die FLACHGLAS AG soll auch in Zukunft wachsen. Diese Entwicklung ist durch unsere Organisation und darauf abgestimmte Führungssysteme zu fördern. Wir wollen diese behutsam und unbürokratisch ausbauen.

1 Unsere Organisation und Führungssysteme haben sich an den Erfordernissen des Unternehmens und den berechtigten Bedürfnissen unserer Mitarbeiter zu orientieren und sollen insbesondere deren Initiative und eigenverantwortliches Handeln fördern.

2 Kurze Informations- und Entscheidungswege sind Ziel unserer künftigen Organisationsentwicklung.

3 Die Zusammenarbeit an gemeinsamen Aufgaben soll sich in angemessenen Freiräumen selbst entfalten. Die hierfür erforderlichen organisatorischen Regelungen sind auf ein notwendiges Mindestmaß zu beschränken.

4 Unsere Führungssysteme beruhen auf dem Grundsatz der Ergebniskontrolle und dienen einem systematischen Lernprozeß im Unternehmen.

5 Der Fortschritt in unseren Organisationsformen und Führungssystemen erfordert Offenheit gegenüber neuen Methoden und Technologien und setzt die Bereitschaft zu kalkulierbarem Risiko voraus.

Gesamtbetriebsrat
der FLACHGLAS AG

Von links nach rechts:
Ulrich Hübner
Georg Hagner
Klaus Werner
Karl-Heinz Galle
Kurt Karnath
Harry Sachse
Ferdinand Fuchs
Kurt Pietsch
Franz Schuknecht
Kurt Hildebrandt
Max Wittmann
Wilhelm Scheerer
Richard Thaller
Erich Fleischmann
Werner Rupp
Fritz Höhle
Gerhard Mietzner
Franz Ticheloven

VI. Die Menschen im Unternehmen gestalten den Fortschritt

Unsere Mitarbeiter sind die wichtigste Ressource des Unternehmens. Wir vertrauen darauf, daß sie die vorhandenen Freiräume zur beruflichen Selbstentwicklung und zur eigenverantwortlichen Mitgestaltung der übertragenen Aufgaben nutzen.

Deshalb ist es Aufgabe des Human Ressources Managements, Leistungsmöglichkeiten, Leistungsfähigkeit, Leistungswilligkeit und Entfaltungsmöglichkeiten unserer Mitarbeiter zu verbessern.

1 Der Grundsatz der vertrauensvollen Zusammenarbeit bestimmt das Verhältnis zu unseren Mitarbeitern und ihren Vertretern.

2 Die Arbeit in der FLACHGLAS AG ist für die Mitarbeiter Teil ihres Lebens. Arbeitsinhalte, Arbeitsbedingungen und die Zusammenarbeit untereinander müssen daher so ge-

staltet werden, daß sie gute Leistungen und die Selbstentfaltung der Mitarbeiter ermöglichen.

3 Wir erarbeiten gemeinsam Maßnahmen zur Personalentwicklung. Diese sollen einer umfassenden beruflichen Grundausbildung und der individuellen Anpassung an sich wandelnde Anforderungen dienen sowie den innerbetrieblichen Aufstieg fördern.

4 Die Mitarbeiter der FLACHGLAS AG können erwarten, daß herausragende Leistungen auch besonders honoriert werden.

5 Konflikte und Fehler sind Bestandteil menschlichen Handelns und können daher niemals völlig ausgeschlossen werden. Treten dadurch Probleme auf, so suchen wir gemeinsam nach fairen Lösungen.

Mit diesem Leitbild bekennt sich die FLACHGLAS AG auch zu ihrer traditions-

Endpunkt der Floatglasfabrikations-linie. Hier werden die Glastafeln abgestapelt.

Solarkraftwerk in Dagget/Cal.
Die Sonnenspiegel bringen eine Spitzenleistung von ca. 135 Megawatt in das Stromnetz. Die FLABEG GmbH, Fürth — eine Tochtergesellschaft der FLACHGLAS AG und größter Spiegelhersteller Europas — lieferte rund 1 Million Quadratmeter Spiegel für dieses erste rein kommerzielle Sonnenkraftwerk in der Mojawe-Wüste.

Spiegel der FLABEG wurden auch bei den Solarkraftwerk-Projekten Almeria/ Spanien und Eurilios/ Sizilien eingesetzt. Glas ermöglicht sowohl passive, als auch aktive Nutzung der Sonnenenergie.

reichen Unternehmensgeschichte, die von der Waldglashütte, 1487, bis zum heutigen Konzern von der Entwicklung der Glastechnologie, unternehmerischer Marktstrategie, Kooperationen und vor allem stets von den Menschen geprägt wurde. Handwerkliches Können der Glasmacher, Erfindungsgabe der Techniker, Forschung, Handel und unternehmerisches Management führten durch stete Anpassung an sich verändernde technische, wirtschaftliche und soziale Entwicklungen über einen langen Zeitraum zum heutigen Konzern, dessen Leitbild sich mit seiner geschichtlichen Erfahrung deckt.

Die Beziehungen zwischen Mensch und Technik lassen sich dabei mit einer ebenso kurzen wie prägnanten Aussage des Technikphilosophen Klaus Tuchel charakterisieren: „Von der Technik zu sprechen, ohne zugleich vom Menschen zu sprechen ist sinnlos."

DOKUMENTATION

Pfalzgraf Otto II. von Pfalz-Neumarkt und Pfalz-Mosbach, geboren am 22. 6. 1435, gestorben am 8. 4. 1499 in Neumarkt/Opf. Er gehörte der pfälzischen (rudolfinischen) Linie der Wittelsbacher an, die sich 1410 in vier Linien aufgeteilt hatte: Kurpfalz (Heidelberg, Amberg), Oberpfalz (Neumarkt), Zweibrücken-Simmern und Mosbach. In Urkunden führte Otto II. die Titel Pfalzgraf bei Rhein, Herzog in Bayern etc. Beide Titel wurden in allen vier Linien geführt. Relief von Pfalzgraf Otto II. auf seiner Tumba in Neumarkt/Opf.

Bei der nebenstehenden Beurkundung handelt es sich um einen sogenannten Erbzinslehenbrief, der durch Pfalzgraf Otto II. als Inhaber der Grundherrschaft über die genannte Glashütte ausgestellt wurde. Das sehr komplizierte Lehenrecht ist uns heute nicht mehr geläufig. Die Verleihung des Erbrechtes (hier über die Glashütte) kann etwa mit der heutigen Erbpacht verglichen werden. Der Name „Glaßer" des belehnten Untertanen muß für die damalige Zeit bereits als Familienname gelten; er geht aber hier zweifelsohne darauf zurück, daß in dieser Familie der Beruf des Glasers schon seit Generationen ausgeübt worden sein muß.

URKUNDEN

Die älteste Urkunde
von 1487

Wir Otto [Pfalzgraf bei Rhein] usw. tun kund und bekennen öffentlich mit diesem Brief, daß wir unserem Getreuen Hans Glaßer unsere Glashütte bei Waidhaus in unserer Herrschaft Treswitz sowie das Ödland bei Frankenreuth mit 2 Steinbrüchen an der Kager, alles mit Wiesen, Äckern, Hölzern und allen ihren Zugehörungen, nichts ausgenommen, nach Erbrecht verliehen und vererbt haben; verleihen und vererben für uns und unsere Erben ihm und seinen Erben die genannte Glashütte, Ödland und Steinbrüche mit ihren Zugehörungen kraft dieses Briefes mit der Bedingung, daß sie fortan diese Glashütte in betriebsfähigem Zustand und baulich unterhalten und dafür sie, Ödland und Steinbrüche einschließlich Zugehörungen innehaben, genießen und gebrauchen sollen nach ihrem besten Vermögen und so, wie es dieser Glashütte Recht und Gewohnheit ist. Wir haben ihm auch dazu für uns, unsere Erben und Nachkommen vergönnt und erlaubt, das dürre Holz in unserem Holz, genannt Vorhach, soweit es zum Pechsieden nicht tauglich ist, sowie unsere anderen Hölzer, soweit er sie erreichen mag, zu seiner und der Hütte Notdurft, es sei zum Zimmern, Schmelzen oder Brennen, zu gebrauchen, ungehindert durch uns, unsere Amtleute oder sonst jemand. Wir haben ihm auch aus besonderer Gnade erlaubt, daß sie in diesen unseren Hölzern und Wäldern fangen mögen Haselhühner, Eichhörnchen, Schnepfen und anderes Federwild, wie immer es auch genannt ist. Von all dem Obengenannten sollen sie uns, unseren Erben und Nachkommen jährlich und jedes Jahr besonders zu rechter Herrngült und Zins ohne allen Abgang auf unseren Kasten gegen Treswitz reichen und überantworten am St. Michelstag fünf Gulden rheinischer Landeswährung und außerdem an die Hofhaltung zur

genannten Zeit sechshundert Scheiben Gläser in der Größe, wie das ihm übergebene Muster; mit den genannten Zinsen soll er am nächstkommenden St. Michelstag mit dem Zahlen beginnen.

Er und seine Erben sollen uns auch mit Kriegsfolge, Steuer und anderem geziemendem Gehorsam, wie sich dies gebührt, so wie die anderen unserer Untertanen gewärtig sein, ohne Gefährde. Und falls es geschähe, daß genannter Glaßer oder seine Erben diese Glashütte und ihre Zugehörung baulich und betrieblich nicht in Ordnung hielten, wie es die gebührliche Notdurft erfordert, und sie dadurch baufällig würde oder falls er die Bezahlung der obengenannten Zinse zur festgelegten Zeit versäumt oder gefährlich verzögere, so soll ihnen ihr Erbrecht entzogen sein und wieder uns unterstehen, so daß wir damit nach unserem Willen verfahren und sie außerdem wegen ihres Verbrechens bestrafen können ohne Verhinderung durch irgend jemand. Falls es fortan ihre Notdurft erfordert, daß sie ihr Erbrecht verkaufen wollen oder müssen, so sollen sie dazu berechtigt sein, doch nur an einen uns gefälligen Berufsgenossen und unter Vorbehalt unserer Zinsrechte und Obrigkeit inhaltlich dieses Briefes; alles getreulich und ohne Gefahr. Dessen Urkunde haben wir ihnen diesen Brief mit unserem anhangenden Secret-Insiegel ausgestellt. Gegeben zu Neumarkt am Samstag vor Reminiscere [10. März] nach Christi etc. 1487.

Die Gründungsurkunde
von Friedrichsthal

Wir, Friederich Ludwig, Graf zu Nassau Saarbrücken und Saarwerden, Herr zu Lahr, Wießbaden und Idstein usw. thun hirmit kund und bekennen öffentlich, vor unß unseren Erben und Nachkommen. Demnach wir von zweyen Glaßmeistern nahmentlich Ludwig Adolph Eberhard und Martin Wentzeln von Breydenborn auß der Grafschaft Isenburg Marienburgl. Jurisdiction unterthänigst und gehorsambst gebetten worden, Ihnen gnädigst zu erlauben, eine neue Glaßhütte, in unserem Gewälde an der sogenannten Stockbach im Hohwald zu erbauen, daß wir in Betrachtung Ihrer unterthänigst zieml. Bitte, und umb Forderung unseres Nutzens, und Ihrer ersprießlichen Wohlfarth willen, in gndl. Ihr unterthänigstes Begehren, gnädige Bewilligung gethan haben, alß Erstlich erlauben wir Ihnen an gedachtem Orth in der Stockbach eine neue Glaßhüthe, welche mit Holtz solle getrieben werden auf Ihre Kosten aufzurichten und zu erbauen.
Zweytens soll Ihnen das darzu erfordete Bauholtz, außer dem gewöhnlichen Stockgeldt gratis gegeben werden. Drittens soll denenselben fünfhundert Claffter Holtz, jedes Claffter von 8 Werck-Schue lang, 4 Schue hoch und das Holtz zu 4 Schue lang, sodann das von dießem Holtz fallende Prügelholtz und Gipfelreißer die nicht zu spalten seyen, vor Schierholtz das Hüttenwerck zu treiben, jährl. zu hauen erlaubt seyn, doch mit dießem Exprehsion Reservat, daß sothanes Holtz jedesmahl forstmäßig, und nach unßerer Forstbedienten Anweisung, damit das Gewaldt nicht ruiniret werde, gehauen werden solle. Und weilen dieselbe auch Viertens zu Ihrem Glaßwerck Potaschen benöthiget, sollen Ihnen jährlich von dem abgängigen Holtz vor fünfzig Centner zu brennen angewießen werdten, auch die außgelaugten Aschen davon behalten.

Fünftens soll Ihnen an besagter Stockbach ein gewißer District vor Ihrer nöthige Garten und davon auch etwaß in dem Thal vor Wiesen zu machen gegeben werden, keinesweges aber Ihnen oder Ihren Leuthen einig, sowohl Rodt, alß Ackerland im Gewalde mit Frucht oder Rapp zu besahmen erlaubet seyn.
Sechßtens erlauben wir denen Beständern und Ihren Leuthen auf der Hütte biß aufs höchste zwischen 50 und 60 Stück Rindviehe groß und klein, an Schweinen aber soviel sie am Trog erziehen können, zu halten, doch daß sie den herkömmlichen Demuth davon entrichten.
Siebendens sollen Sie und Ihre Arbeits-Leuthe, alle Freyheiten sowohl in Frieden- als Kriegs-Zeiten, wie auf Glaßhütten gebräuchlich, genießen, und Ihr Getränk vor sich und Ihrer Leuthen, ohne etwaß davon zu geben, frey haben, auch weilen in der feinen Glaß-Materie, viel Saltz gebraucht wird, soll Ihnen solches zwar an Enden und Orthen, wo Ihnen beliebig zu kaufen erlaubet, jedoch Sie gehalten seyn, vor dieße Gerechtigkeit zu unserer Renthey zehen Thaler jährlich zu zahlen, bey herrschaftl. willkührl. Strafe aber, keinen Handel oder Unterschleif damit vornehmen, sonsten sollen Beständer sambt Ihren Leuthen, bey außgang dießes accords, freyzügig seyn und bleiben.
Achtens ist abgeredet, daß die Beständer dießer Glaßhütten an Niemand ohne unseren, oder unserer Nachkommen exprehse darzu erlangten consens zu begeben oder zu verkaufen befugt, auch wenn solches etwan angeregter maßen geschehn sollte, vom Kaufschilling den Zehenden Pfenning zurück zulaßen schuldig seyn.
Neuntens ollen unsere Unterthanen im Fuhrwerk, so die Beständer umbs Geldt thun laßen, jedesmahl die praeferenz haben. Zehentens erlauben wir Ihnen Sand und Stein, wo sie in dießer Herrschaft finden, zu hohlen, jedoch

andern ohne Schadten. Elftens soll das Glaß und Glaß-Materie hier im Ambt zollfrei pahsiern.

Zwölftens soll während dießes Bestandes niemandten erlaubet werden, eine Glaßhütte die mit Holtz getrieben wird, in dießer Herrschaft anzurichten.

Dreyzehendens soll dießer Bestand dreyßig Jahr währen, welcher von Zeit da der Ofen das erste mahl gehet oder allenfalß auf nechste Martine angehen.

Vierzehndens sollen die Beständer vor die obberührten Gerechtigkeiten und derer 500 Clafter Holtz und 50 Centner Potasch, unß jedes Jahr dreyhundert- und fünfzig Gulden sogen. 350 fl. Rheinischer Wehrung, und zwar quartaliter anticipando entrichten, und bey außhändigung dießes Bestandes unß pro Laudemio 30 Louis d'or zahlen.

Sollte aber fünfzehendens zu dießem Hüttenwerk mehr dann die besagten 50 Centner Potasch und 500 Claffter Holtz erfordert werden, sollen Beständer den Centner Potasch ad ein Reichsthaler, und das Claffterholtz ad Sechß albus aparte zu bezahlen haben.

Sechszehendens soll nach Verfließung der 30. Bestands-Jahren, die außgebutzten Gärten und Wießen, Ihnen zwar eigenthumblich verbleiben, jedoch aber daß Sie oder Ihre Erben hernach den behörigen Zinnß davon entrichten.

Siebenzehendens haben Beständer angelobet und zugesaget, unß, unseren Erben und Nachkommen, treu, hold, und gehorsam zu seyn, uns vor Schaden zu waren, Frommen und Bestens zu fordern, und ingemein sich also und dergestalten zu erweißen, alß getreue Glaßmeistern und Unterthanen eignet und gebühret. Zu wahrer Uhrkund und Festhaltung dieses alles ist dießer Bestand-Brief zweymahl gleichlautend außgefertiget, ein Theil von unß

unterschrieben und mit unserem Insiegel bestärket, denen Beständern zugestellet, das andere aber von Ihnen unterzeichnet anstatt Reverses zurück genommen wordten.

So geschehen Ottweyler den 17. Aprilis Anno 1723.

Unterschrieben.

        F. Ludwig Graf
(L. S.)   zu Nassau Saarbr.

Daß gegenwärtige Copia dem Original-Bestands-Brief gleichlautend seye, wird von mir Stattschreiber hiermit attestiert. Saarbrücken den 20. Jan. 1729

    J. G. Benz
    p. t. Stattschreiber

ÜBERSICHTEN ZUR UNTERNEHMENS-GESCHICHTE DER FLACHGLAS AG

Die Besitzer der Glashütte Frankenreuth 1487—1864

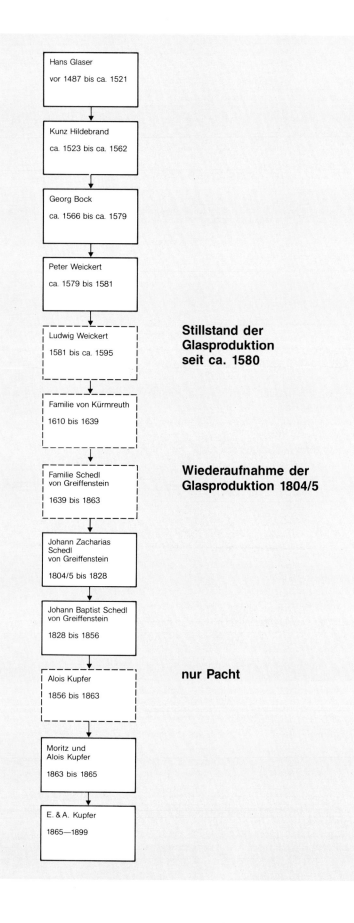

Hans Glaser
vor 1487 bis ca. 1521

Kunz Hildebrand
ca. 1523 bis ca. 1562

Georg Bock
ca. 1566 bis ca. 1579

Peter Weickert
ca. 1579 bis 1581

Ludwig Weickert
1581 bis ca. 1595

Stillstand der Glasproduktion seit ca. 1580

Familie von Kürmreuth
1610 bis 1639

Familie Schedl von Greiffenstein
1639 bis 1863

Wiederaufnahme der Glasproduktion 1804/5

Johann Zacharias Schedl von Greiffenstein
1804/5 bis 1828

Johann Baptist Schedl von Greiffenstein
1828 bis 1856

Alois Kupfer
1856 bis 1863

nur Pacht

Moritz und Alois Kupfer
1863 bis 1865

E. & A. Kupfer
1865—1899

Die Entwicklung zur Tafel-Salin- und Spiegelglasfabriken AG

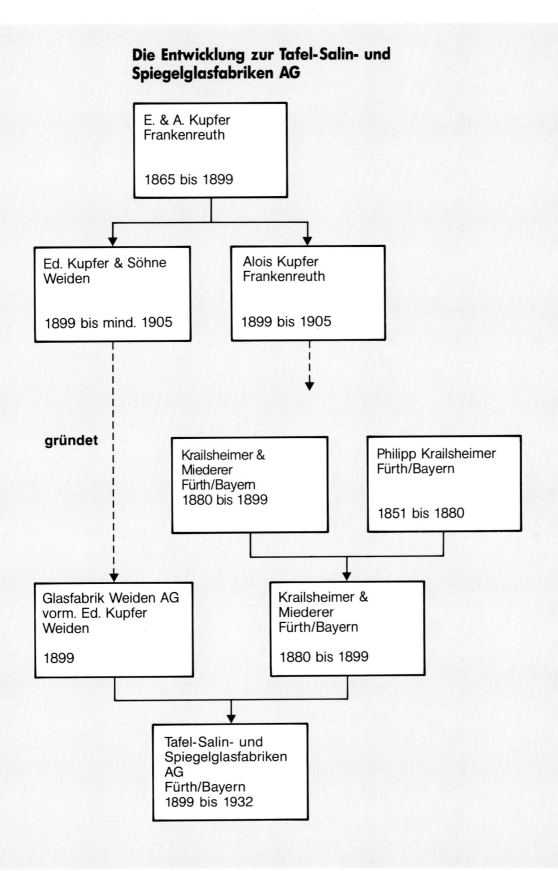

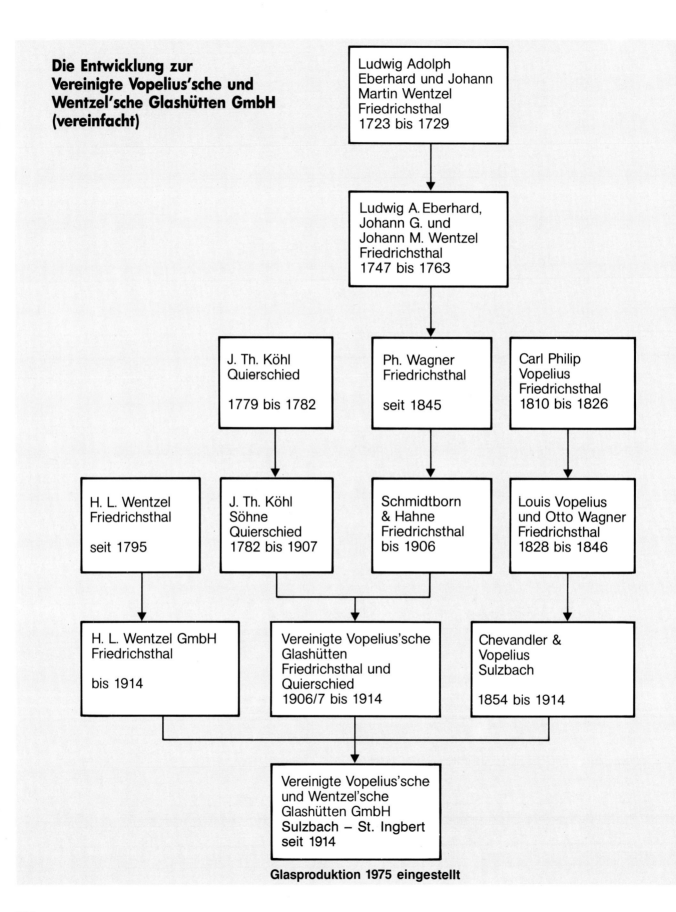

Die Entwicklung zur Vereinigte Vopelius'sche und Wentzel'sche Glashütten GmbH (vereinfacht)

Ludwig Adolph Eberhard und Johann Martin Wentzel Friedrichsthal 1723 bis 1729

Ludwig A. Eberhard, Johann G. und Johann M. Wentzel Friedrichsthal 1747 bis 1763

J. Th. Köhl Quierschied 1779 bis 1782

Ph. Wagner Friedrichsthal seit 1845

Carl Philip Vopelius Friedrichsthal 1810 bis 1826

H. L. Wentzel Friedrichsthal seit 1795

J. Th. Köhl Söhne Quierschied 1782 bis 1907

Schmidtborn & Hahne Friedrichsthal bis 1906

Louis Vopelius und Otto Wagner Friedrichsthal 1828 bis 1846

H. L. Wentzel GmbH Friedrichsthal bis 1914

Vereinigte Vopelius'sche Glashütten Friedrichsthal und Quierschied 1906/7 bis 1914

Chevandler & Vopelius Sulzbach 1854 bis 1914

Vereinigte Vopelius'sche und Wentzel'sche Glashütten GmbH Sulzbach – St. Ingbert seit 1914

Glasproduktion 1975 eingestellt

216

Die Entwicklung zur Deutschen Tafelglas AG, Fürth/Bayern (DETAG)

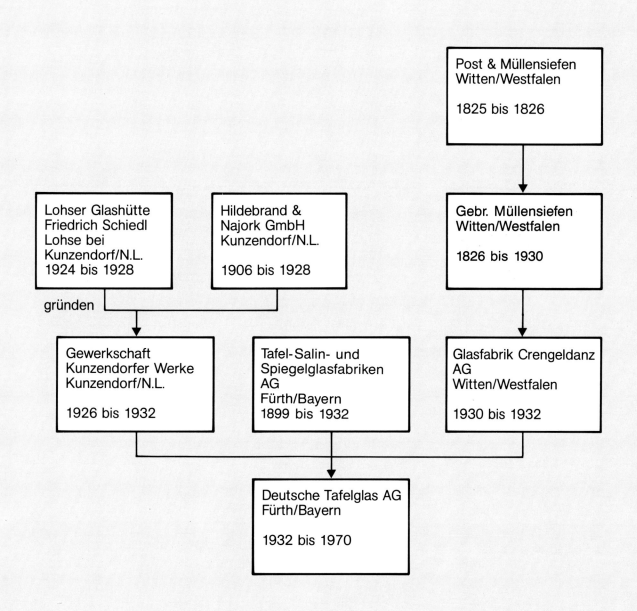

Die Entwicklung zur FLABEG GmbH

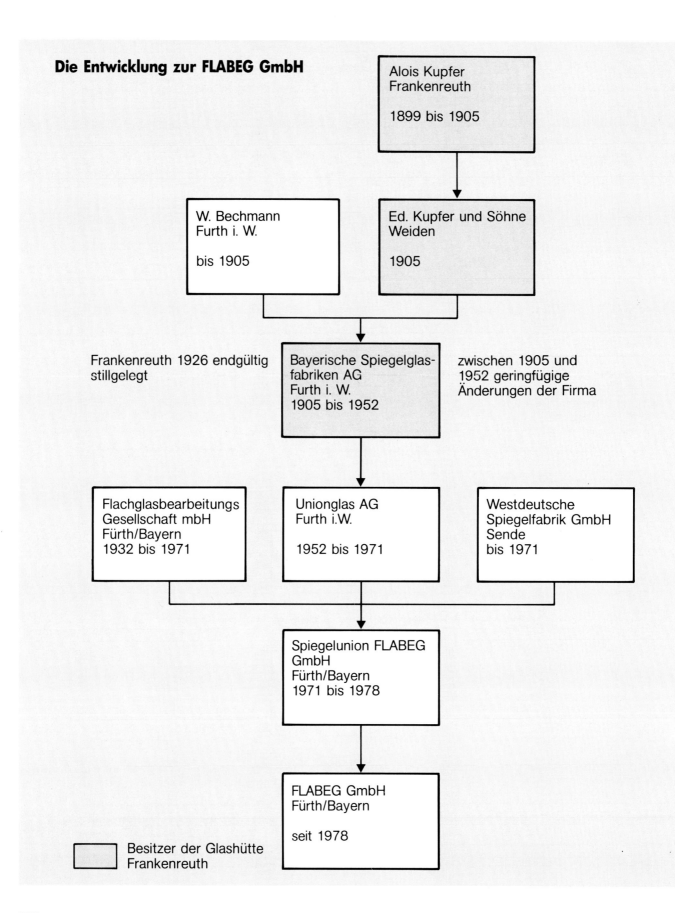

Alois Kupfer
Frankenreuth

1899 bis 1905

W. Bechmann
Furth i. W.

bis 1905

Ed. Kupfer und Söhne
Weiden

1905

Frankenreuth 1926 endgültig
stillgelegt

Bayerische Spiegelglas-
fabriken AG
Furth i. W.
1905 bis 1952

zwischen 1905 und
1952 geringfügige
Änderungen der Firma

Flachglasbearbeitungs
Gesellschaft mbH
Fürth/Bayern
1932 bis 1971

Unionglas AG
Furth i.W.

1952 bis 1971

Westdeutsche
Spiegelfabrik GmbH
Sende
bis 1971

Spiegelunion FLABEG
GmbH
Fürth/Bayern
1971 bis 1978

FLABEG GmbH
Fürth/Bayern

seit 1978

Besitzer der Glashütte
Frankenreuth

218

Die DETAG und ihre wichtigsten Tochter- und Beteiligungsunternehmen Anfang der vierziger Jahre

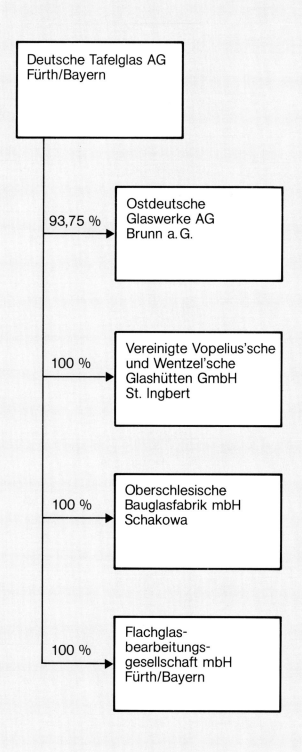

Die DELOG und ihre
wesentlichsten Beteiligungen

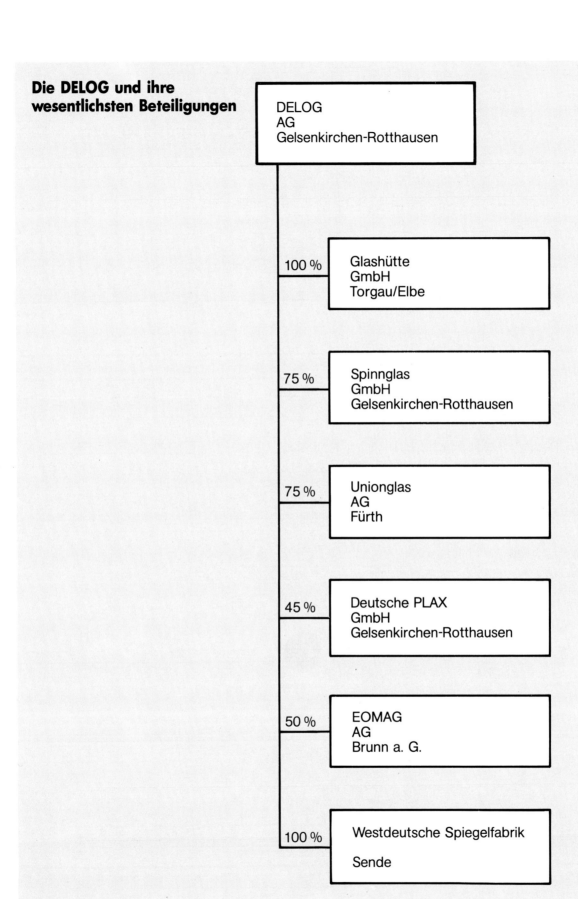

DELOG
AG
Gelsenkirchen-Rotthausen

100 % Glashütte
GmbH
Torgau/Elbe

75 % Spinnglas
GmbH
Gelsenkirchen-Rotthausen

75 % Unionglas
AG
Fürth

45 % Deutsche PLAX
GmbH
Gelsenkirchen-Rotthausen

50 % EOMAG
AG
Brunn a. G.

100 % Westdeutsche Spiegelfabrik

Sende

Die Entwicklung zur FLACHGLAS AG

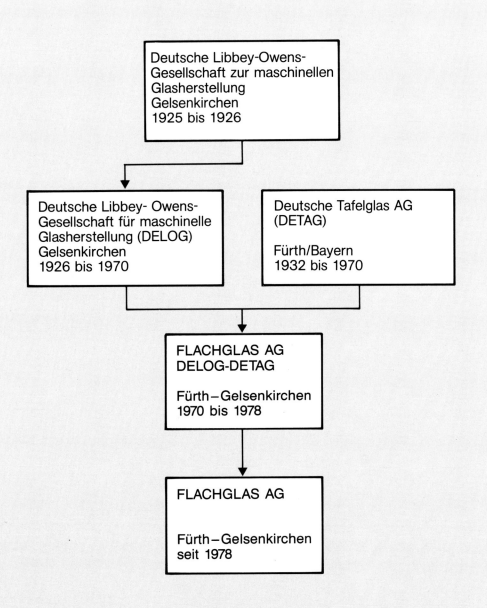

Deutsche Libbey-Owens-
Gesellschaft zur maschinellen
Glasherstellung
Gelsenkirchen
1925 bis 1926

Deutsche Libbey- Owens-
Gesellschaft für maschinelle
Glasherstellung (DELOG)
Gelsenkirchen
1926 bis 1970

Deutsche Tafelglas AG
(DETAG)

Fürth/Bayern
1932 bis 1970

FLACHGLAS AG
DELOG-DETAG

Fürth–Gelsenkirchen
1970 bis 1978

FLACHGLAS AG

Fürth–Gelsenkirchen
seit 1978

VORSTANDSMITGLIEDER UND AUFSICHTSRATSVORSITZENDE DER DELOG 1927–1970

Datum	Vorstandsmitglieder	Aufsichtsratsvorsitzende
1927	Wilhelm Kesten, Vors. Josef Verreet	Jules Vuylsteke
1928	Wilhelm Kesten, Vors. Josef Verreet	Jules Vuylsteke
1929	Wilhelm Kesten, Vors. Josef Verreet	Jules Vuylsteke
1930	Wilhelm Kesten, Vors. Josef Verreet	Jules Vuylsteke
1931	Wilhelm Kesten, Vors. Josef Verreet	Jules Vuylsteke
1932	Wilhelm Kesten, Vors. Josef Verreet	Jules Vuylsteke
1933	Wilhelm Kesten, Vors. Josef Verreet	Jules Vuylsteke
1934	Wilhelm Kesten, Vors. Josef Verreet	Jules Vuylsteke
1935	Wilhelm Kesten, Vors. Josef Verreet	Emmanuel Janssen
1936	Wilhelm Kesten, Vors. Josef Verreet	Emmanuel Janssen
1937	Wilhelm Kesten, Vors. Josef Verreet	Emmanuel Janssen
1938	Wilhelm Kesten, Vors. Josef Verreet Dr. Helmut Lüthgen, stellv.	Emmanuel Janssen
1939	Wilhelm Kesten, Vors. Josef Verreet Dr. Helmut Lüthgen, stellv. *	Emmanuel Janssen
1940	Wilhelm Kesten, Vors. Josef Verreet Dr. Helmut Lüthgen	Emmanuel Janssen Hermann J. Abs
1941	Wilhelm Kesten, Vors. Dr. Helmut Lüthgen	Hermann J. Abs
1942	Wilhelm Kesten, Vors. Dr. Helmut Lüthgen	Hermann J. Abs
1943	Wilhelm Kesten, Vors. Dr. Helmut Lüthgen	Hermann J. Abs
1944	Wilhelm Kesten, Vors. Dr. Helmut Lüthgen	Hermann J. Abs

1945	Wilhelm Kesten, Vors. Dr. Helmut Lüthgen Josef Verreet	Hermann J. Abs Maurice Hulin
1946	Wilhelm Kesten, Vors. Dr. Helmut Lüthgen Josef Verreet	Maurice Hulin
1947	Wilhelm Kesten, Vors. Dr. Helmut Lüthgen Josef Verreet	Maurice Hulin
1948	Dr. Helmut Lüthgen, Vors. Heinrich Muhlert, stellv. Dr. Hans Jebsen-Marwedel, stellv.	Maurice Hulin
1949	Dr. Helmut Lüthgen, Vors. Heinrich Muhlert, stellv. Dr. Hans Jebsen-Marwedel, stellv.	Maurice Hulin
1950	Karl Holstein, Vors. Dr. Hans Jebsen-Marwedel, stellv. Heinrich Muhlert, stellv.	Maurice Hulin
1951	Karl Holstein, Vors. Dr. Hans Jebsen-Marwedel, stellv. Heinrich Muhlert, stellv.	Maurice Hulin
1952	Karl Holstein, Vors. Dr. Hans Jebsen-Marwedel, stellv. Heinrich Muhlert, stellv.	Maurice Hulin
1953	Karl Holstein, Vors. Dr. Hans Jebsen-Marwedel, stellv. Heinrich Muhlert, stellv.	Maurice Hulin
1954	Karl Holstein, Vors. Dr. Hans Jebsen-Marwedel Heinrich Muhlert	Maurice Hulin
1955	Karl Holstein, Vors. Dr. Hans Jebsen-Marwedel Heinrich Muhlert	Maurice Hulin
1956	Karl Holstein, Vors. Dr. Hans Jebsen-Marwedel Heinrich Muhlert	Maurice Hulin
1957	Karl Holstein, Vors. Dr. Hans Jebsen-Marwedel Heinrich Muhlert	Maurice Hulin
1958	Karl Holstein, Vors. Paul Bruno	Maurice Hulin
1959	Karl Holstein, Vors. Paul Bruno	Maurice Hulin

1960	Karl Holstein, Vors. Paul Bruno	Dr. h. c. Hermann J. Abs
1961	Karl Holstein, Vors. Paul Bruno	Dr. h. c. Hermann J. Abs
1962	Karl Holstein, Vors. Paul Bruno	Dr. h. c. Hermann J. Abs
1963	Karl Holstein, Vors. Paul Bruno Wolf von Reis, stellv.	Dr. h. c. Hermann J. Abs
1964	Karl Holstein, Vors. Paul Bruno Wolf von Reis, stellv.	Dr. h. c. Hermann J. Abs
1965	Karl Holstein, Vors. Jacques Roederer Wolf von Reis, stellv.	Dr. h. c. Hermann J. Abs
1966	Karl Holstein, Vors. Jacques Roederer Wolf von Reis, stellv.	Dr. h. c. Hermann J. Abs
1967	Karl Holstein, Vors. Wolf von Reis Jacques Roederer	Dr. h. c. Hermann J. Abs
1968	Karl Holstein, Vors. Wolf von Reis Jacques Roederer	Dr. h. c. Hermann J. Abs
1969	Dr. Walter Griese, Vors. Wolf von Reis Jacques Roederer Günther Krüßmann, stellv.	Dr. h. c. Hermann J. Abs Karl Holstein
1970	Dr. Walter Griese, Vors. Wolf von Reis Jacques Roederer Günther Krüßmann, stellv.	Karl Holstein

* (Am 29. Juli 1940 wurde die
DELOG unter Feindvermögenskontrolle gestellt. Die Funktionen
des Vorstandes wurden von
„Verwaltern", die des Aufsichtsrats
von einem „Beirat" wahrgenommen.)

HRB 611a seit 21. 3. 1962
auf HRB 182
umgeschrieben.

VORSTANDSMITGLIEDER UND AUFSICHTSRATSVORSITZENDE DER DETAG 1932 – 1970

Datum	Vorstandsmitglieder	Aufsichtsratsvorsitzende
1932	Dr. Otto Seeling, Vors. Hans Blank Walter Najork	Dr. Werner Kehl
1933	Dr. Otto Seeling, Vors. Hans Blank Walter Najork	Dr. Werner Kehl
1934	Dr. Otto Seeling, Vors. Hans Blank Walter Najork	Dr. Werner Kehl
1935	Dr. Otto Seeling, Vors. Walter Najork	Dr. Werner Kehl
1936	Dr. Otto Seeling, Vors. Walter Najork	Dr. Werner Kehl
1937	Dr. Otto Seeling, Vors. Walter Najork	Dr. Werner Kehl
1938	Dr. Otto Seeling, Vors. Walter Najork	Dr. Werner Kehl
1939	Dr. Otto Seeling, Vors. Mario Mazzarovich, stellv. Ferdinand von Vopelius, stellv.	Hans Rummel
1940	Dr. Otto Seeling, Vors. Mario Mazzarovich, stellv. Ferdinand von Vopelius, stellv.	Hans Rummel
1941	Dr. Otto Seeling, Vors. Mario Mazzarovich, stellv. Ferdinand von Vopelius, stellv.	Hans Rummel
1942	Dr. Otto Seeling, Vors. Mario Mazzarovich, stellv. Ferdinand von Vopelius, stellv. Dr. Georg Kilian, stellv.	Hans Rummel
1943	Dr. Otto Seeling, Vors. Dr. Georg Kilian, stellv. Mario Mazzarovich, stellv. Ferdinand von Vopelius, stellv.	Hans Rummel
1944	Dr. Otto Seeling, Vors. Dr. Georg Kilian, stellv. Mario Mazzarovich, stellv. Ferdinand von Vopelius, stellv.	Hans Rummel
1945	Dr. Otto Seeling, Vors.	Hans Rummel
1946	Dr. Otto Seeling, Vors. Dr. Albert Tilmann, stellv.	Leo Wentzel, stellv.

1947	Dr. Otto Seeling, Vors. Dr. Albert Tilmann, stellv.	Leo Wentzel, stellv.
1948	Dr. Otto Seeling, Vors.	Hans Rummel
1949	Dr. Otto Seeling, Vors. Dr. Georg Kilian, stellv.	Hans Rummel
1950	Dr. Otto Seeling, Vors. Dr. Georg Kilian Maximilian von Vopelius, stellv.	Hans Rummel
1951	Dr. Otto Seeling, Vors. Dr. Georg Kilian Maximilian von Vopelius, stellv.	Hans Rummel
1952	Dr. Otto Seeling, Vors. Dr. Georg Kilian Maximilian von Vopelius, stellv.	Hans Rummel
1953	Dr. Otto Seeling, Vors. Dr. Georg Kilian Maximilian von Vopelius, stellv.	Hans Rummel
1954	Dr. Otto Seeling, Vors. Dr. Georg Kilian Maximilian von Vopelius, stellv.	Hans Rummel
1955	Dr. Otto Seeling, Vors., Dr. Georg Kilian Mario Mazzarovich Maximilian von Vopelius, stellv.	Hans Rummel
1956	Dr. Georg Kilian, Vors. Mario Mazzarovich Maximilian von Vopelius	Hans Rummel
1957	Dr. Georg Kilian, Vors. Mario Mazzarovich Maximilian von Vopelius	Hans Rummel
1958	Dr. Georg Kilian, Vors. Mario Mazzarovich Maximilian von Vopelius	Hans Rummel
1959	Dr. Georg Kilian, Vors. Mario Mazzarovich Maximilian von Vopelius	Hans Rummel
1960	Dr. Georg Kilian, Vors. Mario Mazzarovich Maximilian von Vopelius	Hans Rummel Dr. Walter Tron
1962	Dr. Georg Kilian, Vors. Mario Mazzarovich Maximilian von Vopelius	Dr. Walter Tron

1963	Dr. Georg Kilian, Vors. Mario Mazzarovich Maximilian von Vopelius Rolf Schaechterle, stellv.	Dr. Hans Feith
1964	Dr. Georg Kilian, Vors. Mario Mazzarovich Maximilian von Vopelius Rolf Schaechterle, stellv.	Dr. Hans Feith
1965	Dr. Georg Kilian, Vors. Mario Mazzarovich Maximilian von Vopelius Rolf Schaechterle, stellv. Dr. Otto Stehl, stellv.	Dr. Hans Feith
1966	Dr. Georg Kilian, Vors. Mario Mazzarovich Dr. Otto Stehl Maximilian von Vopelius Rolf Schaechterle, stellv.	Dr. Hans Feith
1967	Dr. Georg Kilian, Vors. Mario Mazzarovich Dr. Otto Stehl Maximilian von Vopelius Rolf Schaechterle, stellv.	Dr. Hans Feith
1968	Dr. Georg Kilian, Vors. Josef P. Freudorfer Dr. Otto Stehl Maximilian von Vopelius Rolf Schaechterle, stellv.	Dr. Hans Feith
1969	Dr. Georg Kilian, Vors. Josef P. Freudorfer Dr. Otto Stehl Maximilian von Vopelius Rolf Schaechterle, stellv.	Dr. Hans Feith
1970	Josef P. Freudorfer, Vors. Dr. Otto Stehl Maximilian von Vopelius Rolf Schaechterle	Dr. Hans Feith

VORSTANDSMITGLIEDER UND AUFSICHTSRATSVORSITZENDE DER FLACHGLAS AG 1970–1987

Datum	Vorstandsmitglieder	Aufsichtsratsvorsitzende
1970	Josef P. Freudorfer, Vors. Dr. Walter Griese Wolf von Reis Rolf Schaechterle Dr. Otto Stehl Maximilian von Vopelius Günther Krüßmann, stellv.	Dr. Hans Feith Dr. h. c. Hermann Josef Abs (Ehrenvorsitzender) Karl Holstein (Ehrenvorsitzender)
1971	Josef P. Freudorfer, Vors. Dr. Walter Griese Wolf von Reis Rolf Schaechterle Dr. Otto Stehl Maximilian von Vopelius Günther Krüßmann, stellv.	Dr. Hans Feith Dr. h. c. Hermann Josef Abs (Ehrenvorsitzender) Karl Holstein (Ehrenvorsitzender)
1972	Josef P. Freudorfer, Vors. Dr. Walter Griese Wolf von Reis Rolf Schaechterle Dr. Otto Stehl Maximilian von Vopelius Günther Krüßmann, stellv.	Dr. Hans Feith Dr. h. c. Hermann Josef Abs (Ehrenvorsitzender) Karl Holstein (Ehrenvorsitzender)
1973	Josef P. Freudorfer, Vors. Dr. Walter Griese Wolf von Reis Rolf Schaechterle Dr. Otto Stehl Maximilian von Vopelius Günther Krüßmann, stellv.	Dr. Hans Feith Dr. h. c. Hermann Josef Abs (Ehrenvorsitzender) Karl Holstein (Ehrenvorsitzender)
1974	Josef P. Freudorfer, Vors. Dr. Walter Griese Wolf von Reis Rolf Schaechterle Dr. Otto Stehl Maximilian von Vopelius, Günther Krüßmann, stellv. Walter Brückner, stellv.	Dr. Hans Feith Dr. h. c. Hermann Josef Abs (Ehrenvorsitzender) Karl Holstein (Ehrenvorsitzender)
1975	Josef P. Freudorfer, Vors. Dr. Walter Griese Günther Krüßmann Wolf von Reis Rolf Schaechterle Dr. Otto Stehl Walter Brückner, stellv.	Dr. Hans Feith Dr. h. c. Hermann Josef Abs (Ehrenvorsitzender) Karl Holstein (Ehrenvorsitzender)

1982	Walter Trux, Vors. Dr. Otto Stehl Walter Brückner Günther Krüßmann Wolf von Reis Rolf Schaechterle Ernst Schneider	Hilmar Kopper Dr. h. c. Hermann Josef Abs (Ehrenvorsitzender) Karl Holstein (Ehrenvorsitzender)
1983	Dr. Walter Trux, Vors. Dr. Otto Stehl Walter Brückner Günther Krüßmann Wolf von Reis Rolf Schaechterle Ernst Schneider	Hilmar Kopper Dr. h. c. Hermann Josef Abs (Ehrenvorsitzender)
1984	Dr. Walter Trux, Vors. Dr. Gerhard Bachmann, Walter Brückner Günther Krüßmann Wolf von Reis Rolf Schaechterle Ernst Schneider	Hilmar Kopper Dr. h. c. Hermann Josef Abs (Ehrenvorsitzender)
1985	Dr. Walter Trux, Vors. Dr. Gerhard Bachmann Walter Brückner Günther Krüßmann Wolf von Reis Rolf Schaechterle Ernst Schneider	Hilmar Kopper Dr. h. c. Hermann Josef Abs (Ehrenvorsitzender)
1986	Dr. Walter Trux, Vors. Dr. Gerhard Bachmann Walter Brückner Günther Krüßmann Wolf von Reis Rolf Schaechterle Ernst Schneider	Hilmar Kopper Dr. h. c. Hermann Josef Abs (Ehrenvorsitzender)
1987	Dr. Walter Trux, Vors. Dr. Gerhard Bachmann Walter Brückner Günther Krüßmann Wolf von Reis Rolf Schaechterle Ernst Schneider	Hilmar Kopper Dr. h. c. Hermann Josef Abs (Ehrenvorsitzender)

(Stand 1. 5. 1987)

DIE WERKE DER FLACHGLAS AG

Werk Gelsenkirchen

Lieferprogramm

CUDO — Mehrscheiben-Isolierglas
ALLSTOP-PRIVAT — Sicherheits-Isolierglas
PHONSTOP — Schallschutz-Isolierglas
THERMOPLUS — Wärme-Isolierglas
INFRASTOP — Sonnenschutz-Isolierglas
SIGLA — Verbund-Sicherheitsglas
PYROSTOP — Brandschutzglas

Historische Entwicklung

1925 Gründung des Werkes als
„Deutsche Libbey-Owens-Gesellschaft".
Produktion von Tafelglas nach dem
Libbey-Owens-Verfahren (horizontaler
Kühlkanal) bis 1950 bei Einsatz von
3 Wannen mit je 115 t/24 h.
1952 Inbetriebnahme der Fourcault-Anlage mit
130 t/24 h.
1954/55 Produktion von Verbundsicherheits-
und Isolierglas. Das Isolierglas
THERMOPANE (amerikanisches Patent)
war über viele Jahre das führende Isolierglas auf dem europäischen Markt.
1972/73 Schließung der Fensterglasanlage
durch Inbetriebnahme der
FLOATGLAS-Produktion in Gladbeck.
Heute wird eine breite Palette an
Verbundsicherheits- und Funktionsgläsern
für den Bausektor produziert.

Werk Gladbeck

Lieferprogramm

OPTIFLOAT
OPTIFLOAT GRÜN
OPTIFLOAT BRONZE
OPTIFLOAT GRAU

Historische Entwicklung

November 1973 Inbetriebnahme des Schneidbetriebs mit Zulieferungen von Floatglas aus
Frankreich.
März 1974 Inbetriebnahme der ersten Floatglas-Fabrikationslinie.
Dezember 1976 Inbetriebnahme der zweiten
Produktionslinie.
Das Werksgelände umfaßt 400 000 m², davon
bebaute Fläche rund 110 000 m².
Tageskapazität beider Floatanlagen 600 bzw.
800 t/Tag, mögliche Schmelzleistung pro Tag
1 400 t.
1,5 Mio. m² Glas können im 3-Schichtbetrieb
monatlich bearbeitet werden, die Lagerkapazi-
tät für Rohglas beläuft sich auf max. 75 000 t.

Werk Weiherhammer

Lieferprogramm

OPTIFLOAT   OPTIWHITE
OPTITHERM   CHROMSPIEGEL

Historische Entwicklung

September 1977 Baubeginn.
Oktober 1979 Inbetriebnahme der Floatglas-
Fabrikationslinie, Schmelzleistung ca. 700 t/Tag.
April 1982 Inbetriebnahme einer modernen
Magnetron-Beschichtungsanlage für
OPTITHERM und CHROMSPIEGEL.

Werk Wernberg

Lieferprogramm

CUDO — Mehrscheiben-Isolierglas
ALLSTOP-PRIVAT — Sicherheits-Isolierglas
PHONSTOP — Schallschutz-Isolierglas
THERMOPLUS — Wärme-Isolierglas
INFRASTOP — Sonnenschutz-Isolierglas
SIGLA — Verbund-Sicherheitsglas
DELODUR — Einscheiben-Sicherheitsglas

Historische Entwicklung

1938 Gründung als Zweigwerk der Sicherheitsglas „SIGLA" GmbH, Kunzendorf.
1946 von der DETAG (Deutsche Tafelglas AG)
gepachtet.
1949 Kauf durch die DETAG.
1970 Fusion DETAG mit DELOG zur
FLACHGLAS AG.
ab 1938 SIGLA-Fertigung.
ab 1952 CUDO-Fertigung
Der Name CUDO leitet sich von
KU-DO — Kunzendorfer Doppelglas ab,
der bereits 1934 im deutschen Reichspatent verankert wurde.
ab 1969 INFRASTOP-Fertigung.
ab 1976 DELODUR-Fertigung.

Werk Weiden
Bereich Kunststoffe

Lieferprogramm

POLYDET — duroplastische Produkte für
den Bausektor
DURODET-Prepreg und Premix
DURODET-Formteile für den Elektro-,
Fahrzeug- und allgemeinen technischen Sektor
THERMODET — thermoplastische Platten
und Folien für die Thermoverformung

Historische Entwicklung

1890 Errichtung einer Tafelglashütte (Glasfabrik Moosbürg). Nach Besitzerwechsel
und Zukauf von zwei Fürther Betrieben
Firmierung unter dem Namen TAFEL-
SALIN- u. SPIEGELGLASFABRIKEN,
FÜRTH AG.
1956 Beginn der Kunststoffverarbeitung
(POLYDET).
1958 Aufnahme der thermoplastischen Kunst-
stoffverarb. (THERMODET)
1960 Anlauf der Preßteilfertigung aus GF-UP.
1964 Beginn der Harzmattenfertigung.
1978 Aufnahme der Surferfertigung
(Doppelschalentiefziehverfahren).
1981 Einstieg ins Automobilgeschäft
mit Formteil-Großserien (DURODET).
1982 Inbetriebnahme der neuen Flockanlage
(elektrostatische Beflockung von
Halbzeug)

Werk Wesel

Lieferprogramm

DELODUR-Automobilglas
DELODUR-Herdvorsatzgläser
DELODUR-Bauglas
DELODUR-Fertigprodukte
DELOGCOLOR
Spiegel

Historische Entwicklung

1956 Beginn des Werksaufbaues.
1957 Die erste 4-Maschinen-Pittsburgh-Anlage geht mit 115 t/Tag Schmelzleistung in Produktion (bis 1965).
1958 Beginn der ESG-Produktion, danach stetiger Auf- und Ausbau der DELODUR-Betriebe.
1965 Die zweite 8-Maschinen-Pittsburgh-Anlage geht mit 280 t/Tag Schmelzleistung in Produktion (bis 1976).
1968 Inbetriebnahme der Spiegelbelegerei.
1969 Umbau und Erweiterung der 4-Maschinen-Pittsburgh-Anlage auf 150 t/Tag Schmelzleistung (bis 1974).
1976 Fertigung von Ganzglasanlagen und Fertigtüren wird in das DELODUR-Fertigungsprogramm aufgenommen.
1977 Ausgliederung der Bauglas-Aktivitäten aus dem DELODUR-Serienbetrieb und Aufnahme der Produktion der DELODUR-Einzelfertigung in den Hallen des ehemaligen Pittsburgh-Betriebes.

Werk Witten

Lieferprogramm

Technische Gläser
SIGLA-Verbund-Sicherheitsglas für den Automobilsektor
GADO
SEDO / SEDO S

Historische Entwicklung

1825 Gründung durch die Brüder Theodor und Gustav Müllensiefen.
1881 Erste Versuche mit gasbefeuerten Öfen nach dem Siemensschen Regenerativ-System.
1911 Inbetriebnahme von drei Lubbers-Maschinen. Lizenz von American Window Glass. Beginn der mechanisierten Glasherstellung in Deutschland.
1913 Erste Verbindung mit Emile Fourcault.
1924 Beheizung mit Koksofengas — eigene Fernleitung zur Zeche Oespel.
1925 100 Jahre nach Gründung erste Fourcault-Anlage mit 4 Maschinen.
1930 Umwandlung in Aktiengesellschaft unter Beteiligung der Essener Steinkohlen AG — Glasfabrik Crengeldanz AG Witten.
1932 Übernahme durch die DEUTSCHE TAFELGLAS AG.
1945 Beginn der Glasverarbeitung.
1947 Produktionsaufnahme SIGLA.
1950 Inbetriebnahme der zweiten Fourcault-Anlage.
1954 Produktionsaufnahme GADO.

ANMERKUNGEN

Die ersten Jahrhunderte

(Seite 13—48)

1 StA AM, Amt Tännesberg-Treswitz 167.
2 StA AM, Amt Tännesberg-Treswitz 254.
3 Schuster, Reichenau bei Waidhaus.
4 Winkler, Zwischen Arber und Osser, S. 212 f.; und: Busl, Altglashütte??
5 StA AM, Sulzbacher Akten 2161.
6 Haller, Historische Glashütten in den Bodenmaiser Wäldern, S. 9.
7 STA AM, Opf. Administrativakten 1862.
8 StA AM, Amt Tännesberg-Treswitz R 845.
9 HStA M, GL Treswitz 1 und GL Treswitz 2.
10 StA AM, Amt Tännesberg-Treswitz R 845.
11 StA AM, Amt Tännesberg-Treswitz R 1507.
12 StA AM, Amt Tännesberg-Treswitz R 846.
13 StA AM, Amt Tännesberg-Treswitz R 847.
14 StA AM, Amt Tännesberg-Treswitz R 852.
15 StA AM, Amt Tännesberg-Treswitz R 851.
16 HStA M, GL Treswitz 3.
17 StA AM, Amt Tännesberg-Treswitz R 848.
18 StA AM, Amt Tännesberg-Treswitz R 850.
19 StA AM, Amt Tännesberg-Treswitz R 1091.
20 Wagner, Die Aufschreibungen des Franz Poschinger, S. 87: Ein Inmannvertrag wurde nicht nur mit landwirtschaftlichen Arbeitern, sondern auch mit Hüttenarbeitern und Glasmachern abgeschlossen.
21 Bernd, Vohenstrauß, S. 114 ff.
22 Die Rechnungen für die einzelnen Jahre mit Jahreszahlen in Klammern: StA AM, Amt Tännesberg-Treswitz R 845 (1520/21), R 846 (1521/22), R 848 (1523/24), R 849 (1524/25), R 851 (1528/29), R 852 (1529/30).
23 Blau, Glasmacher II, S. 130 ff.
24 Tochtermann, Spessart-Glashütte, S. 72.
25 Loysel I., S. 116.
26 Winkler, Zwischen Arber und Osser, S. 250; und: Busl, Altglashütte, S. 142; und: Blau, Glasmacher I, S. 27 ff.
27 Loysel I, S. 119.
28 StA AM, Amt Tännesberg-Treswitz 119.
29 StA AM, Amt Tännesberg-Treswitz 3394.
30 HStA M, GL Treswitz 2.
31 HStA M, GL Treswitz 1.
32 StA AM, Amt Tännesberg-Treswitz R 1507.
33 StA AM, Amt Tännesberg-Treswitz 119.
34 HStA M, GL Treswitz 3.

35 StA AM, Amt Tännesberg-Treswitz 119.
36 HStA M, Opf. Lit. 217 b.
37 StA AM, Münchner Hofkammer 102.
38 StA AM, Opf. Religion und Reformation 59.
39 s. Anm. 41; und: Schuster, Reichenau, S. 56 f.
40 StA AM, Amt Tännesberg-Treswitz R 849.
41 StA AM, Amt Tännesberg-Treswitz R 850.
42 Busl, Altglashütte S. 145.
43 StA AM, Amt Tännesberg-Treswitz 118.
44 StA AM, Amt Tännesberg-Treswitz 119.
45 HStA M, Opf. Lit. 217 b.
46 StA AM, Amt Tännesberg-Treswitz 167.
47 StA AM, Amt Tännesberg-Treswitz R 1092.
48 Schuster, Glashütten, S. 231.
49 Wagner, Die Aufschreibungen des Franz Poschinger, S. 70, 74, 80 ff.
50 StA AM, Amt Tännesberg-Treswitz 167.
51 Hanauer, Heimatbuch Eslarn, S. 44.
52 StA AM, Amt Tännesberg-Treswitz 3494.
53 Poblotzki, Waidhaus, S. 367.
54 StA AM, Amt Tännesberg-Treswitz 167.
55 StA AM, Amt Tännesberg-Treswitz 168.
56 HV, AAO 2170.
57 StA AM, Amt Tännesberg-Treswitz 167.
58 StA AM, Böhmen 1187.
59 StA AM, Amt Tännesberg-Treswitz 168.
60 StA AM, Amt Tännesberg-Treswitz 167.
61 HV, AAO 1042.
62 HV, AAO 2170.
63 Schuster, Frankenreuth, S. 258.
64 StA AM, BP Vohenstrauß 183; und: Schuster, Frankenreuth, S. 258.
65 StA AM, BP Vohenstrauß 188 und 220.
66 Bernd, Vohenstrauß, S. 127.
67 StA AM, LGäO Vohenstrauß 1444.
69 StA AM, Amt Tännesberg-Treswitz 254.
70 Blau II, S. 195 ff.
71 StA AM, Amt Tännesberg-Treswitz 2475.
72 StA AM, Amt Tännesberg-Treswitz 3448.
74 Destouches, Oberpfalz 1809.
75 StA AM, Pflegamt Burgtreswitz 90.
76 BZAR, Matrikel Waidhaus.
76a StA AM, LGäO VOH 1356.
77 StA AM, Kataster Vohenstrauß 99.
78 StA AM, LGäO Vohenstrauß 360.
79 Poblotzki, Pleystein, S. 170, 320.
80 StA AM, LGäO Vohenstrauß 359.
81 Kreisblatt 1807.
82 StA AM, Böhmen 1110.

[83] StA AM, LGäO Vohenstrauß 1348; und: Poblotzki, Pleystein, S. 800.

[84] Eine Kopie dieser Notiz hat mir freundlicherweise Herr Werner Kaschel, Hersbruck, zur Verfügung gestellt.

[85] StA AM, LGäO 479. Blau I, S. 105, berechnet für das Judenmaß 8×10 Zoll.

[86] Poblotzki, Waidhaus, S. 119.

[87] StA AM, Kataster Vohenstrauß 99.

[88] StA AM, LGäO Vohenstrauß 1534.

[89] StA AM, LGäO Vohenstrauß 2709.

[90] Poblotzki, Waidhaus, S. 33g ff.

[91] StA AM, LGäO Vohenstrauß 1513.

[92] Kiesl, Landrat der Oberpfalz, S. 220 ff.

[93] Hartmanngruber, Auswanderungen, S. 351 ff.

[94] Nutzinger, Neunburg vorm Wald, S. 404 ff.; und: Kuhnle, Zusammenbruch, S. 26.

[93] Poblotzki, Waidhaus, S. 232.

Vom 19. Jahrhundert bis 1918

(Seite 49—108)

[1] Blau, Glasmacher I, S. 105 ff.

[2] Berlin, Spiegelglasindustrie, S. 26, Anm. 14.

[2] Poblotzki, Markt, S. 232, ebenda Anm. 9, Schuster, Heimat, S. 129.

[4] Lobmeyr, Glasindustrie, S. 254; Winkler, Spiegelglas-Industrie, S. 29 f. (Sowohl bei Zitaten als auch bei Quellenangaben wurde die ursprüngliche Schreibweise beibehalten, die zum Teil von der heutigen abweicht).

[5] Es existieren mehrere Hütten dieses Namens; vgl. Blau, Glasmacher I, S. 32, 42; Winkler, Spiegelglas-Industrie, S. 28.

[6] Lobmeyr, Glasindustrie, S. 254, 280; Winkler, Spiegelglas-Industrie, S. 28—30.

[7] Blau, Glasmacher I, S. 41; Flachglas-intern No. 8 (Juli 1973), S. 22; Lehmann's Wohnungs-Anzeiger, S. 359.

[8] Blau, Glasmacher I, S. 41 f.; Winkler, Spiegelglas-Industrie, S. 28—31.

[9] Winkler, Spiegelglas-Industrie, S. 27 f.

[10] Winkler, Spiegelglas-Industrie, S. 28, 30 f.

[11] Lobmeyr, Glasindustrie, S. 247; Winkler, Spiegelglas-Industrie, S. 29 f. Laut Blau, Glasmacher II, S. 143, sollen die Kupfers noch weitere Hütten betrieben haben.
   Es ist jedoch nicht ersichtlich, ob dies bereits vor der Gründung der Tafel-Salin 1899 der Fall war.

[12] Bolognese-Leuchtenmüller, Bevölkerungsentwicklung, Teil II, Tab. 12, S. 24, 28; Good, Habsburg Empire, S. 129—135.

[13] Blau, Glasmacher I, S. 67—69, Beilage XII, S. 217 f.

[14] Kubatz, Standorttendenzen, S. 40; Lauer, Glasindustrie, S. 4, 65; Petersen, Glasindustrie, S. 12.

[15] Ausschuß, Glasindustrie, S. 18—20; Gleitsmann, Rohstoffmangel, S. 127; Goldstein, Sodaindustrie, S. 3 f., 12—15; Kockerscheidt, Preisbewegung, S. 17—24; Petersen, Glasindustrie, S. 28 f.; Taylor, History, S. 185 f.

[16] Jebsen-Marwedel, Glas, S. 56; ders., Tafelglas, S. 16—20; Kirn, Betrieb, S. 250.

[17] Jebsen-Marwedel, Glas, S. 54.

[18] Ausschuß, Glasindustrie, S. 13; Friedrich, Fortschritt, S. 24—26; Jebsen-Marwedel, Tafelglas, S. 16—24; Kubatz, Standorttendenzen, S. 29 f.; Riepen, Tafelglasindustrie, S. 6.

[19] Lauer, Glasindustrie, S. 6 f.

[20] Kempf, Flachglasfabrikation, S. 111. Die Größenangaben beziehen sich auf das gängigere rheinische Verfahren. Beim unwirtschaftlicheren deutschen Verfahren wurden Walzen mit größerem Umfang aber geringerer Länge geblasen, wodurch erheblich mehr Abfall entstand.

[21] Blau, Glasmacher I, S. 58—60; Hauck, Entwicklung, S. 58 f.

[22] Lauer, Glasindustrie, S. 35; Müllensiefen, Hundertjahrfeier, S. 155 f.; Vollmerhaus, Reiseberichte, S. 47; Vopelius, Tafelglasindustrie, S. 35.

[23] Vgl. Ausschuß, Glasindustrie, Tab. 35, S. 54.

[24] Löwenherz, Außenhandelsbedingtheiten, S. 49; Vopelius, Tafelglasindustrie, S. 27.

[25] Freytag, Geschichte, S. 21, 24, FLAG FÜ. Nach anderen Angaben soll die Gründung schon früher, 1889 oder sogar 1888 erfolgt sein., vgl. Adressbuch Glas-Industrie 1951/52, S. 129; Winkler, Spiegelglas-Industrie, S. 27.

[26] Freytag, Geschichte, S. 21—28, 32, FLAG FÜ.

[27] Kubatz, Standorttendenzen, S. 44.

[28] Hauck, Glasindustrie, S. 19—25; Kubatz, Standorttendenzen, S. 44.

[29] Freytag, Geschichte, S. 64, FLAG FÜ.

[30] Kopie der Konzessionserteilung an Philipp Krailsheimer, FLAG FÜ.

[31] Berlin, Spiegelglasindustrie, S. 7; Fahdt, Glasindustrie, S. 56; Jebsen-Marwedel, Tafelglas, S. 41; Winkler, Spiegelglas-Industrie, S. 43.

[32] Berlin, Spiegelglasindustrie, S. 7—17; Lobmeyr, Glasindustrie, S. 155 f.; Schmitz, Bemerkungen, S. 16—20.

[33] Stadt A FÜ, Fach 78 N° 20.

[34] Ausführlich zu den gesundheitlichen Schäden: Schoenlank, Quecksilber-Spiegelbelegen, insbesondere S. 212—248.

[35] Fahdt, Glasindustrie, S. 135 f.

[36] Abschrift des Briefs Heinrich Kupfers vom 27. 6. 1912 an den Bezirksamtmann in

Tirschenreuth, FLAG FÜ.

37 Blau, Glasmacher I, S. 30, 38 f., 106.

38 Brief v. E. Kupfer, abgedruckt in Freytag, Geschichte, S. 37, FLAG FÜ.

39 Winkler, Spiegelglas-Industrie, S. 27 f. schreibt, die Hütte solle Ende 1899 außer Betrieb gesetzt werden. Schuster, Heimat, S. 140 setzt die Stillegung mit 1894 an. Derselbe Autor gibt die Stillegung der Hütte Sorghof mit 1904 an, vgl. ebenda, S. 132.

40 Winkler, Spiegelglas-Industrie, S. 29—31.

41 Kopie des Auszugs aus dem k. Gesellschaftsregister, Amtsgericht Fürth, FLAG FÜ.

42 Geschäftsberichte Tafel-Salin 1899/1900.

43 Vgl. Wolf, Eisenerzbergbau, S. 36 f.

44 Frachtkosten mit eingerechnet, vgl. Schwarzwälder, Entwicklung, S. 36 f.

45 Lobmeyr, Glasindustrie, S. 254.

46 Vgl. hierzu ausführlich: Berlin, Spiegelglasindustrie, S. 22—46.

47 Geschäftsberichte Tafel-Salin 1899/1900—1918/19. Abschrift des Briefs Heinrich Kupfers vom 27. 6. 1912 an den Bezirksamtmann in Tirschenreuth, FLAG FÜ; Geschäftsberichte Tafel-Salin 1899/1900.

49 Geschäftsberichte Tafel-Salin 1902/03 f.

50 Geschäftsbericht Tafel-Salin 1899/1900.

51 Gleitsmann, Interdependenzen, S. 228, 245, Anm. 35; Hauck, Entwicklung, S. 30; Vopelius, Tafelglasindustrie, S. 36. Vgl. zur Größe der Häfen Gleitsmann, Leistungsfähigkeit, S. 70, Tab. 1, S. 73, Tab. 2.

52 Hauck, Entwicklung, S. 24, 31—33; Lauer, Glasindustrie, S. 83—85; Müllensiefen, Hundertjahrfeier, S. 51.

53 Freytag, Geschichte, S. 54, FLAG FÜ; Geschäftsberichte Tafel-Salin 1910/11 f.

54 Geschäftsberichte Tafel-Salin 1907/08—1918/19.

55 Brief Theodor Müllensiefens an seine Neffen Theodor und Hermann vom 22. 9. 1875, abgedruckt in: Vollmerhaus, Reiseberichte, S. 124—132; hier: S. 126. Abweichende Darstellung in Mariaux, Gedenkwort, S. 531—533.

56 Vollmerhaus, Reiseberichte, S. II f.

57 Vollmerhaus, Reiseberichte, S. 1.

58 Wohl identisch mit einem Teilhaber der Firma Gebr. Post, bei der Gustav Müllensiefen seine kaufmännische Ausbildung absolvierte; vgl. Mariaux, Gedenkwort, S. 533.

59 Mertes, Müllensiefen, S. 244 f.; Müllensiefen, Hundertjahrfeier, S. 21—25.

60 Bericht, S. 69.

61 Leidinger, Glasindustrie, S. 69.

62 Leidinger, Glasindustrie, S. 64 f.

63 Graßmann, Verkehrswesen, S. 248—251.

64 Bittmann, Sozialpolitik, S. 202 f., 210 f.; Gladen, Geschichte, S. 18—20.

65 „Denkschrift über die Glasfabrikation im Zollvereins-Gebiet und deren Schutz durch Eingangs-Zölle", abgedruckt in: Müllensiefen, Hundertjahrfeier, S. 32 f.

66 Müllensiefen, Hundertjahrfeier, S. 38 f., 47; Schlieper, Jahre, S. 84—89; vgl. zum Aspekt der Diversifizierung auch Mariaux, Gedenkwort, S. 181 f.

67 Müllensiefen, Hundertjahrfeier, S. 37, 47. Lobmeyr, Glasindustrie, S. 251 gibt für 1873 nur drei Öfen an.

68 Brief Theodor Müllensiefens an seine Neffen Theodor und Hermann vom 22. 9. 1875, abgedruckt in: Vollmerhaus, Reiseberichte, S. 124—132, hier: S. 132.

69 Müllensiefen, Hundertjahrfeier, S. 47, 51, 163.

70 Kindermann, Güterverteilung, S. 126, 133 f.; Lauer, Glasindustrie, S. 166; Siebel, Syndikatsbewegung, S. 49; Vopelius, Tafelglasindustrie, S. 45 f.

71 Berlin, Spiegelglasindustrie, S. 12 f.; Moehrle, Glasindustrie, S. 41; Vopelius, Tafelglasindustrie, S. 38.

72 Vopelius, Tafelglasindustrie, S. 73.

73 Reuter, Kartelle, S. 31.

74 Jebsen-Marwedel, Herstellung, S. 858.

75 Zu diesem Zeitpunkt gehörten der Deutschen Glasgesellschaft neben Crengeldanz zwei weitere Ruhrhütten (Wittener Glashütten AG und Annener Glasfabrik Utermann & Co.), sowie die beiden Saarhütten (Vereinigte Vopelius'sche und Wentzel'sche Glashütten GmbH und Lautzentaler Glashütte GmbH) an.

76 Müllensiefen, Hundertjahrfeier, S. 89—91; Völckers, Jahre, S. 12 f., FLAG FÜ. Nach Ausschuß, Glasindustrie, Tab. 57, S. 85, müßte die Ziehglasproduktion in Dampremy bereits 1913 aufgenommen worden sein.

77 Siebel, Syndikatsbewegung, S. 32.

78 Müllensiefen, Hundertjahrfeier, S. 51, 54; Vopelius, Tafelglashütten, S. 28—30.

79 Reuter, Kartelle, S. 71; Siebel, Syndikatsbewegung, S. 34—46, 54—57, 62—64.

80 Berlin, Spiegelglasindustrie, S. 6—10.

81 Müllensiefen, Hundertjahrfeier, S. 89, 107—109.

82 Lauer, Glasindustrie, S. 31—40.

83 H. L. Wentzel GmbH, Vereinigte Vopelius'sche Glashütten (bis 1906 Schmidtborn & Hahne), Chevandier & Vopelius, Ed. Vopelius, und Vereinigte Vopelius'sche Glashütten, Abtlg. Quierschied (bis 1907 J. Th. Köhl Söhne).

84 Lauer, Glasindustrie, S. 40—51, 54 f., 60—63, 93—97, 101—103, 105—107, 142 f.

85 Lauer, Glasindustrie, S. 133; vgl. auch Übereinkommen der Saarhütten vom 12. 10. 1834, abgedruckt in: DETAG, Jahre, S. 27.

86 Lauer, Glasindustrie, S. 75 f., 80, 91 f., 95—110, 115—119.

Die Zeit von 1918 bis 1945

(Seite 109—148)

1 Kellenbenz, Wirtschaftsgeschichte II, S. 353.
2 Müllensiefen, Hundertjahrfeier, S. 115 f.;
   Geschäftsberichte Tafel-Salin 1919/20.
3 Bastian, Glasindustrie, S. 216; Löwenherz,
   Außenhandelsbedingtheiten, S. 18 f.; Siebel,
   Syndikatsbewegung, S. 22.
4 Geschäftsberichte Tafel-Salin 1919/20—
   1922/23.
5 Lauer, Glasindustrie, S. 184—186; Moehrle,
   Glasindustrie, S. 60—63.
6 Geschäftsberichte Tafel-Salin 1923/24;
   Müllensiefen, Hundertjahrfeier, S. 116.
7 Henning, Deutschland, S. 76.
8 „Josef Max Mühlig, ein Portrait", in: Prager
   Börsen-Courier vom 23. 12. 1925; Völckers,
   Jahre, S. 13 f., FLAG FÜ.
9 Abschrift des Briefs der Geschäftsführung
   der Tafel-Salin an Max v. Vopelius, 22. 4.
   1921, FLAG FÜ.
10 Geschäftsberichte Tafel-Salin 1918/19,
   1920/21, 1921/22.
11 Vertrag zwischen der Colonial & Foreign
   Glass Industries Ltd. und der Deutschen
   Glasgesellschaft vom 25. 5. 1921, FLAG FÜ.
12 Petersen, Entwicklung, S. 61; Siebel,
   Syndikatsbewegung, S. 16.
13 DETAG, Jahre, S. 40; Müllensiefen,
   Hundertjahrfeier, S. 116 f.
14 Friedrich, Fortschritt, S. 36—41; Jebsen-
   Marwedel, Herstellung, S. 860; zur Qualität
   vgl. auch Aktennotiz Seeling (?) vom 14. 3.
   1934, S. 7 f., FLAG FÜ.
15 Ausschuß, Glasindustrie, S. 48, Tab. 34, S. 49;
   „Ein Angriff auf die deutsche Tafelglas-
   Industrie", in: Industrie- und Handelszeitung
   vom 28. 4. 1926.
16 „Ein Angriff auf die deutsche Tafelglas-
   Industrie", in: Industrie- und Handelszeitung, vom 28. 4. 1926.
17 Brief des Amtsgerichts Gelsenkirchen an
   Notar Klaholt vom 10. 5. 1926, FLAG GE
   4/2/0 Ordner „Delog 1925/26 Nr. 4".
18 Dahlbusch, S. 19.
19 Geschäftsberichte DELOG 1926 f.; Kesten,
   Jahre, S. II.
20 FLAG GE 5/1/3/„B 28"; Ausschuß, Glasindustrie, S. 157 f.
21 Aktennotiz Seeling (?) vom 14. 3. 1934, S. 7,
   FLAG FÜ.
22 Aktennotiz Seeling (?) vom 14. 3. 1934, S. 7,
   FLAG FÜ; Ausschuß, Glasindustrie, S. 48,
   101—104, 133; Geschäftsberichte DELOG
   1926—1928.
23 Ausschuß, Glasindustrie, Tab. 28, S. 40;
   Schmidt, Entwicklung, S. 7, FLAG FÜ.
24 Vgl. Hoffmann, Wachstum, Tab. 76, S. 393.
25 Reuter, Kartelle, S. 36.
26 Ausschuß, Glasindustrie, Tab. 28, S. 40.
   Im Jahresrhythmus ist die Produktion im
   Dezember wegen der großen Nachfrage des
   Baumarkts im Herbst normalerweise gut
   ausgelastet.
27 Riepen, Tafelglasindustrie, S. 32
28 Hauck, Entwicklung, S. 84 f.; Lauer, Glasindustrie, S. 175; Riepen, Tafelglasindustrie,
   S. 83 f.
29 Ausschuß, Glasindustrie, S. 53 f.
30 Freudorfer, Vorgängerfirmen, S. 8—10,
   FLAG FÜ.
31 Vertrag zwischen der Vereinigte Vopelius'sche
   und Wentzel'sche Glashütten GmbH und der
   Tafel-Salin- und Spiegelglas-Fabriken AG
   vom 6. 8. 1927, FLAG FÜ.
32 Geschäftsberichte Tafel-Salin 1927, 1928;
   Haaker, Wandlungen, S. 52; Schmidt,
   Entwicklung, S. 8 f., FLAG FÜ.
33 Geschäftsberichte Tafel-Salin 1899/1900 bis
   1927.
34 Aktennotiz Seeling (?) vom 14. 3. 1934,
   S. 6 f., FLAG FÜ; Ausschuß, Glasindustrie,
   S. 47; Reuter, Kartelle, S. 83.
35 Geschäftsbericht DELOG 1929; Anlage im
   Brief der Gewerkschaft Kunzendorfer Werke
   an die Tafel-Salin vom 1. 6. 1932, FLAG FÜ.
36 Abschrift des „Gegenseitigkeitsvertrags
   zwischen dem Verein Deutscher Tafelglashütten und dem Verband des Deutschen
   Flachglasgroßhandels e. V.", FLAG GE
   3/1/2; Ausschuß, Glasindustrie, S. 69 f.;
   Steiner, Exposé, S. 3, FLAG FÜ.
37 Ausschuß, Glasindustrie, Tab. 25, S. 36, 69 f.
38 Errechnet nach Hoffmann, Wachstum,
   Tab. 76, S. 393.
39 Adressbuch Glasindustrie 1922, S. 95.
40 Aktennotiz Seeling (?) vom 14. 3. 1934, S. 8,
   FLAG FÜ; Ausschuß, Glasindustrie, S. 102.
41 Ausschuß, Glasindustrie, S. 48; Jahrbuch
   Ruhrkohlenbezirk 1932, S. 42, 55;
   Einbringungsvertrag zwischen der Gebr.
   Müllensiefen OHG und der Ruhrtaler
   Glashütte AG vom 18. 7. 1930, FLAG FÜ;
   Vereinbarung vom 18. 7. 1930 zwischen
   denselben Vertragspartnern über den Verkauf
   von Aktien im Nominalwert von RM 850 000
   gegen Aufrechnung einer gleich hohen
   Forderung, FLAG FÜ; Geschäftsbericht
   Glasfabrik Crengeldanz AG 1930; 1933
   wurde die Essener Steinkohlebergwerke AG
   neugegründet, vgl. Pfläging, Wiege, S. 205 f.
42 Chronik, S. 31, FLAG OEF; Geschäftsberichte DELOG 1930—1932; Geschäftsberichte Tafel-Salin 1930—1932; Geschäftsberichte Glasfabrik Crengeldanz AG 1930 f.
43 DETAG, Jahre, S. 47; Moehrle, Glasindustrie, S. 55; Reuter, Kartelle, S. 83.

44 Rundschreiben von Holle (Vorstand GBAG) an Bicheroux, Vopelius und Seeling vom 7. 1. 1931.

45 Aktennotiz Seeling (?) vom 14. 3. 1934, S. 8 f., FLAG FÜ; Geschäftsbericht DELOG 1932; Geschäftsbericht DETAG 1933; Handbuch der deutschen Aktiengesellschaften 1943, S. 2775.

46 Haaker, Wandlungen, S. 55.

47 Von 1842 bis mindestens 1886 existierte eine Glashütte im sächsischen Scheckthal, die von einem Heinrich Hildebrand betrieben wurde und verschiedene Spezialgläser (aus dem Flach- und Hohlglasbereich) herstellte. Inwieweit hier eine Beziehung zu Friedrich Hildebrand besteht, konnte nicht festgestellt werden, vgl. Fahdt, Glasindustrie, S. 130.

48 Adressbuch Glasindustrie 1922, S. 87; Geschäftsberichte Gewerkschaft Kunzendorfer Werke 1926—28; Siebel, Syndikatsbewegung, S. 135.

49 Adressbuch Glasindustrie 1922, S. 87; Aktennotiz vom 22. 10. 1956 betr. „Geschichte der Kunzendorfer Hütte", FLAG FU; Völckers, Jahre, S. 18—20, FLAG FÜ.

50 Geschäftsberichte DELOG 1932, DETAG 1932; Rechnung des Notars Dr. Löbe vom 20. 6. 1932 an die DETAG, FLAG FÜ.

51 Bracher/Schulz/Sauer, Machtergreifung, S. 45.

52 Henning, Deutschland, S. 149—159.

53 Geschäftsberichte DELOG 1933, DETAG 1933 f.

54 Swatek, Unternehmenskonzentration, S. 150 f.

55 Aktennotiz Seeling (?) vom 14. 3. 1934, S. 4, 7, FLAG FÜ.

56 Vgl. Bracher/Schulz/Sauer, Machtergreifung, S. 175—186.

57 Aktennotiz von Seeling über eine Besprechung vom 28. 6. 1933, FLAG FÜ; „Das deutsche Problem der Glasindustrie", in: Rheinisch-Westfälische Zeitung vom 14. 5. 1933; „Wittener wirtschaftliche politische Streiflichter", in: Wittener Tageblatt vom 21. 6. 1933; Brief des späteren Prokuristen Alfred Poth an die Direktion der DETAG vom 14. 6. 1933, Schnellhefter „Witten", FLAG FÜ; Abschrift des Briefs der DETAG an den kommissarischen Bürgermeister in Witten vom 24. 8. 1933, S. 2, Schnellhefter „Witten", FLAG FÜ.

58 Geschäftsbericht DETAG 1934; Knoblich, Exportkartelle, S. 303; Reuter, Kartelle, S. 84.

59 Geschäftsberichte DELOG 1938—1944; Schreiben des Reichswirtschaftsministeriums (RWM) an die DELOG vom 7. 8. 1937, FLAG GE 5/3/5 „Torgau Bd. 1, S. 178"; „Inbetriebnahme einer neuen Tafelglasfabrik", in: Deutsche Bergwerkszeitung vom 11. 9. 1937; Gesprächsprotokoll Dr. Drexl (RWM) mit Kesten (?) (DELOG), FLAG GE 5/3/5 „Torgau Bd. 2, S. 178²"; Gründungsvertrag der Glashütte Torgau GmbH vom 2. 9. 1937, FLAG GE 3/1/2 „Torgau Verträge"; Brief Böhringer an den VDT vom 29. 11. 1946, S. 3, FLAG GE 3/1/4.

60 Geschäftsbericht DETAG 1938 f.; Rede Dr. Kilian zum 25jährigen Bestehen der DETAG am 28. 11. 1957, S. 6, FLAG FÜ.

61 Geschäftsbericht DETAG 1938.

62 Freytag, Geschichte, S. 117; Geschäftsberichte DELOG 1928, 1935, DETAG 1938; 100 Jahre BKK Witten; Kesten, Jahre, S. IX—XI; Müllensiefen, Hundertjahrfeier, S. 151—158; Protokoll über die Gründung der „Unterstützungskasse der DETAG E. V." vom 27. 4. 1936, FLAG OEF. Die Unterstützungskasse in Frankenreuth wurde am 1. 5. 1878 gegründet, SA AM Bez.-Amt Vohenstrauß, Nr. 1127.

63 Freudorfer, Vorgängerfirmen, S. 17, FLAG FÜ. Das dort zitierte Dokument ist im Fürther Archiv nicht mehr vorhanden.

64 Aktennotiz Kratschmer vom 21. 11. 1986, FLAG OEF; Geschäftsbericht Ostglas 1938/39; Mitscherlich, Glasindustrie, S. 118; Radandt, Beteiligungen, S. 172 f. Bevor er 1922 in den Vorstand der Tafel-Salin wechselte, war Seeling als Direktor der Nürnberger Filiale der Süddeutschen Treuhandgesellschaft tätig gewesen, vgl. Kötter, Seeling, S. 11.

65 Reuter, Kartelle, S. 86.

66 Geschäftsbericht Ostglas 1938/39; Handbuch der deutschen Aktiengesellschaften 1943, S. 2528; Reuter, Kartelle, S. 98—100.

67 Eißner, Bleistadt, S. 99, 131, 138.

68 BA R7/1024 fol. 229 f.; vgl. hierzu auch Radandt Beteiligungen, S. 169, Anm. 29, S. 172 f.

69 BA R7/1024 fol. 214—228. Braumandl, Wirtschafts- und Sozialpolitik, S. 217, schreibt, die Erste Böhmische sei vor der Übernahme durch die Ostglas im Besitz des New Yorker Bankhauses Lisman & Co. gewesen. Hauptaktionär war jedoch der jüdische Direktor der Firma, Oswald Weiss, vgl. BA R7/1024 fol. 231.

70 BA Ost-Dok. 22/11, , S. 2, 8—11; BA R7/1024 fol. 213—257; Schreiben der Geschäftsführung der Wirtschaftsgruppe Glasindustrie an den Reichswirtschaftsminister vom 11. 8. 1944, BA R13X vorl. 142.

71 Handbuch der deutschen Aktiengesellschaften 1943, S. 2528; Kötter, Seeling, S. 26; Rede Dr. Kilian zum 25jährigen Bestehen der DETAG am 28. 11. 1957, FLAG FÜ.

72 Einschließlich der Hütte in St. Ingbert.

73 Geschäftsbericht DETAG 1957; Rede Dr.

Kilian zum 25jährigen Bestehen der DETAG am 28. 11. 1957, FLAG FÜ.

[74] Chronik, S. 2, FLAG OEF; Geschäftsberichte DELOG 1940, 1945.

[75] Geschäftsbericht DETAG 1940.

[76] Geschäftsberichte DETAG 1940, Ostglas 1940/41.

[77] Abschrift des Briefs des Gewerbeaufsichtsrats in Reichenberg an den Obmann der Wirtschaftsgruppe Glasindustrie für den Wirtschaftskammerbezirk Sudetenland vom 4. 10. 1944; Abschrift eines Briefs der Oberschlesischen Bauglasfabrik Schakowa an die Wirtschaftsgruppe Glasindustrie vom 18. 11. 1944; Brief des Geschäftsführers des Produktionshauptausschusses Glas an DETAG/Kunzendorf vom 21. 11. 1944; Aktennotiz von Happich an Dr. Bychelberg vom 23. 11. 1944; Brief des Geschäftsführers des Produktionshauptausschusses Glas an die Ostglas vom 30. 11. 1944; alle BA R13X vorl. 282; Beschäftigtenmeldung der Ostglas (Bleistadt) und der Torgauer Hütte zum 28. 2. 1945, beide BA R13X vorl. 283; Brief der DELOG an die Militärregierung in Gelsenkirchen vom 17. 4. 1945, Stadt A GE O/VII/5/1; Niederschrift über die Beiratssitzung der Wirtschaftsgruppe Glasindustrie vom 23. 3. 1943, S. 12 f. FLAG GE 5/1/4 Ordner 48.

[78] Rede von Dr. Kilian anläßlich des 65. Geburtstages von Direktor K. Kratschmer am 30. 5. 1969, FLAG FÜ; Zitate ebenda.

[79] Kesten, Jahre, S. VI; Kötter, Seeling, S. 28; DETAG, Jahre, S. 48.

Von 1945 bis 1986

(Seite 149—208)

[1] FLAG GE 3/1/4.

[2] Entnazifizierungsdokumente Dr. Seeling, Dr. Kilian, FLAG FÜ; Abschrift des Artikels „Dr. Otto Seeling — Fürth wurde 50 Jahre alt", in: Deutsche Glaserzeitung vom 6. 3. 1941, FLAG FÜ; Kötter Seeling, S. 28—32.

[3] Pongratz, Entwicklungsstufen, S. 105 f.

[4] Geschäftsbericht DETAG 1959.

[5] Geschäftsberichte DELOG, DETAG 1945; Rede Dr. Kilian in Weiden vom 29. 11. 1957, S. 5, FLAG FÜ.

[6] Geschäftsberichte DELOG 1945—1948, DETAG 1946; Pongratz, Entwicklungsstufen, S. 109, 113.

[7] Geschäftsberichte DELOG 1946—1948, DETAG 1945, 1947.

[8] Geschäftsberichte DELOG 1945.

[9] Winkel, Wirtschaft, S. 29—33.

[10] Briefe von Dr. Seeling an den Präsidenten des Zweizonenwirtschaftsrates vom 14. 5.

1948 und vom 11. 6. 1948, FLAG FÜ; beide auszugsweise abgedruckt in: Kötter, Seeling, S. 47.

[11] Winkel, Wirtschaft, S. 55—58.

[12] Geschäftsberichte DELOG, DETAG 1948, 1948/49; DM-Eröffnungsbilanzen DELOG, DETAG 21. 6. 1948.

[13] Gebhardt, Glasindustrie 1964, S. 21.

[14] Vgl. Aktennotiz Kratschmer vom 21. 11. 1986, S. 2, FLAG OEF.

[15] Geschäftsbericht DETAG 1957.

[16] VDA, Tatsachen 1949, S. 16, 1951, S. 17, 1955/56, S. 9.

[17] Geschäftsberichte DELOG 1946—1950, DETAG 1946, 1957; Rede Dr. Kilian in Wernberg vom 21. 3. 1970, S. 3—7, FLAG FÜ; Völckers, Jahre, S. 38 f., FLAG FÜ.

[18] Geschäftsberichte DETAG 1948/49, 1968; Niederschriften der Aufsichtsratssitzungen der DETAG vom 24. 11. 1967, S. 8 und 30. 10. 1968, S. 10, FLAG GE 1/5/1; Völckers, Jahre, S. 37 f., FLAG FÜ.

[19] Geschäftsberichte DETAG 1952, 1955; Mertens, Jahre, S. 128—132; Protokoll der Vorstandssitzung der DETAG vom 30. 12. 1958, S. 1 und Niederschrift der Aufsichtsratssitzung der DETAG vom 24. 11. 1967, S. 10, beide FLAG GE 1/5/1; Rede Dr. Kilian in Wernberg vom 21. 3. 1970, S. 7, FLAG FÜ.

[20] Geschäftsberichte DELOG 1953 f.

[21] Geschäftsbericht DETAG 1955; Niederschrift der Aufsichtsratssitzung der DETAG vom 12. 6. 1968, S. 8, FLAG GE 1/5/1.

[22] Geschäftsberichte DELOG, DETAG 1958; Vortrag Dr. Kilian beim Industrie- und Handelsgremium Fürth vom 12. 5. 1959, S. 16 f., FLAG FÜ.

[23] Baum, Herstellung, S. 133; Geschäftsberichte DELOG 1953—1959, 1968.

[24] Freytag, Geschichte, S. 203 f., FLAG FÜ; Geschäftsberichte 1956 f., 1959, 1969; „DETAG — der fortschrittliche Partner für Glas und Kunststoff", in: Vorwärts public relations vom 5. 12. 1968.

[25] Geschäftsberichte DETAG 1948/49, 1952; Vortrag Dr. Schmidt in Weiden vom 24. 2. 1961, S. 12, FLAG FÜ.

[26] Rede Dr. Kilian in Witten vom 25. 11. 1957, S. 4 f., FLAG FÜ.

[27] FLACHGLAS-intern Nr. 4 (Juli 1972), S. 13; Geschäftsberichte DELOG 1950 f., 1954.

[28] Brief DELOG an Polizeidirektor Kivelip vom 5. 8. 1955, Stadt A GE VII/2.

[29] Friedrich, Fortschritt, S. 42 f.; Kubatz, Standorttendenzen, S. 66 f.

[30] Geschäftsberichte DELOG 1956—1958.

[31] Adressbuch Glasindustrie 1922, S. 72 f., 1951/52, S. 11; Ausschuß, Glasindustrie, S. 97, 134; Dirscherl, Grenzgebirge, S. 33;

„Der Wirtschaftskampf in der Glasindustrie", in: Fränkische Tagespost vom
15. 7. 1929; Haaker, Wandlungen, S. 58—61;
Poblotzki, Markt, S. 232, 234; Reuter,
Kartelle, S. 91—93.

[32] Geschäftsberichte DETAG 1953, 1958 f.;
Kilian Tafelglas, S. 11 f.; Vortrag Dr. Schmidt
in Weiden vom 24. 2. 1961, S. 12—14,
FLAG FÜ.

[33] Protokolle der Vorstandssitzungen der
DETAG vom 8. und 9. 12. 1959, S. 1 und
vom 30. 11. 1960, S. 1; Anlage zum Protokoll
der Vorstandssitzung der DETAG vom 15. 7.
1965, S. 1, alle FLAG GE 1/5/1.

[34] Aktennotiz Kratschmer vom 21. 11. 1986,
FLAG OEF; Geschäftsberichte DELOG,
DETAG 1956.

[35] FLACHGLAS-intern Nr. 13 (Oktober 1974),
S. 3—5; Geschäftsberichte DELOG 1961 f.,
FLACHGLAS AG 1978.

[36] Geschäftsberichte DELOG und DETAG 1965.

[37] Kilian, Glas, S. 175.

[38] Kubatz, Standorttendenzen, S. 67; Nooze,
industrie, S. 246; Rede Dr. Kilian vor
Wittener Jubilaren vom 31. 10. 1969, S. 9 f.,
FLAG FÜ; „Glas und Kunststoff —
Baustoffe unserer Zeit", in: Vorwärts public
relations, Sonderbeilage vom 10. 11. 1965,
S. 30.

[39] Protokoll der Vorstandssitzung der DETAG
vom 22. 1. 1959, S. 1, FLAG GE 1/5/1.

[40] Ausschuß, Glasindustrie, S. 107; Barker,
Glassmakers, S. 418—420; IFO, Verbreitung,
S. 70; Kubatz, Standorttendenzen, S. 67;
deutsche Übersetzung der Rede Alistair
Pilkingtons in Toledo vom 21. 1. 1967,
FLAG FÜ.

[41] Kubatz, Standorttendenzen, S. 67; Protokoll
der Vorstandssitzung der DETAG vom 22. 1.
1959, S. 1, FLAG GE 1/5/1; deutsche Übersetzung der Rede Alastair Pilkingtons in
Toledo vom 21. 1. 1967, S. 5, FLAG FÜ.

[42] Gebhardt, Glasindustrie 1974, S. 96; IFO,
Verbreitung, S. 70

[43] Gebhardt, Glasindustrie 1964, S. 73, Anm. 2
ebenda.

[44] Protokoll der Vorstandssitzungen der
DETAG vom 9. 5. 1960, S. 1, 10. 6. 1963,
S. 1, 16. 1. 1967, S. 1, 16. 3. 1967, S. 1;
Niederschrift der Aufsichtsratssitzung der
DETAG vom 8. 6. 1967, S. 23 f., alle FLAG
GE 1/5/1.

[45] Protokoll der Vorstandssitzung der DETAG
vom 29. 9. 1967, S. 1, FLAG GE 1/5/1.

[46] Friedrich, Fortschritt, S. 43, 190; Dr. Kilian
bei interner Besprechung in Fürth vom 28. 1.
1967, FLAG FÜ.

[47] Dr. Kilian bei interner Besprechung in Fürth
vom 28. 1. 1967, FLAG FÜ.

[48] Aktennotiz Staudinger zur Geschichte des

Werks Weiden vom 6. 7. 1983, FLAG FÜ;
Geschäftsberichte DETAG 1961, 1963;
„Detag bleibt bei 16 Prozent", in: Handels-
blatt vom 24. 4. 1969; Dr. Kilian bei interner
Besprechung in Fürth vom 28. 1. 1967,
FLAG FÜ.

[49] Geschäftsberichte DELOG 1964, 1966, 1969.

[50] Geschäftsbericht DELOG 1966.

[51] Gebhardt, Glasindustrie 1964, Tab. 31, S. 71.

[52] Friedrich, Fortschritt, S. 144—146; Anhang V,
S. 189; Nooze, industrie, S. 246; Protokoll
der Vorstandssitzung der DETAG vom 23. 4.
1968, S. 1; Niederschrift der Aufsichtsratssitzung vom 12. 6. 1968, S. 3, 27, beide
FLAG GE 1/5/1.

[53] Ausschuß, Glasindustrie, S. 104.

[54] Friedrich, Fortschritt, S. 141, Anhang V,
S. 189, Anhang VIII f., S. 192 f.

[55] Protokolle der Vorstandssitzungen der
DETAG vom 22. 1. 1959, S. 1, 9. 5. 1960,
S. 1, 10. 6. 1963, S. 1, FLAG GE 1/5/1.

[56] Dr. Kilian bei interner Besprechung in Fürth
vom 28. 1. 1967, FLAG FÜ; Niederschrift
der Aufsichtsratssitzung der DETAG vom
24. 11. 1967, FLAG GE 1/5/1.

[57] Brief der DELOG an die Militärregierung
Gelsenkirchen vom 17. 4. 1945, StadtA GE
O/VII/5/1; Brief der DELOG an die
Revisions- und Treuhandanstalt für die
Sowjetische Besatzungszone Deutschlands in
Leipzig vom 9. 9. 1949, FLAG GE 3/1/4;
„Keine Großinvestitionen geplant", in: FAZ
vom 3. 10. 1961; „Delog-Gewinn durch
Steuernachzahlungen geschmälert", in:
FAZ vom 12. 10. 1962.

[58] „Zwei große Flachglashersteller fusionieren",
in: FAZ vom 6. 6. 1970; „Detag und Delog
gehen zusammen", in: Ruhr-Nachrichten
vom 6. 6. 1970.

[59] Dr. Kilian in HV vom 29. 7. 1969, in:
Das Wertpapier, Beilage zu Nr. 8/1969;
„Glück und Glas mit BSN", in: Der Volks-
wirt vom 1. 8. 1969; „Wenn Detag und Delog
verschmelzen, geben die Franzosen den Ton
an", in: Handelsblatt vom 23. 6. 1970; „Es
war unabdingbare Voraussetzung, die
Interessen der Aktionäre zu wahren", in:
FAZ vom 3. 10. 1970; FLACHGLAS-intern
Nr. 10 (Dezember 1973/Januar 1974), S. 4;
Mappe DETAG-Aktien, FLAG GE 3/1/2;
Niederschrift der Aufsichtsratssitzung der
DETAG vom 12. 6. 1968, S. 27, FLAG GE
1/5/1.

[60] Beglaubigte Kopien von Nr. 202 und Nr. 203
der Urkundenrolle (1970) von Notar Dr.
Klaholt vom 10. 2. 1970, Ordner „Float-
kosten 1970", FLAG GE 1/1/0.

[61] Freudorfer auf HV der DETAG vom 22. 7.
1970, in: Das Wertpapier (1970), Beilage zu
Nr. 16, S. 2 f.

62 Friedrich, Fortschritt, Anhang V, S. 189.

63 Friedrich, Fortschritt, S. 156—161; Gebhardt, Glasindustrie 1964, S. 73 f.

64 Verschmelzungsvertrag DELOG-DETAG vom 26. 5. 1970, FLAG FÜ.

65 Freudorfer auf HV der DETAG vom 22. 7. 1970, in: Das Wertpapier (1970), Beilage zu Nr. 16, S. 4; „Fusion sichert die Zukunft", in: WAZ vom 15. 6. 1970.

66 „Zwei große Flachglashersteller fusionieren", in: Frankfurter Allgemeine Zeitung vom 6. 6. 1970; Karl-Heinz Böker, „Weitere Konzentration in der Flachglasindustrie", in: Gewerkschaftspost Nr. 7/1970; Freudorfer auf HV der DETAG vom 22. 7. 1970, in: Das Wertpapier (1970), Beilage zu Nr. 16, S. 3 f.

67 Geschäftsbericht FLACHGLAS AG 1970; „Die Delog strotzt vor Eigenmitteln", in: Handelsblatt vom 6. 9. 1968; „Das Quartett in der Glasindustrie", in: Handelsblatt vom 12. 11. 1968.

68 FLACHGLAS-intern Nr. 1 (Oktober 1971), S. 13; „Genug gesündigt", in: Der Spiegel vom 26. 7. 1971, S. 34, 36.

69 „Umweltschutz hat keinen unbeschränkten Vorrang", in: FAZ vom 10. 8. 1972; FLACHGLAS-intern Nr. 1 (Oktober 1971), S. 13, Nr. 13 (Oktober 1974), S. 15.

70 FLACHGLAS-intern Nr. 5 (Oktober 1972), S. 10 f., Nr. 11 (April 1974), S. 18—20; Geschäftsbericht FLACHGLAS AG 1974.

71 Brief Mazzarovich (DETAG) an Holstein (DELOG) vom 13. 4. 1955, Ordner „Unionglas-Flabeg", FLAG GE 3/3/5; Protokolle der Vorstandssitzungen der DETAG vom 7. 1. 1955, S. 2, und 13. 1. 1957, S. 2, FLAG GE 1/5/1.

72 Aktennotiz Staudinger vom 6. 7. 1983, FLAG FÜ; FLACHGLAS-intern Nr. 39 (August 1981), S. 15.

73 Geschäftsbericht FLACHGLAS AG 1975; Niederschrift der Aufsichtsratssitzung vom 24. 11. 1967, S. 16, FLAG GE 1/5/1.

74 Geschäftsbericht FLACHGLAS AG 1974; Rede Dr. Griese in Weiherhammer vom 31. 8. 1978, S. 4—6, FLAG FÜ.

75 Geschäftsberichte FLACHGLAS AG 1976 f.

76 FLACHGLAS-intern Nr. 7 (April 1972), S. 4; Nr. 10 (Dezember 1973/Januar 1974), S. 4.

77 Der Begriff „Kampagne" bedeutet soviel wie Laufzeit und ist ein Begriff aus der Zeit der alten Glashütten.

78 FLACHGLAS-intern Nr. 23 (September 1977), S. 1, Nr. 39 (August 1981), S. 3; Geschäftsbericht FLACHGLAS AG 1979; Rede Dr. Griese in Weiherhammer vom 31. 8. 1978, S. 7—9, FLAG FÜ.

79 Geschäftsberichte FLACHGLAS AG 1975, 1979.

80 FLACHGLAS-intern Nr. 33 (Oktober 1979), S. 3, Nr. 35 (Mai 1980), S. 1, Nr. 39 (August 1981), S. 3, Nr. 57 (Juni 1986), S. 9; „Abwärtstrend gebremst", in: Wirtschaftswoche vom 5. 4. 1985, S. 78.

81 Derclaye, Diffusion, S. 146 f.

82 Geschäftsbericht FLACHGLAS AG 1985.

LITERATUR UND QUELLENNACHWEIS

Die ersten Jahrhunderte

Ambronn Karl-Otto, Schmidt Otto, Kurpfalz und Oberpfalz, Beiträge zur Geschichte der Oberpfalz, Heft 23, Regensburg 1982

Bernd Dieter, Vohenstrauß, Historischer Atlas von Bayern, Teil Altbayern, Band 39, München 1977

Blau Josef, Die Glasmacher im Böhmer- und Bayerwald in Volkskunde und Kulturgeschichte, Kallmünz 1954 (zitiert als Blau I)

Blau Josef, Die Glasmacher im Böhmer- und Bayerwald, II. Band: Familienkunde, Kallmünz 1956 (zitiert als Blau II)

Busl Adalbert, Altglashütte, in: Oberpfälzer Heimat, Band 27, Weiden 1983

Destouches Joseph von, Statistische Beschreibung der Oberpfalz vor und nach der neuesten Organisation . . ., Sulzbach 1809

Götschmann Dirk, Oberpfälzer Eisen, Theuern 1986

Haller Reinhard, Historische Glashütten in den Bodenmaiser Wäldern, Grafenau 1975

Hanauer Josef, Heimatbuch Eslarn, Eslarn 1975

Hartmannsgruber Friedrich, Zur Statistik der Auswanderung aus der Oberpfalz und aus Regensburg im 19. Jahrhundert, in: Verhandlungen des Historischen Vereins für Oberpfalz und Regensburg, Band 122, Regensburg 1982

Kiesl Klaus, Der Landrat der Oberpfalz 1828—1852, in: Verhandlungen der Historischen Vereine für Oberpfalz und Regensburg, Band 125, Regensburg 1985

Kuhnle Robert, Die dreißiger Jahre des 19. Jahrhunderts, in: Oberpfälzer Heimat, Band 14, Weiden 1970

Kuhnle Robert, Zusammenbruch der Oberpfälzer Wirtschaft um 1850, in: Oberpfälzer Heimat, Band 15, Weiden 1971

Loysel, Versuch einer ausführlichen Anleitung zur Glasmacherkunst für Glashüttenbesitzer und Cameralisten, Frankfurt 1802 (zitiert als Loysel I)

Loysel, Versuch einer ausführlichen Anleitung zur Glasmacherkunst für Glashüttenbesitzer und Cameralisten, 2. Teil, Frankfurt 1818, (zitiert als Loysel II)

Nutzinger Wilhelm, Neunburg vorm Wald, Historischer Atlas von Bayern, Teil Altbayern, Band 52, München 1982

Poblotzki Siegfried, Geschichte der Grenzlandgemeinde Markt Waidhaus, Waidhaus 1979

Poblotzki Siegfried, Geschichte der Herrschaft, der Stadt und der Pfarrei Pleystein, Pleystein 1980

Poblotzki Siegfried, Das Feldlager Waidhaus 1621, in: Oberpfälzer Heimat, Band 18, Weiden 1974

Schmidt Otto, Vom Palatinus zur Oberpfalz in: Oberpfälzer Heimat, Band 27, Weiden 1983

Schuster Franz, Die Schedlhütte bei Waidhaus, in: Die Oberpfalz, Kallmünz 1957

Schuster Franz, Die Besitzer von Gut und Glashütte Frankenreuth nach dem Schwedenkrieg, in: Die Oberpfalz, Kallmünz 1957

Schuster Franz, Reichenau bei Waidhaus, in: Die Oberpfalz, Kallmünz 1958

Schuster Franz, Böhmische Glashütten im Grenzwald von Tachau-Pfraumberg, in: Die Oberpfalz, Kallmünz 1958

Tochtermann Ernst, Spessart-Glashütte des Hans Ziroff, Bischbrunn 1979

Wagner Hermann, Die Aufschreibungen des Franz Poschinger (1673-1701) vom Glashüttengut Frauenau, Glashistorische Forschungshefte Nr. 2 Sauerlach 1985

Winkler Ulrich, Zwischen Arber und Osser, Grafenau 1981

Vom 19. Jahrhundert bis 1986

Barker, T. C., The Glassmakers. Pilkington: the rise of an international company 1826-1976, London 1977

Bastian, Rudolf, Die deutschen Glasindustrie in ihrer volkswirtschaftlichen Bedeutung und ihre Entwicklung unter den Einflüssen des Krieges, Diss. oec. masch. Frankfurt 1921

Baum, Die Herstellung des Tafelglases in der DELOG in Gelsenkirchen-Rotthausen, in: Heimatbund Gelsenkirchen (Hrsg.): Gelsenkirchen in alter und neuer Zeit. Ein Heimatbuch, Bd. VII, Gelsenkirchen 1955, S. 123—135

Berlin, Philipp, Die Bayerische Spiegelglasindustrie, Diss. phil. Erlangen 1909, Berlin 1910

Bittmann, Karl, Sozialpolitik, in: Hans Gehrig/Heinrich Waentig (Hrsg.): Belgiens Volkswirtschaft, Leipzig/Berlin 1918, S. 202—228

Blau, Josef, Die Glasmacher im Böhmer- und Bayerwald in Volkskunde und Kulturgeschichte (Beiträge zur Volkstumsforschung Bd. VIII), Kallmünz/Regensburg 1954

Blau, Josef, Die Glasmacher im Böhmer- und Bayerwald. II. Band: Familienkunde (Beiträge zur Volkstumsforschung Bd. IX), Kallmünz/Regensburg 1956

Bolognese-Leutenmüller, Birgit, Bevölkerungsentwicklung und Berufsstruktur, Gesundheits- und Fürsorgewesen in Österreich 1750—1918 (Materialien zur Wirtschafts- und Sozialgeschichte, Bd. 1), München 1978

Bracher, Karl Dietrich/Sauer, Wolfgang/Schulz, Gerhard, Die nationalsozialistische Machtergreifung. Studien zur Errichtung des totalitären Herrschaftssystems in Deutschland 1933/34 (Schriften des Instituts für Politische Wissenschaften, Bd. 14), Köln/Opladen 1960

Braumandl, Wolfgang, Die Wirtschafts- und Sozialpolitik des Deutschen Reiches im Sudetenland 1938—1945 (Veröffentlichungen des Sudetendeutschen Archivs, Bd. 20), Nürnberg 1985

o. V., Dahlbusch. Die Geschichte einer Ruhrzeche, o. O., o. J. (1952/53)

Derclaye, Marc, La diffusion d'une innovation technique, le "Float-glass" et ses conséquences sur le marché du verre plat, in: Annales de sciences économiques appliquées 38 (1982), Nr. 1, S. 133—148

Deutsche Bergwerkszeitung vom 11. 9. 1937

Deutsche Glaserzeitung 6. 3. 1941

Deutsche Tafelglas Aktiengesellschaft Fürth i. B. (Hrsg.), 125 Jahre Glashütte Witten-Crengeldanz, Coburg 1951

Dirscherl, Josef Franz, Das ostbayerische Grenzgebirge als Standraum der Glasindustrie (Arbeiten aus dem Geographischen Institut der Technischen Hochschule München, H. 2), Diss. tech. München 1938, Würzburg 1938

Eißner, Lois u. a., Bleistadt 1865—1945, in: Heimatverband der Falkenauer e. V. (Hrsg.), Bleistadt, einst königlich freie Bergstadt, 1523—1973, Schwandorf (1973), S. 127—147

Fränkische Tagespost vom 15. 7. 1929

Frankfurter Allgemeine Zeitung (FAZ) 3. 10. 1961, 12. 10. 1962, 6. 6. 1970, 3. 10. 1970, 10. 8. 1972

Friedrich, Helmut, Der technische Fortschritt in der Glaserzeugung. Eine Untersuchung über die Auswirkung des technischen Fortschritts auf den Strukturwandel in der Flachglasindustrie (Bochumer Wirtschaftswissenschaftliche Studien Nr. 7), Bochum 1975

Gebhardt, Armin, Glasindustrie. Strukturelle Probleme und Wachstumschancen (IFO-Institut für Wirtschaftsforschung. Struktur und Wachstum. Reihe Industrie. Heft 2), Berlin/München 1964

Gebhardt, Armin, Die Glasindustrie aus der Sicht der siebziger Jahre (IFO-Institut für Wirtschaftsforschung. Struktur und Wachstum. Reihe Industrie. Heft 23), Berlin/München 1974

Gewerkschaftspost 7/1970

Gladen, Albin, Geschichte der Sozialpolitik in Deutschland. Eine Analyse ihrer Bedingungen, Formen, Zielsetzungen und Auswirkungen (Wissenschaftliche Paperbacks 5. Sozial- und Wirtschaftsgeschichte), Wiesbaden 1974

Gleitsmann, Rolf-Jürgen, Zur Interdependenz von technischer Entwicklung und Arbeitszeitregelung im Glashüttenwesen des 18.—19. Jahrhunderts, in: Technikgeschichte, Bd. 47 (1980), S. 215—251

Gleitsmann, Rolf-Jürgen, Zur Leistungsfähigkeit von Glasschmelzöfen des 18. und frühen 19. Jahrhunderts. Ein Vergleich nach Angaben aus der technologischen Literatur, in: Glastechnische Berichte 59 (1986), Nr. 3. S. 64—75

Gleitsmann, Rolf-Jürgen, Rohstoffmangel und Lösungsstrategien: Das Problem vorindustrieller Holzknappheit, in: Technologie und Politik 16, Hamburg 1980, S. 104—154

Goldstein, J., Deutschlands Sodaindustrie in Vergangenheit und Gegenwart. Ein kritischer Beitrag zur Geschichte der deutschen Zollpolitik (Münchener volkswirtschaftliche Studien 13), Stuttgart 1896

Good, David F., The Economic Rise of the Habsburg Empire, 1750—1914, Berkeley/Los Angeles/London 1984 von Graßmann, Josef, Verkehrswesen, in: Hans Gehrig/Heinrich Waentig (Hrsg.): Belgiens Volkswirtschaft, Leipzig/Berlin 1918, S. 243—259

Haaker, Karl, Die Wandlungen in der Verteilung der deutschen Flaschen- und Flachglasindustrie seit 1925, Diss. oec. Köln 1933, Emsdetten 1933

Handelsblatt vom 6. 9. 1968, 12. 11. 1968, 23. 6. 1970

Hauck, Curt, Die Entwicklung der deutschen Glasindustrie und ihres Glasmacherstandes im Laufe der Jahrhunderte unter besonderer Berücksichtigung der Hohlglasindustrie, Diss. oec. Berlin 1928, Berlin (1928)

Henning, Friedrich-Wilhelm, Die Industrialisierung in Deutschland 1800 bis 1914 (Henning, Wirtschafts- und Sozialgeschichte, Bd. 2), Paderborn 1978[4]

Henning, Friedrich-Wilhelm, Das industrialisierte Deutschland 1914 bis 1976 (Henning, Wirtschafts- und Sozialgeschichte, Bd. 3), Paderborn 1978[4]

Hoffmann, Walter, Das Wachstum der deutschen Wirtschaft seit der Mitte des 19. Jahrhunderts (Enzyklopädie der Rechts- und Staatswissenschaft, Abteilung Staatswissenschaft), Berlin/Heidelberg/New York 1965

IFO-Institut für Wirtschaftsforschung (Hrsg.), Die Verbreitung neuer Technologien. Eine Studie über zehn Verfahren in neun Industriezweigen (Schriftenreihe des IFO-Instituts für Wirtschaftsforschung Nr. 73), Berlin/München (1969)

Industrie- und Handelszeitung vom 28. 4. 1926

o. V., 100 Jahre Betriebskrankenkasse Flachglas AG Werk Witten 1964—1984, o. O. (1984)

Jebsen-Marwedel, Hans, Glas in Kultur und Technik. Ein Werkstoff, seine Entwicklung und Gegenwart, Selb 1976

Jebsen-Marwedel, Hans, Neuzeitliche Herstellung von Tafelglas mit Vergleichen zur Stahlerzeugung, in: Stahl und Eisen, 62. Jg. (1942), S. 858—863

Jebsen-Marwedel, Hans, Tafelglas. Eine Werkstoffkunde für alle Verbraucher des Tafelglases, für das Glaserhandwerk und das Baugewerbe, Essen 1950

Kellenbenz, Hermann, Deutsche Wirtschaftsgeschichte, Band II: Vom Ausgang des 18. Jahrhunderts bis zum Ende des Zweiten Weltkriegs, München 1981

Kempf, Robert, Die Flachglasfabrikation und Veredelung bei der „Ersten Böhmischen Glasindustrie AG" in Bleistadt, in: Heimatverband der Falkenauer e. V. (Hrsg.), Bleistadt, einst königlich freie Bergstadt, 1523—1973, Schwandorf (1973), S. 97—125

Kesten, Wilhelm, 25 Jahre DELOG 1925—1950, in: Jebsen-Marwedel, Hans, Tafelglas. Eine Werkstoffkunde für alle Verbraucher des Tafelglases, für das Glaserhandwerk und das Baugewerbe, Essen 1950, S. I—XI

Kilian, Georg, Einiges über Glas und Tafelglas, in: Fürther Heimatblätter NF 11. Jg. (1961), S. 167—176

Kilian, Georg, Tafelglas früher und heute, in: Oberpfälzer Heimat, Bd. 9, Weiden 1964, S. 7—14

Kindermann, Carl, Zur organischen Güterverteilung. Teil II: Die Glasarbeiter Deutschlands und der Vereinigten Staaten von Amerika in ihrer allgemeinen materiellen Lage, Leipzig 1896

Kirn, Über den Betrieb der Hohl- und Fensterglashütten im Böhmer Waldgebirge, in den Vogesen und in einigen Gegenden von Süddeutschland, in: Archiv für Mineralogie, Bergbau und Hüttenkunde II, Berlin 1830, S. 247—284

Knoblich, Hans (Bearb.), Die Exportkartelle in Deutschland seit 1880. Untersuchung des Instituts für Exportforschung, in: Erich Schäfer (Hrsg.): Exportkartell und Wettbewerb. Wettbewerbswirtschaftliche und wettbewerbsrechtliche Stellungnahmen zu § 6 GWB mit einem Untersuchungsbericht des Instituts für Exportforschung über Exportkartelle in Deutschland seit 1880, Köln/Opladen 1964, S. 233—304

Kockerscheidt, Johann Wilhelm, über die Preisbewegung chemischer Produkte unter besonderer Berücksichtigung des Einflusses neuerer Erfindungen und technischer Fortschritte, Jena 1905

Kötter, Rudolf, Otto Seeling. Ein Lebensbild, Fürth 1956

Krauß, Annemarie, Erinnerungen an die Gemeinden des Gerichtsbezirkes Tachau in Böhmen. Zusammengestellt anläßlich des 14. Heimattreffens des Heimatkreises Tachau in Weiden am 4. August und 5. August 1984, masch.

Kubatz, Herbert, Standorttendenzen und Standortverlagerungen in der deutschen Flachglasindustrie vom betriebswirtschaftlichen Standpunkt, o. O. (1964)

Lauer, Walter, Die Glasindustrie im Saargebiet (Ein Beitrag zur Wirtschaftsgeschichte des Saargebiets), Diss. oec. Tübingen, Braunschweig 1922

Leidinger, Barbara, Die westfälische Glasindustrie in der Frühindustrialisierung, Staatsexamensarbeit Universität Münster, Fachbereich Geschichte, masch., Münster 1986

Lohmeyr, L. / Ilg, Albert / Boeheim, Wendelin (Hrsg.), Die Glasindustrie, ihre Geschichte, gegenwärtige Entwicklung und Statistik, Stuttgart 1874

Löwenherz, Hartwig, Außenhandelsbedingtheiten der deutschen Glasindustrie. Eine wirtschaftswissenschaftliche Studie, Diss. ing. Hannover 1926, Göttingen 1926

Mariaux, Franz, Gedenkwort zum hundertjährigen Bestehen der Industrie- und Handelskammer zu Bochuöm, Bochum 1956

Mertens, Helmut, 50 Jahre Mehrscheiben-Isolierglas, in: Glaswelt, Heft 3, 1971, S. 126—134

Mertes, Paul H. / Theodor Müllensiefen, in: Rheinisch-Westfälische Wirtschaftsbiographien II, Münster 1937, S. 238—253

Mitscherlich, Auguste, Die böhmische Glasindustrie in Vergangenheit und Gegenwart. Eine technisch-wirtschaftliche Abhandlung, Aussig 1930

Moehrle, Carl, Die Glasindustrie im

Saargebiet, Diss. oec., Würzburg 1931

(Müllensiefen, Heinz), Zur Hundertjahrfeier der Firma Gebr. Müllensiefen Glasfabrik Crengeldanz Witten Crengeldanz Westfalen 1825—1925, Düsseldorf o. J. (1925)

Nooze, J. de, L'industrie du verre en Wallonie. Un présent porteur d'espoirs, in: Wallonie 8 (1981), S. 239—255

Petersen, Kurt, Die geschichtliche Entwicklung der Glasindustrie im Rheinland, Diss. oec., Köln 1930, Mülheim/Ruhr 1930

Pfläging, Kurt, Die Wiege des Ruhrkohlen- bergbaus. Die Geschichte der Zechen im südlichen Ruhrgebiet, Essen 1978

Poblotzki, Siegfried, Markt Waidhaus. Geschichte der Grenzlandgemeinde, Waidhaus 1979

Pongratz, Rupprecht, Die ökonomisch wichtigen Entwicklungsstufen der Glas- industrie und ihre produktionswirtschaft- lichen Probleme nach dem 2. Weltkrieg, Diss. oec. masch. Münster 1948

Prager Börsen-Courier vom 23. 12. 1925

Radandt, Hans, Beteiligungen deutscher Konzerne an Unternehmungen in der Tschechoslowakei 1938 bis 1945, in: Jahrbuch für Wirtschaftsgeschichte 1969/II, S. 157—201

Reuter, Willy, Die Kartelle der Flachglas- industrie in ihrer geschichtlichen Entwicklung, Diss. oec. masch. Köln 1942

Rheinisch-Westfälische Zeitung vom 14. 5. 1933

Riepen, Hans, Die deutsche Tafelglasindustrie. Ihre Bedeutung für die nationale Wirtschaft unter Berücksichtigung der Konkurrenz- industrien Belgiens und der Tschechoslowakei, Diss. oec., Köln 1923, Braunschweig 1929

Ruhr-Nachrichten vom 6. 6. 1970

o. V., Saarwirtschaft und Europäisierung des Saarlandes. Eine Stellungnahme der Industrie- und Handelskammer Saarbrücken, o. O., o. J. (Saarbrücken 1953)

Schlieper, Andreas, 150 Jahre Ruhrgebiet. Ein Kapitel deutscher Wirtschaftsgeschichte, Düsseldorf 1986

Schmitz, Chr., Bemerkungen über die Glas- fabrikation in Bayern, in besonderer Beziehung auf die Münchener Industrie- Ausstellung im Jahre 1834 mit Rücksicht auf den Zustand dieser Industrie in Frankreich und Österreich (Mitteilungen für Thon- waaren- und Glasfabrikation, in besonderer Beziehung auf das Königreich Bayern, Heft I), München 1835

Schoenlank, Bruno, Die Fürther Quecksilber- Spiegelbelegen und ihre Arbeiter. Wirtschaftsgeschichtliche Untersuchungen, Stuttgart 1888

Schuster, Franz, Tachau, Pfraumberger Heimat, Weiden/Opf. 1962

Schwarzwälder, Wilhelm, Die Entwicklung des Nürnberg-Fürther Exportes nach den Verei- nigten Staaten von Nordamerika und seinen Anfängen bis zur Gegenwart, Nürnberg 1912

Siebel, Walter, Die Syndikatsbewegung in der deutschen Flachglasindustrie unter be- sonderer Berücksichtigung der westdeutschen Hütten, Diss. oec. masch. Köln 1923

Der Spiegel vom 26. 7. 1971

Swatek, Dieter, Unternehmenskonzentration als Ergebnis und Mittel nationalsozialistischer Wirtschaftspolitik (Volkswirtschaftliche Schriften, Heft 181), Berlin 1972

Taylor, F. Sherwood, A History of Industrial Chemistry, London/Melbourne/Toronto 1957

Der Volkswirt vom 1. 8. 1969

Vopelius, May, Die Tafelglasindustrie im Saarthale, Diss. phil. Halle-Wittenberg, Halle 1895

Vorwärts public relations Sonderbeilage vom 10. 11. 1965, 5. 12. 1968

Das Wertpapier Nr. 16 1970

Westdeutsche Allgemeine Zeitung (WAZ) vom 15. 6. 1970

Winkel, Harald, Die Wirtschaft im geteilten Deutschland (Wissenschaftliche Paperbacks 4. Sozial- und Wirtschaftsgeschichte), Wiesbaden 1974

Winkler, Paul, Bayerns Spiegelglas-Industrie in der Jetztzeit und Vergangenheit unter Berücksichtigung der böhmischen Spiegel- glashütten, Fürth 1899

Wirtschaftswoche vom 5. 4. 1985

Wittener Tageblatt vom 21. 6. 1933

Wolf, Helmut, Eisenerzbergbau und Eisenver- hüttung in der Oberpfalz von den Anfängen bis zur Gegenwart (Hefte zur Bayerischen Geschichte und Kultur Bd. 3), München 1986

Quellen

Ungedruckte Quellen

Archivalische Bestände der FLACHGLAS AG
Archiv Fürth (FLAG FÜ)
Archiv Gelsenkirchen (FLAG GE)
Bereich Öffentlichkeitsarbeit, Gelsenkirchen (FLAG OEF)

Bundesarchiv Koblenz (BA)
Bestände R7/1024, R13X, Ost-Dok 22/11

Staatsarchiv Amberg (SA AM)
Bestand Bezirksamt Vohenstrauß, Nr. 1127

Stadtarchiv Fürth (StadtA FÜ)
Fach 78 N° 20

Stadtarchiv Gelsenkirchen (StadtA GE)
Bestände 0/VII/5, VII/2

Gedruckte Quellen

Adressbuch der Glasindustrie in Deutschland, Danzig, Elsaß-Lothringen, Luxemburg, Deutsch-Österreich, Polen, dem italienischen Besatzungsgebiet, Tschechoslowakei, Ungarn, Jugoslawien, Rumänien, Dänemark, Schweden, Norwegen und Finnland, Coburg 1922[12]

Adressbuch der Glas-Industrie 1951/52. Wirtschaftsraum: 21 Länder Europas, Coburg 1951[20]

Ausschuß der Untersuchung der Erzeugungs- und Absatzbedingungen der deutsche Wirtschaft, Die deutsche Glasindustrie (Verhandlungen und Berichte des Unterausschusses für allgemeine Wirtschaftsstruktur (I. Unterausschuß) 5. Arbeitsgruppe (Außenhandel) 14. Band, Berlin 1931 o. V., Amtlicher Bericht über die Industrie- und Kunstausstellung zu London im Jahre 1862, VIII. Heft, 34. Klasse, Berlin 1863

Chronik der DELOG, Weihnachten 1932, masch., FLAG OEF

Deutsche Libbey-Owens-Gesellschaft für maschinelle Glasherstellung Aktiengesellschaft (Delog), Gelsenkirchen, Geschäftsberichte für die Jahre 1925/26 bis 1969

Fahdt, Julius (Hrsg.), Deutschlands Glasindustrie. Verzeichniß sämmtlicher deutschen Glashütten mit Angabe ihrer Fabrikate, statistischen Notizen und einem Anhange: die Spiegelmanufactur, Lampenbläsereien, Raffinerie-Anstalten und Malereien, Dresden 1886[5]

FLACHGLAS Aktiengesellschaft, Fürth/Bay., Geschäftsberichte für die Jahre 1970 bis 1985

FLACHGLAS-intern, Jgg. 1971 bis 1986

Freudorfer, Josef, Die Vorgängerfirmen der FLACHGLAS AG im Wandel der Zeit, Exposé vom September 1980, masch., FLAG OEF

Freytag, Georg, Die Geschichte der Deutschen Tafelglas AG (DETAG) Fürth/Bay. Werk Weiden i. de. Opf., o. O., o.J. (1966), masch., FLAG OEF

Gewerkschaft Kunzendorfer Werke, Kunzendorf/N. L., Geschäftsberichte für die Jahre 1926 bis 1928

Glasfabrik Crengeldanz Aktiengesellschaft, Witten/Westf., Geschäftsbericht für die Jahre 1930 und 1931

Handbuch der deutschen Aktiengesellschaften 48 (1943)

Lehmann's Allgemeiner Wohnungs-Anzeiger nebst Handels- und Gewerbe-Adrßbuch für die k. k. Reichs- Haupt- und Residenzstadt Wien nebst Florisdorf und Bedlersdorf 41 (1899), Bd. 1

Ostdeutsche Glaswerke AG, Brunn a. Geb., Geschäftsberichte für die Jahre 1938/39 und 1940/41

Schmidt, G., Entwicklung und Probleme der Tafelglas-Fabrikation mit besonderer Berücksichtigung der Verhältnisse in der Oberpfalz, Vortrag vom 24. 2. 1961, masch., FLAG FÜ

Steiner, Richard, Exposé über die historische Entwicklung der deutschen Tafelglasindustrie aus Anlass des 50jährigen Bestehens des Großhandelsverbandes im Jahre 1958, 22. 8. 1958, masch., FLAG FÜ

Tafel- Salin- und Spiegelglasfabriken Aktiengesellschaft, Fürth/Bay., Geschäftsberichte für die Jahre 1899 bis 1931

Verein der Deutschen Automobilindustrie (VDA) (Hrsg.), Tatsachen und Zahlen aus der Kraftverkehrswirtschaft 1949, 1951, 1955/56, Frankfurt/Main 1950, 1952, 1956

Verein der Glasindustrie e. V., München, Jahresbericht 1984

Verein für die bergbaulichen Interessen, Essen (Hrsg.), Jahrbuch für den Ruhrkohlenbezirk. Ein Führer durch die niederrheinisch-westfälische Montanindustrie, die Elektrizitätswerke und Großbanken nebst einer Darstellung aller in Betracht kommenden Behörden und Organisationen, 30 (1932), Essen 1932

Völckers, Otto, 25 Jahre DETAG. Ein Meilenstein. 1932—1957, Fürth 1957, masch., FLAG FÜ

Vollmerhaus, Hans (Bearb.) Reiseberichte eines westfälischen Glasindustriellen. Die Briefe Theodor Müllensiefens von seinen Auslandsreisen in den Jahren 1823—25 und 1828—29, Dortmund 1971

ZUR PERSON
DER VORSTANDSVORSITZENDEN
DER FLACHGLAS AG

Josef P. Freudorfer, Vorstandsvorsitzender der FLACHGLAS AG von 1969 bis 1976, plante und verwirklichte den gemeinsamen Weg und sicherte u. a. so den Erfolg der Fusion.

Dr. Walter Griese, Vorstandsvorsitzender der FLACHGLAS AG von 1976 bis 1981, steuerte die FLACHGLAS AG mit unternehmerischem Geschick und traf zukunftssichernde Entscheidungen.

Dr. Walter Trux, Vorstandsvorsitzender der FLACHGLAS AG seit Juli 1981. Das Unternehmen hat die Krise im europäischen Glasmarkt seit 1981 erfolgreich gemeistert. Dazu waren neue strategische Ansätze erforderlich. Diese sicherten unter Leitung von Dr. Walter Trux dem Konzern eine sehr gute Position im internationalen Wettbewerb.

Zur Bildunterschrift Seite 185: Dr. Otto Stehl war Mitglied des Vorstandes der DETAG und der FLACHGLAS AG sowie zeitweise stellvertretender Vorstandsvorsitzender der DETAG und der FLACHGLAS AG und nicht, wie irrtümlich angegeben, im Vorstand der DELOG.

Zur Bildunterschrift Seite 196: Franz Zebisch war über einen langen Zeitraum stellvertretender Vorsitzender des Aufsichtsrates und nicht, wie angegeben, stellvertretendes Aufsichtsratsmitglied der FLACHGLAS AG.

Zu den Bildunterschriften der Seiten 147, 148, 152, 157, 162, 173, 185: Die Seiten 222—230 enthalten die jeweiligen Positionen und die Zeitabschnitte der Mitgliedschaften in den Vorständen der DELOG, DETAG und der FLACHGLAS AG.

BILDNACHWEIS

Soweit im Text nicht erwähnt: BMW AG, Seite 131, 200. Daimler-Benz AG, Seite 131, 200. Deutsche Solvay-Werke GmbH, Seite 58—59. Eberspächer, Seite 49. H. W. Krewinkel, Seite 13, 18, 20, 29, 37, 40, 41, 43, 53, 54, 105—107, 109, 140—143, 180, 181, 198 (1), E. M. Schmidt, Seite 24. Jörg Winde, Seite 183, 198 (3), 208. Alle anderen Abbildungen: FLACHGLAS AG.

AUTORENTEAM

Besprechung von Inhalt und Layout dieses Buches in Fürth, am 12. März 1987.

Von links nach rechts: Adalbert Busl, Prof. Dr. Hans Pohl, Max W. Staudinger, Sepp Hummel, Ursula Focht, Mark Spoerer, Reinhard Holsten und Heinz W. Krewinkel.